AF888487

Die Privilegierung des EMAS-auditierten Unternehmens

Michael Adam

Die Privilegierung des EMAS-auditierten Unternehmens

PETER LANG
Frankfurt am Main · Berlin · Bern · Bruxelles · New York · Oxford · Wien

Bibliografische Information der Deutschen Nationalbibliothek
Die Deutsche Nationalbibliothek verzeichnet diese Publikation in der Deutschen Nationalbibliografie; detaillierte bibliografische Daten sind im Internet über http://dnb.d-nb.de abrufbar.

Zugl.: Potsdam, Univ., Diss., 2010

Umschlaggestaltung:
Olaf Glöckler, Atelier Platen, Friedberg

Gedruckt auf alterungsbeständigem,
säurefreiem Papier.

517
ISBN 978-3-631-61455-6

© Peter Lang GmbH
Internationaler Verlag der Wissenschaften
Frankfurt am Main 2011
Alle Rechte vorbehalten.

Das Werk einschließlich aller seiner Teile ist urheberrechtlich geschützt. Jede Verwertung außerhalb der engen Grenzen des Urheberrechtsgesetzes ist ohne Zustimmung des Verlages unzulässig und strafbar. Das gilt insbesondere für Vervielfältigungen, Übersetzungen, Mikroverfilmungen und die Einspeicherung und Verarbeitung in elektronischen Systemen.

www.peterlang.de

In Erinnerung
an meinen Mentor
Dr. Klaus Bechtold (1939-2010)

Vorwort

Diese Arbeit wurde im Herbst 2010 von der Juristischen Fakultät der Universität Potsdam als Dissertation angenommen. Betreut wurde sie von Herrn Professor Dr. Matthias Dombert.

Für die Betreuung der Doktorarbeit und für seine zahlreichen Anregungen und Hinweise danke ich ihm sehr herzlich.

Des Weiteren danke ich Herrn Professor Dr. Ralph Jänkel für die Anfertigung des Zweitgutachtens und ebenso für seine hilfreichen Hinweise.

Besonderen Dank gebührt überdies Herrn Rechtsanwalt Dr. Helmar Hentschke für die von ihm ausgegangene Anregung, sich der Aufgabe zu stellen sowie meiner Ehefrau Jana, für ihre stetige moralische Unterstützung.

Berlin, im November 2010 — Michael Adam

Inhaltsverzeichnis

Abkürzungsverzeichnis

a.a.O.	am angegebenen Ort
a.F.	alte Fassung
ABl.	Amtsblatt
Abs.	Absatz
AG	Aktiengesellschaft
AllMinBl.	Allgemeines Ministerialblatt
AmtsBl.	Amtsblatt
Art.	Artikel
Az.	Aktenzeichen
BayGVBl.	Bayrisches Gesetz- und Verordnungsblatt
BayVG	Bayrischer Verwaltungsgerichtshof
BB	Betriebsberater
BBodSchG	Bundesbodenschutzgesetz
Bd.	Band
BFH	Bundesfinanzhof
BGBl.	Bundesgesetzblatt
BGH	Bundesgerichtshof
BImSchG	Bundes-Immissionsschutzgesetz
BImSchV	Verordnung zum Bundes Immissionsschutzgesetz
BMU	Bundesministerium für Umweltschutz
BR-Drs.	Bundesratsdrucksache
BremWG	Bremisches Wassergesetz
BT	Bundestag
BT-Drs.	Bundestagsdrucksache
Buchst.	Buchstabe
BVerfGE	Bundesverfassungsgerichtsentscheidung
BVerwGE	Bundesverwaltungsgerichtsentscheidung
bzw.	beziehungsweise

d.h.	das heisst
DB	Der Betrieb
DEHSt	Deutsche Emissionshandelsstelle
ders.	derselbe
dies.	diesselbe
DIN	Deutsches Institut für Normung
DÖV	Die öffentliche Verwaltung
DVBl.	Deutsches Verwaltungsblatt
ebso.	ebenso
EG	Europäische Gemeinschaften
EMAS	Eco Management and Audit Scheme
EMAS-V	EMAS Verordnung
EU	Europäische Union
EWG	Europäische Wirtschafts Gemeinschaften
f.	folgend
ff.	fortfolgend
FHW	Fernheizwerk
Fn.	Fussnote
GABl.	Gemeinsames Amtsblatt
GewA	Gewerbearchiv
GG	Grundgesetz
GMBl.	Gemeinsames Ministerialblatt
GVOBl.	Gesetz – und Verordnungsblatt
GWh	Gigawattstunde
h.M.	herrschende Meinung
HKW	Heizkraftwerk
Hrsg.	Herausgeber
HW	Heizwerk
ICC	International Chamber of Commerce
IHK	Industrie – und Handelskammer
ISO	International Organization for Standardization

IVU	Integrierte Vermeidung von Umweltverschmutzungen
KG	Kommanditgesellschaft
KrW-/AbfG	Kreislaufwirtschafts– und Abfallgesetz
m.w.N.	mit weiteren Nachweisen
MinBl.	Ministerialblatt
MW	Megawatt
NachwV	Nachweisverordnung
NaCl	Natriumchlorid
NatSchG Bln	Naturschutzgesetz Berlin
NJW	Neue Juristische Wochenschrift
Nr.	Nummer
NRW	Nordrhein-Westfalen
NVwZ	Neue Zeitschrift für Verwaltungsrecht
Rn.	Randnummer
S.	Seite
StAnz.	Staatsanzeiger
StPO	Strafprozeßordnung
TA	Technische Anleitung
TEHG	Treibhausgasemissionshandelsgesetz
TÜV	Technischer Überwachungsverein
UAG	Umweltauditgesetz
UBA	Umweltbundesamt
UGA	Umweltgutachterausschuss
UGB	Umweltgesetzbuch
UGB-KomE	Umweltgesetzbuch Kommentar Entwurf
UMK	Umweltminister Konferenz
UmweltHG	Umwelthaftungsgesetz
UPR	Umwelt- und Planungsrecht
UVP	Umweltverträglichkeitsprüfung
UVPG	Umweltverträglichkeitsprüfungsgesetz
VAwS	Verordnung über wassergefährdende Stoffe

VerwG	Verwaltungsgericht
vgl.	vergleiche
VO	Verordnung
VwGO	Verwaltungsgerichtsordnung
VwV	Verwaltungsverfahrensvorschrift
VwVfG	Verwaltungsverfahrensgesetz
WHG	Wasserhaushaltsgesetz
WiB	Wirtschaftsrechtliche Beratung
z.B.	zum Beispiel
ZPO	Zivilprozeßordnung
ZuG	Zuteilungsgesetz
ZUR	Zeitschrift für Umweltrecht

Einleitung

Im Jahre 1993 wurde das deutsche Umweltrecht um das Verfahren zur Umweltauditierung von Unternehmen ergänzt. Rechtsgrundlage der neuen Materie wurde die „Verordnung über die freiwillige Beteiligung gewerblicher Unternehmen an einem Gemeinschaftssystem für das Umweltmanagement und die Umweltbetriebsprüfung“[1] Das Umweltauditverfahren wurde als unmittelbar geltendes Gemeinschaftsrecht Bestandteil des deutschen Umweltrechts.[2]

In der Praxis wird das Verfahren zur Umweltauditierung auch als „EMAS Audit“ bezeichnet, abgeleitet von der englischen Überschrift des Artikels 1 der EMAS Verordnung, *„Eco-Management and Audit Scheme“.*[3] Eine andere in Deutschland eingeführte Bezeichnung, „Öko-Audit“, lässt einen Hinweis auf das Wesen des EMAS Audits als Managementinstrument vermissen, betont dagegen aber das mit einem Umweltaudit verfolgte Ziel der ökologischen Verbesserung. In der vorliegenden Arbeit wird die Bezeichnung „EMAS Audit“ benutzt, da diese Bezeichnung am besten geeignet erscheint, den Unterschied des gemeinschaftsrechtlichen Umweltaudits zu anderen Umweltauditverfahren, kenntlich zu machen.

Die erste Rezeption des Umweltauditverfahrens in der deutschen Rechtswissenschaft kann etwa wie folgt zusammengefasst werden: Ein neues, marktwirtschaftlich orientiertes Instrument, fremd erscheinend, weil dem angelsächsischen Rechtskreis entstammend, trifft auf bewährtes deutsches Umweltordnungsrecht und wirft damit Fragen, insbesondere nach der Kompatibilität des neuen Instruments auf.[4] Die Meinungen für und gegen das EMAS Audit gingen in der anschließenden Debatte auseinander,[5] letztlich überwog jedoch die Zustimmung.[6]

---

1 Verordnung (EWG) des Rates Nr. 1836/93 vom 29.06.1993, ABl. EG 1993, L 168, S. 1.

2 *Kloepfer*, Umweltrecht, § 5, Rn. 450. Vgl. Art. 189 Abs. 2 EGV. Näher zu den europarechtlichen Ermächtigungsgrundlagen *Lechelt* in: Handbuch des Umweltaudits, A, Rn. 74 ff.; Zur Rechtmäßigkeit der Verordnung nach Europäischem Recht, *Langerfeldt*, Privatisierung der Betreiberüberwachung, S. 219 ff. (239).

3 Die Kurzbezeichnung EMAS wurde erst mit der zweiten EMAS Verordnung rechtsverbindlich. Siehe *Lütkes/Ewer*, Schwerpunkte der bevorstehenden Revision der Umweltauditverordnung (EWG) Nr. 1836/93, NVwZ 1999, S. 19 ff. (20).

4 *Kloepfer*, a.a.O., § 5 Rn. 446, bemerkt zur Einführung von EMAS, dass aus deutscher Sicht „juristisches Neuland“ betreten worden sei. Zum Spannungsfeld der unterschiedlichen Regelungsansätze von (europäischem) Audit und (deutschem) Ordnungsrecht *Sellner/Schnutenhaus*, Umweltmanagement und Umweltbetriebsprüfung, NVwZ 1993, S. 928 ff. (929).

5 Eingehend zum Aspekt der Ablehnung der ersten EMAS Verordnung durch Politik und Rechtswissenschaft *Langerfeldt*, a.a.O., S. 5 f., m.w.N..

6 Nachweise zur Befürwortung und Ablehnung von EMAS (I) in der Literatur bei *Breuer*, Zunehmende Vielgestaltigkeit der Instrumente im deutschen und europäischen Umweltrecht, NVwZ 1997, S. 833 ff. (S. 840, Fn. 98).

Während die Gegner in erster Linie die Normstruktur der EMAS Verordnung kritisierten, argumentierten die Befürworter des EMAS Audits vor allem mit den erwarteten positiven Auswirkungen einer freiwilligen EMAS Teilnahme.[7] Sehr treffend bezeichnete *Breuer* das EMAS Audit als das „interessanteste, zugleich aber auch schillerndste und problematischste Instrument aus dem erweiterten Köcher des europäischen und deutschen Umweltrechts".[8]

Am 27.04.2001 trat, als Ergebnis des in der ersten Verordnung angelegten Revisionsprozesses,[9] die zweite EMAS Verordnung in Kraft (EMAS II).[10] Die dritte Revision (EMAS III) wurde von der Europäischen Kommission in 2007 für den Jahreswechsel 2009/2010 angekündigt.[11] Am 16. August 2008 hat die EU Kommission ihren Vorschlag zur EMAS Novelle vorgelegt.[12] Über diesen Vorschlag hat das Europäische Parlament am 2. April 2009 in erster Lesung beraten und beschlossen.[13] Die Verordnung trat zwischenzeitlich in Kraft.[14] Auf die mit EMAS III zusammenhängenden Änderungen wird am Ende der Arbeit eingegangen.[15]

Mit der zweiten EMAS Verordnung wurden einige Mängel der ersten Verordnung beseitigt.[16] Das Hauptziel der EMAS II-Revision bestand jedoch vor allem darin, Voraussetzungen zu schaffen, um die Teilnahmerzahlen am EMAS Audit zu steigern.[17] So wurde der mögliche Teilnehmerkreis erweitert, indem der „Or-

---

7 *Lübbe-Wolff,* Die EG-Verordnung zum Umweltaudit, DVBl. 1994, S. 361 ff. (372); *Moormann*, Staatliche Überwachung und Öko-Audit, ZUR 1997, S. 188 ff. (188). Siehe auch *Breuer*, a.a.O., S. 845.

8 *Breuer*, a.a.O., S. 840.

9 Zur Revisionsklausel *Ewer*, Öko-Audit, in: *Rengeling* (Hrsg.) Handbuch des europäischen und deutschen Umweltrechts, S. 1224 ff., (S. 1242). Zur Übereinstimmung der Verordnung mit dem Gemeinschaftsrecht *Langerfeldt*, a.a.O., S. 239.

10 Verordnung (EG) Nr. 761/2001 des Europäischen Parlaments und des Rates vom 19. März 2001 über die freiwillige Beteiligung von Organisationen an einem Gemeinschaftssystem für das Umweltmanagement und die Umweltbetriebsprüfung (EMAS), zuletzt geändert durch EU-Beitrittsakte 2003 vom 16.4.2003, ABl. EU L 236, S. 706.

11 Vgl. dazu die Pressemitteilung des *Umweltgutachterausschusses* beim BMU (UGA) zu EMAS III vom 11.10.2006..

12 Vorschlag der EU Kommission über die freiwillige Beteiligung von Organisationen am gemeinschaftlichen Öko-Audit und Managementsystem (EMAS III) vom 16.8.2008, COM (2008), 402/2 (nicht im Amtsblatt veröffentlicht).

13 Vgl. UGA Pressemitteilung vom 6.4.2009 im Internet unter www.emas.de.

14 EMAS III wurde am 22.12.2009 als Verordnung (EG) Nr. 1221/2009 im Amtsblatt der EU veröffentlicht (ABl. L 342/1). Die EMAS III Verordnung trat am 11.01.2010 in Kraft

15 Siehe Kapitel 6, Abschnitt 2.1.

16 Zu den Neuerungen der EMAS II Verordnung im Vergleich zu EMAS I *Langerfeldt*, Das novellierte Environmental Management and Audit Scheme (EMAS II), NVwZ 2001, S. 538 ff. (S. 539 f.) und ders. Die novellierte EG-Öko-Audit-Verordnung: Evolution oder Revolution?, UPR 2001, S. 220.

17 *Lechelt*, in: Umweltaudit, Abschnitt A, Rn. 116.

ganisationsbegriff“ eingeführt wurde. Der Organisationsbegriff wurde in Art. 2 Buchst. s) EMAS-V definiert: Danach umfasst der Begriff „Organisationen“ Gesellschaften, Körperschaften, Betriebe, Unternehmen, Behörden oder Institutionen oder Teile oder Kombinationen davon, eingetragen oder nicht, öffentlich oder privat, mit eigenen Funktionen oder eigener Verwaltung. Diese Definition entspricht in ihrem Wortlaut der Definition der Organisation in der Industrienorm DIN EN 14001, auf die noch weiter unten eingegangen werden wird.[18] Eine Organisation muss mindestens auf der Ebene eines Standortes an EMAS teilnehmen.[19]

Des Weiteren wurde in die zweite EMAS Verordnung, dort in Art. 10 Abs. 2 EMAS-V, auch der Auftrag an die Mitgliedstaaten aufgenommen, zur Förderung der EMAS Teilnahme staatliche *Gegenleistungen* auszugestalten.[20]

Gegenstand dieser Untersuchung sind die staatlichen Gegenleistungen, die Unternehmen aufgrund ihrer freiwilligen EMAS Teilnahme erhalten bzw. beanspruchen dürfen. Hinsichtlich der betrachteten Unternehmen wird dabei ein Schwerpunkt auf Unternehmen gelegt, die Betreiber[21] genehmigungsbedürftiger Anlagen[22] nach dem Bundes-Immissionsschutzgesetz[23] sind. Die Fokusbildung auf solche Unternehmen,[24] die Betreiber genehmigungsbedürftiger Anlagen sind, erfolgt aus folgenden Prämissen: Bei genehmigungsbedürftigen Anlagen handelt es sich stets um komplexe technische Einrichtungen, in der Regel In-

---

18 Zur ISO 14000 siehe unten Kapitel 1, 2.. Zur Übernahme des Organisationsbegriffes *Lütkes/Ewer*, Schwerpunkte der bevorstehenden Revision der Umweltauditverordnung (EWG) Nr. 1836/93, NVwZ 1999, S. 19 ff. (23). Siehe auch *Schäfer*, Öko-Audit als Instrument des Umweltschutzes und Mittel zur Deregulierung, S.123 f..

19 Mit dem Begriff der „Organisation“ ersetzt EMAS II die den Teilnehmerkreis stark beschränkenden Begriffe der ersten EMAS Verordnung („Unternehmen/Standort“) *Langerfeldt*, Das novellierte Environmental Management and Audit Scheme (EMAS-II), NVwZ 2001, S. 538 ff. (539). Dazu auch *Ewer*, Öko-Audit, a.a.O., Rn. 55 ff..

20 Zum EMAS Revisionsprozess *Langerfeldt*, (NVwZ 2001), S. 538.

21 Der Betreiber der genehmigungsbedürftigen Anlage ist derjenige, der den bestimmenden Einfluss auf den Betrieb der Anlage ausübt. H. M., siehe Jarass, BImSchG, § 3, Rn. 81. Zum Betreiberbegriff auch *Langerfeldt*, Privatisierung der Betreiberüberwachung, S. 10 f.

22 Genehmigungsbedürftig sind nach § 4 Abs. 1 Satz 1 BImSchG Anlagen, die auf Grund ihrer Beschaffenheit oder ihres Betriebes in besonderem Maße geeignet sind, schädliche Umwelteinwirkungen hervorzurufen oder in anderer Weise die Allgemeinheit oder die Nachbarschaft zu gefährden, erheblich zu benachteiligen oder erheblich zu belästigen. Betreiber ist nach einhelliger Meinung derjenige, der den bestimmenden Einfluss auf eine Anlage ausübt. Zum Betreiberbegriff bei mehreren Betreibern *Friedrich*, Umweltrechtliche Folgen einer Aufteilung bestehender Anlagen auf mehrere Betreiber, NVwZ 2002, S. 1174 ff. (S. 1175 f.).

23 Gesetz zum Schutz vor schädlichen Umwelteinwirkungen durch Luftverunreinigugen, Geräusche, Erschütterungen und ähnliche Vorgänge (Bundes-Immissionsschutzgesetz - BImSchG) in der Fassung der Bekanntmachung vom 26.09.2002, BGBl. I S. 3830, zuletzt geändert durch Artikel 3 des Gesetzes vom 11. 08.2010, BGBl.I S. 1163.

24 Unternehmen haben allgemein auch die Betreibereigenschaft in Bezug auf ihre Anlagen. Näher dazu *Jarass*, BImSchG, § 3, Rn. 83 f.

dustrieanlagen, deren Errichtung und deren Betrieb Genehmigungen voraussetzen, welche im Rahmen komplexer Verwaltungsverfahren erteilt werden. Zudem unterliegen genehmigungsbedürftige Anlagen während ihrer gesamten Betriebsdauer der besonderen Überwachung durch Umweltschutzbehörden.[25] Dies folgt aus der potentiellen Gefahr negativer Einwirkungen auf die gesetzlich geschützten Umweltgüter, die von einer als genehmigungsbedürftig eingestuften Anlage auch bei ihrem bestimmungsgemäßen Betrieb ausgehen können.[26] Betreiber genehmigungsbedürftiger Anlagen haben deshalb besondere Anforderungen zum Schutz der Umwelt zu erfüllen, insbesondere haben sie die in § 5 BImSchG verankerten „Betreiberpflichten" zu erfüllen.[27] Betreiber genehmigungsbedürftiger Anlagen sind zudem, anders als Betreiber nicht genehmigungsbedürftiger Anlagen, gesetzlich verpflichtet, in ihrem Unternehmen eine umweltsichernde Betriebsorganisation einzurichten.[28]

Vor dem Hintergrund dieser umfangreichen Verpflichtungen, die das deutsche Umweltordnungsrecht schon vor der Einführung des EMAS Audits kannte, verbanden vor allem Unternehmen, die Betreiber genehmigungsbedürftiger Anlagen sind, mit dem Instrument des EMAS Audits Erwartungen, man werde als Folge der Teilnahme an EMAS nicht nur die angestrebte Rechtssicherheit des Anlagenbetriebs erhöhen können, sondern im Gegenzug für die freiwillige Teilnahme am EMAS Regelwerk auch mit einer Minderung der bestehenden umweltordnungsrechtlichen Anforderungen rechnen können.[29] Die Untersuchung stellt sich der Frage, ob die mit der Teilnahme am EMAS Audit begründeten Erwartungen an die so genannten „EMAS Privilegierungen" erfüllt wurden bzw. erfüllt werden können.[30]

Jede Privilegierung bedeutet eine gewollte Besserstellung des Privilegierten gegenüber dem Nichtprivilegierten.[31] Im wirtschaftlichen Wettbewerb bedingt jede

---

25 Zur Bedeutung der Überwachung *Jarass*, BImSchG, § Rn. 1.Detailliert zur ordnungsbehördlichen Überwachung *Langerfeldt*, Privatisierung der Betreiberüberwachung, S. 47 ff..

26 Die Einstufung einer Anlage als genehmigungsbedürftige Anlage erfolgt nach Maßgabe des Anhangs zur 4. Verordnung zum BImSchG vom 24.7.1985, BGBl. I S. 1586, zuletzt geändert am 20.6.2005, BGBl. I S. 1687.

27 Zu den Betreiberpflichten im Einzelnen *Hoppe/Beckmann*, Umweltrecht, § 25, Rn. 29 ff..

28 Zum Begriff der umweltsichernden Betriebsorganisation *Feldhaus*, Umweltschutzsichernde Betriebsorganisation, NVwZ 1991, S. 927 ff. (929). Dazu auch Kloepfer, Betrieblicher Umweltschutz als Rechtsproblem, DB 1993, S. 1125 ff. (1127).

29 Ausführlich zum Erwartungshorizont staatlicher Gegenleistungen *Knopp*, EMAS II-Überleben durch Deregulierung und Substitution, NVwZ 2001, S. 1098 ff. und *Lübbe-Wolff*, Öko-Audit und Deregulierung, ZUR 1996, S. 173 ff., *Schottelius*, Öko-Audit in Europa: Erfahrungen und Perspektiven, UPR 1998, S. 104 ff. (105).

30 Zu den von Unternehmen erwarteten Entlastungen im Umweltordnungsrecht *Wagner/Budde*, Erfahrungen mit dem Umwelt-Audit-System in Deutschland, ZUR 1997, S. 254 ff. (257).

31 Ein Privileg (lateinisch *privilegium*, Vorrecht oder Ausnahmegesetz) ist die Bezeichnung für die einem Einzelnen (Individualprivileg), einer Personenmehrheit (Generalpri-

Besserstellung zum Wettbewerber einen Wettbewerbsvorteil. Die Entscheidung zu einer Teilnahme an EMAS wird also maßgeblich durch den Aspekt der Gegenleistung, also der EMAS Privilegierung, mitbestimmt.

Zum Gang der Untersuchung: Im ersten Kapitel werden die Entstehungsgeschichte des Umweltauditverfahrens und der EMAS Verordnung beschrieben. Daran schließt sich eine Untersuchung zur Normstruktur der EMAS Verordnung an. Dem folgt die Darstellung verschiedener Motivationen sowie ihrer Eignung, die unternehmerische Entscheidung zur freiwilligen Teilnahme am EMAS Audit tragen zu können. Im Anschluss daran wird der von den Unternehmen im Rahmen eines EMAS Audits zu leistende betriebliche Aufwand beschrieben.

Im Mittelpunkt des zweiten Kapitels stehen die EMAS Privilegierungsvorschriften, die auf Länder und Bundesebene erlassen wurden.

Das dritte Kapitel widmet sich der Frage nach der EMAS Privilegierung durch Verwaltungsentscheidungen. Dabei liegt der Schwerpunkt der Darstellung auf den verfahrensrechtlichen Anforderungen an das Verwaltungshandeln.

Das vierte Kapitel widmet sich der Frage, welche EMAS Leistungen die Behörden im immissionsschutzrechtlichen Genehmigungsverfahren zu berücksichtigen haben.

Das fünfte Kapitel enthält Handlungsempfehlungen, die zeigen, dass sich EMAS Privilegierungserfolge auch ohne den Erlass weiterer Privilegierungsvorschriften dadurch realisieren lassen, dass Behörden die EMAS Auditierung in ihrer Entscheidungsfindung angemessen berücksichtigen.

Das sechste Kapitel fasst die Ergebnisse der Arbeit in Thesen zusammen und versucht einen Ausblick auf die weitere Entwicklung der Auditierung nach dem EMAS Regelwerk in Deutschland.

---

vileg) oder Sachen und damit deren Besitzern gewährte rechtliche Sonderstellung (Definition aus *Meyers* Online Lexikon, im Internet unter www.lexikon.meyers.de). Der Begriff des „Privilegs" ist im Deutschen nicht wertungsfrei, daher werden deutsche EMAS Privilegierungsvorschriften hierzulande häufig als „EMAS Erleichterungen" bezeichnet. Näher dazu unten in Kapitel 2.

Kapitel 1 Das Umweltaudit nach EMAS II

1. Die Entstehungsgeschichte des Umweltaudits

Um sich dem Untersuchungsgegenstand der Arbeit, der Privilegierung von Unternehmen durch Gewährung staatlicher Gegenleistungen für die freiwillige Teilnahme am EMAS Umweltaudit zu nähern, wird eine Bestimmung des Begriffs des Audits und eine Darstellung der Herkunft des Umweltauditverfahrens erforderlich.

Unter einem „Audit“[32] werden Untersuchungsverfahren verstanden, die dazu dienen, Prozessabläufe hinsichtlich der Erfüllung von Anforderungen und Richtlinien zu bewerten.[33] Der Begriff des Audits fand zunächst Verwendung im Bereich der betrieblichen Rechnungs- und Buchprüfung.[34]

Die ersten Umweltaudits wurden um das Jahr 1980 in den Vereinigten Staaten von Amerika eingeführt, dort als Variante der Betriebsprüfung, die sich im Fall des Umweltaudits jedoch nicht auf betriebswirtschaftliche Daten, sondern auf Umweltdaten bezieht.[35] Im Laufe der Zeit entwickelten sich verschiedene Typen des Umweltaudits, denen gemeinsam ist, dass es sich um periodisch stattfindende und systematisch durchgeführte Betriebsaufnahmen und Prüfungen des Umweltschutzes in einem Unternehmen handelt.

Die Verschiedenheit der Typen ist in den unterschiedlichen Zielsetzungen begründet. Mit *Lechelt*[36] lassen sich Umweltaudits in drei Gruppen unterteilen: Die erste Gruppe bilden die so genannten „Compliance Audits“. Dieser Audittyp zielt auf die Überprüfung der Einhaltung umweltrelevanter gesetzlicher Vorschriften in einem Unternehmen. Die zweite Gruppe bilden die so genannten „Environmental Audits“. Diese Umweltaudits dienen der Überprüfung betrieblicher Umweltmanagementsysteme. Die dritte Gruppe bilden die so genannten „Performance Audits“, im Rahmen derer Ziele und Leistungswerte des betrieblichen Umweltschutzes geprüft werden.

---

32 Audit (lateinisch) bedeutet „Anhörung“.

33 *Ewer*, Öko-Audit, in: Rengeling (Hrsg.), Handbuch des europäischen und deutschen Umweltrechts, § 36, Rn. 8.

34 *Schäfer*, Öko-Audit als Instrument des Umweltschutzes und Mittel zur Deregulierung, S.62. Zum US-amerikanischen Ursprung des Umweltaudits *Breuer*, Zunehmende Vielgestaltigkeit der Instrumente im deutschen und europäischen Umweltrecht – Probleme der Stimmigkeit und des Zusammenwirkens, NVwZ 1997, S. 833 ff. (S. 841).

35 *Lechelt*, in: Umweltaudit, Abschnitt A., Rn. 65.

36 *Lechelt*, in: Umweltaudit, Abschnitt A, Rn. 66.

Im Jahr 1989 veröffentlichte die Internationale Handelskammer (ICC) vor dem Hintergrund der beschriebenen Vielfältigkeit von Umweltauditverfahren ein Konzept zu einer international einheitlichen Durchführung von Umweltaudits.[37] Dieses Konzept, auch „ICC Positionspapier" genannt, wurde in der Folge von der Europäischen Kommission aufgegriffen und Basis eines Verordnungsvorschlags für ein einheitliches Verfahren zur Durchführung von Umweltaudits in den Mitgliedsstaaten der Europäischen Gemeinschaften.[38] Der europäische Umweltauditverordnungsentwurf ging über den Rahmen des ICC Vorschlags insofern hinaus, als das das europäische Umweltauditverfahren nicht ein nur betriebsinternes Instrument zur Schwachstellenanalyse werden sollte.[39] Der Kommissionsvorschlag für die erste Umweltauditverordnung wurde im März 1990 dem Rat der Europäischen Gemeinschaften vorgelegt.[40] Nach eingehender Beratung konnte die erste europäische Regelung zur Durchführung von Umweltaudits - EMAS I - am 10.7.1993 in Kraft treten.[41] Im Zeitpunkt dieser Untersuchung ist die erste Revision dieser Verordnung in Kraft (EMAS II), eine weitere Revision (EMAS III) ist, wie erwähnt, in Vorbereitung.

2. Das Verhältnis der Auditierungssysteme EMAS und ISO 14001

Mit der Revision der ersten EMAS Verordnung im Jahr 2001 wurde unter anderem auch das Ziel verfolgt, eine für notwendig gehaltene Verbindung des europäischen Umweltauditverfahrens mit der internationalen Industrienorm „ISO 14001", die im Jahr 1996 verabschiedet wurde, herzustellen.[42]

2.1 Das Umweltmanagementsystem nach ISO 14001

ISO 14001 ist Bestandteil einer Normenfamilie, die weitere Normen zu verschiedenen Aspekten des Umweltmanagements beinhaltet. Bei den Verfahren nach den Normen der ISO 14001 ff. liegt der Schwerpunkt auf der Gestaltung eines kontinuierlichen Verbesserungsprozesses zur Erreichung bestimmter Um-

---

37 Environmental Auditing – ICC Position Paper on Environmental Audits, Publication Nr. 468, Paris 1989, vom ICC Executive Board angenommen am 29.11.1989: Zum Inhalt siehe *Kniep*, Umwelt-Audit – Ein betriebliches Führungsinstrument, GewArchiv 1993, 193 ff. (193 f.).

38 Vorschlag für eine Verordnung des Rates, die die freiwillige Beteiligung gewerblicher Unternehmen an einem gemeinschaftlichen Öko-Audit-System ermöglicht, ABl. EG vom 27.03.1992, Nr. C 76, S. 2 ff..

39 *Ewer*, a.a.O., § 36, Rn. 11.; ebso. *Falke*, „Umwelt-Audit"-Verordnung, ZUR 1995, S. 4 ff. (S. 5).

40 *Lechelt*, in: Umweltaudit, Abschnitt A, Rn. 71.

41 *Lechelt*, a.a.O., Rn. 73.

42 Die ISO 14001 wurde am 1.2.2005 novelliert. Der deutsche Titel lautet DIN EN ISO 14001:2005 ("Umweltmanagementsysteme – Anforderungen mit Anleitung zur Anwendung"). Die Novelle ist in die EMAS-V (noch nicht) eingearbeitet.

weltziele. Die ISO 14001 beruht dabei auf der Methodik „Planen-Ausführen-Kontrollieren-Optimieren", englisch „Plan-Do-Check-Act", (PDCA).[43]

Im Wettbewerb mit EMAS hat ISO 14001 den Vorteil einer weltweiten Anerkennung. Gerade international ausgerichtete Unternehmen sehen in diesem Aspekt einen gewichtigen Grund, sich bei der Auditierung ihres Unternehmens für die ISO 14001 zu entscheiden.[44] Zudem sei eine Auditierung nach der Norm ISO 14001 in erheblich kürzerer Zeit möglich und für Unternehmen kostengünstiger.[45] Um vor diesem Hintergrund der Gefahr einer „Abwanderung" der Industrie hin zur Umweltauditierung nach ISO 14001 zu begegnen, wurde mit der zweiten EMAS Verordnung eine Verknüpfung zwischen EMAS und ISO 14001 hergestellt.[46]

Die Verknüpfung der Normwerke erfolgte mit der Aufnahme des Normtextes der ISO 14001 in den Anhang Teil 1 und 2 der zweiten EMAS Verordnung.[47] Mit der Implementierung der Norm ISO 14001 in EMAS ging die Erweiterung des Teilnehmerkreises von EMAS einher, indem EMAS, wie bereits erwähnt, den weit gefassten Organisationsbegriff der ISO 14001 übernahm,[48] den Begriff der Organisation erstmals entsprechend der ISO 14001 definierte und so den personellen Geltungsbereich von EMAS auf alle privaten und öffentlich rechtlichen Organisationen erweiterte.[49]

In Folge der Erweiterung von EMAS verfügen nun die beiden konkurrierenden Normenwerke über die gleichen Instrumente (Verfahren), mit denen teilnahmewillige Unternehmen ihren betrieblichen Umweltschutz in eigener Verantwortung und unter eigener Kontrolle kontinuierlich verbessern können. *Feldhaus* bewertet das (neue) Verhältnis zwischen EMAS und ISO 14001 „als ein Verhältnis, geprägt von der Harmonie naher Verwandter".[50] Damit unterstreicht er die Tatsache, dass trotz der bestehenden Gemeinsamkeiten beide Systeme dennoch von grundverschiedenem Charakter sind.

---

43 *Feldhaus*, Wettbewerb zwischen EMAS und ISO 14001, UPR 1998, S. 41 ff. (41).

44 *Feldhaus*, a.a.O., (UPR 1998), S. 44.

45 Zu den Kosten eines ISO 14001-Audits *Glatzner*, Erfahrungsbericht „ISO 14000 in Deutschland", BMU (Hrsg.) S. 7 f., im Internet unter www.uba.de.

46 Zur Entwicklung von Teilnehmerzahlen an EMAS siehe die Antwort der Bundesregierung auf die Kleine Anfrage „10 Jahre Öko-Audit-System der EU (EMAS)" vom 5.7.2005, BT Drs. 15/5892. Zu den verschiedenen Gründen der Stagnation der Teilnehmerzahlen in Deutschland *Schäfer*, a.a.O., S. 114 f..

47 *Langerfeldt*, Das novellierte Environmental Management and Audit Scheme (EMAS II), NVwZ 2001, S. 538 ff. (539).

48 Vgl. Organisationsbegriff in DIN/ISO 14001 Punkt 3.12. siehe auch *Langerfeldt*, a.a.O., S. 539.

49 Dazu *Langerfeldt*, Privatisierung der Betreiberüberwachung, S. 150 ff.

50 *Feldhaus*, a.a.O., (UPR 1998), S. 41.

2.2. Unterschiede der Systeme und Folgerungen

Die Grundverschiedenheit der Systeme ist zuvorderst darin begründet, dass die Industrienorm ISO 14001 im Gegensatz zu EMAS ein rein marktwirtschaftliches Instrument in voller Eigenverantwortung der teilnehmenden Unternehmen ist und sein möchte. EMAS stellt dagegen ein Mischsystem dar, das in seinen Zielen, seiner Organisationsstruktur und bei Kontrollen teilweise zwar auch auf einer Selbstbestimmung der Unternehmen beruht, im Übrigen aber in das gemeinschaftsrechtliche und nationale Umweltverwaltungsrecht eingebunden ist. Mit Recht betont *Feldhaus*, das dieser Aspekt aus der Sicht des (staatlichen) Umweltschutzes den Mehrwert von EMAS gegenüber ISO 14001 ausmacht.[51]

Unterschiede zwischen den Systemen finden sich darüber hinaus auch im Detail. So findet sich in beiden Systemen als Instrument das „Umweltmanagement- und Umweltbetriebsprüfungssystem". Im Instrument selbst ist kein Unterschied festzustellen, denn die Verfahren gehen auf die gleiche Quelle zurück.[52] Jedoch fehlt in der Industrienorm ISO 14001 der Teilaspekt der (ersten) Umweltprüfung, also die Bestandsaufnahme des Status Quo des betrieblichen Umweltschutzes als Aufsatzpunkt des Umweltaudits im teilnehmenden Unternehmen. Zudem fehlen in der ISO 14001 auch alle außenwirksamen Elemente von EMAS, wie die Prüfung durch einen amtlich zugelassenen Umweltgutachter, die Verpflichtung zur Erstellung und Veröffentlichung einer Umwelterklärung sowie die öffentliche Registrierung und die förmliche Teilnahmeerklärung.

Andererseits wurde der für die ISO 14001 wichtige Abschnitt 4 (Forderungen an ein Umweltmanagementsystem) zwar in die zweite EMAS Verordnung als Anlage 1 übernommen, jedoch ohne die dazu gehörenden Erläuterungen.[53]

Weitere materielle Unterschiede finden sich in der Verpflichtung der teilnehmenden Unternehmen zu einer kontinuierlichen Verbesserung ihres betrieblichen Umweltschutzes. EMAS fordert eine „Verbesserung des Zustands", die Norm ISO 14001 dagegen nur eine Verbesserung des Instruments, durch dessen Anwendung ein besserer Zustand erreicht werden kann. Dies alles belegt ein deutliches Minus in den Anforderungen der ISO 14001 im Vergleich zu EMAS.[54]

Darüber hinaus werden durch die ISO 14001 Verpflichtungen auch unverbindlicher formuliert, als durch EMAS. So verpflichtet ISO 14001 die Unternehmen nicht, die beste verfügbare Technologie anzuwenden, sondern „ermutigt" sie zur Anwendung der besten verfügbaren Technologie, wenn dies angebracht und

---

51 *Feldhaus*, a.a.O., (UPR 1998), S. 41.

52 Der Ursprung der Verfahren geht auf die British Standards Institution, BS 7750, Specifications for Environmental Management Systems ,1992, rev. 1994 und die DIN EN ISO 9004, Qualitätsmanagement und Elemente eines Qualitätsmanagementsystems zurück; dazu *Breuer*, NVwZ 1997, S. 833 ff., (841).

53 Kritisch dazu *Dorn*, EMAS-Vergleich, Umweltmanagement und Umweltbetriebsprüfung, Berlin 2001, Vorwort.

54 *Feldhaus*, a.a.O., (UPR 1998), S. 43.

wirtschaftlich vertretbar erscheint. Ein weiteres Beispiel geringerer Anforderungen durch die ISO 14001 ist, dass die teilnehmenden Unternehmen, im Gegensatz zu EMAS, die Häufigkeit der Prüfintervalle frei bestimmen können.

Der Vergleich zwischen den Umweltauditsystemen ISO 14001 und EMAS diente dem Beleg, dass die Annahme, EMAS führe zu höheren Umweltleistungen in den teilnehmenden Unternehmen und das auch in kürzerer Zeit, berechtigt ist.[55] Folglich kann der Anspruch auf staatliche Privilegierungen nur als Gegenleistungsanpruch zu einer Teilnahme an einem Umweltaudit nach den EMAS Anforderungen berechtigt erhoben werden.[56]

3. Zum Verhältnis von EMAS und deutschem Umweltordnungsrecht

EMAS ist ein „Managementinstrument", das einer systematischen, dokumentierten, periodischen und objektiven Beurteilung der jeweiligen betrieblichen Umweltschutzorganisation dient.[57] Das EMAS Verfahren ist zugleich eine Ausprägung indirekter Verhaltenssteuerung[58] und setzt anstelle eines gebietenden Befehls (bzw. Zwangs) auf Eigenverantwortung, Kooperationsfähigkeit und freiwillige Initiative.[59] Wie *Kloepfer* es ausdrückte, sei aus deutscher Sicht mit EMAS „juristisches Neuland" betreten worden.[60] EMAS, so *Kloepfer*, unterscheide sich maßgeblich vom deutschen Ordnungsrecht, da es nicht durch Maßnahmen der Eingriffsverwaltung staatlich kontrolliere, sondern Anreize schaffe, das Unternehmen ein umweltadäquates Management und eine eigenverantwortliche Umweltkontrolle etablierten.[61] Den Regelungsadressaten, also den Unternehmen, wird die Teilnahme an EMAS freigestellt, die Durchführung ist jedoch an die Einhaltung zwingender gesetzlicher Vorgaben gebunden. Mit dieser gesteuerten Selbstregulierung sollen Vollzugsdefizite, fehlende Flexibilität, Inno-

---

55 *Feldhaus*, a.a.O., S. 43.

56 *Feldhaus*, a.a.O., S. 43. *Schäfer*, a.a.O., S. 103, spricht wegen der Begutachtung durch den externen Umweltgutachter von einer „höheren Glaubwürdigkeit" von EMAS gegenüber ISO 14001 deshalb sei bei EMAS auch ein höheres Deregulierungspotential gegeben (111).

57 *Große/Ehrig/Lehmann,* Umweltschutz und Umweltmanagement in der gewerblichen Wirtschaft, S. 1.

58 Zu Maßnahmen der indirekten Verhaltenssteuerung, *Hoppe/Beckmann,* Umweltrecht, § 6, Rn. 8.

59 *Kloepfer/Bröcker,* Umweltaudit und Umweltrechtskonformität, UPR 2000, S. 335 ff. (335).

60 *Kloepfer*, Umweltrecht, § 5, Rn. 446.

61 Zu den organisatorischen Anforderungen an die Unternehmen *Feldhaus*, Umweltaudit und Betriebsorganisation im Umweltrecht, in: *Kormann* (Hrsg.) Umwelthaftung und Umweltmanagement, 1994, S. 9 ff.

vationsunfreundlichkeit und Kostenintensivität des hergebrachten Umweltordnungsrechtes bewältigt werden.[62]

Der Hauptgrund für die Unterschiedlichkeit von EMAS und dem ansonsten für die Betreiberunternehmen maßgeblichen deutschen Umweltordnungsrecht, liegt jedoch nicht in der Ausprägung von EMAS als einem marktwirtschaftlich orientierten Instrument, sondern in der generellen Unterschiedlichkeit in den Normstrukturen von deutschem Ordnungsrecht und europäischem Umweltrecht.

3.1 Die konditionale Struktur des deutschen Umweltordnungsrechts

Das deutsche Umweltrecht ist durch den ordnungsrechtlichen Ansatz des deutschen Verwaltungsrechts geprägt. Das bedeutet, dass den staatlichen Verwaltungsbehörden eine Kontrollverantwortung zugewiesen ist und der Gesetzgeber für die behördliche Ausführung dieser Kontrollfunktion spezielle Kontrollinstrumente zu schaffen hat.

Am Beginn jedes zwischen einer staatlichen Behörde und einem Normadressaten begründeten Verwaltungsverhältnisses steht die „Eröffnungskontrolle", diese im Einzelfall bewirkt durch Genehmigungs- , Erlaubnis- , oder Gestattungsvorbehalte des jeweiligen Fachrechts. Der Eröffnungskontrolle folgen einzelne behördliche Überwachungsverhältnisse.[63]

Als Folge dieses ordnungsrechtlichen Ansatzes ist im deutschen Verwaltungsrecht allgemein und damit auch im deutschen Umweltrecht im Speziellen eine Dominanz materiellrechtlicher Anforderungen festzustellen, was sich im Einzelnen durch harte und konkrete Umwelt- und Technikstandards manifestiert.[64] Die Struktur des deutschen Ordnungsrechts ist dabei „konditionaler" Natur, was bedeutet, dass sich an die Erfüllung eines bestimmten Tatbestands stets eine bestimmte Rechtsfolge anknüpft, d.h. das Normsystem basiert auf einer „Wenn-Dann-Beziehung".[65]

Die Vorteile einer konditionalen Normstruktur sind in erster Linie in den Bereichen der Rechtssicherheit und des Rechtsschutzes angesiedelt.[66] Nachteilig ist dagegen die mit einer konditionalen Normstruktur einhergehende dedizierte, extreme Verrechtlichung des Verwaltungshandelns, sowie eine Entpolitisierung der öffentlichen Verwaltung. Selbst Sachfragen von existentieller Bedeutung für Staat und Gesellschaft werden durch die Anwendung konditional strukturierter Regelungen letztlich der Entscheidung durch die Gerichte überantwortet.[67]

---

62 *Kloepfer/Bröcker*, a.a.O., S. 335.

63 *Breuer*, NVwZ 1997, S. 833 ff., (835).

64 *Breuer*, a.a.O., S. 836.

65 *Hansmann*, Harmonisierung unterschiedlicher Normstrukturen im europäischen und im deutschen Umweltrecht, NVwZ 2006, S. 51 ff. (52).

66 *Hansmann*, a.a.O., S. 54.

67 *Breuer*, Umsetzung von EG-Richtlinien im neuen Energiewirtschaftsrecht, NVwZ 2004, S. 520 ff., (532).

3.2 Die finale Normstruktur des europäischen Umweltrechts

Im Gegensatz zum konditionalen deutschen Umweltrecht, sind die Normen im europäischen Umweltrecht grundsätzlich „final“ gestaltet.

Finale Strukturen zeichnen sich vor allem dadurch aus, dass in den einzelnen Normen konkrete Ziele formuliert werden und dem Normadressaten vorgeschrieben wird, diese Ziele zu erreichen. Eine finale Normstruktur liegt aber auch dann vor, wenn die regelnde Norm lediglich eine Forderung enthält, dass bestimmte Belange zu berücksichtigen sind. Gibt daher beispielsweise eine solche Norm einer Behörde vor, bestimmte Dinge zu berücksichtigen, so meint berücksichtigen mehr, als es der deutsche Sprachgebrauch vermuten lässt.[68] Berücksichtigen bedeutet dann, dass die handelnde Behörde alles zu tun hat, um das vorgegebene Normziel auch zu erreichen. Auf diesen Aspekt wird noch später einzugehen sein.

Der Weg, wie ein vorgegebenes Ziel erreicht werden kann, wird in einer finalen Struktur im Allgemeinen durch das Verfahrensrecht beschrieben. Eine finale Normstruktur geht daher stets mit einer Dominanz verfahrensrechtlicher Anforderungen einher.[69]

Finales Recht zeichnet sich auch durch weite Bewertungs-, Abwägungs- und Ermessensspielräume aus, d.h. dem Verwaltungsermessen wird eine zentrale Regulierungsfunktion eingeräumt.[70] Werden im final strukturierten Gemeinschaftsrecht vorgegebene Ziele nicht erreicht, so sind die jeweiligen nationalen Gesetzgeber aufgefordert, diese Ziele, im Umweltrecht etwa die Einhaltung bestimmter Grenzwerte, binnen einer gewissen Frist dennoch zu erreichen. Zur Zielerreichung sind auf nationaler Ebene die Instrumente „Plan“ oder „Programm“ vorgesehen, bei einer notwendigen eher kurzfristigen Reaktion, etwa zur Gefahrenabwehr, haben die Mitgliedstaaten gegebenenfalls „Aktionspläne“ aufzustellen.[71] Die finale Normstruktur des europäischen Umweltrechts bedingt, dass die Inhalte dieser Pläne und Programme dann nicht auf Gemeinschaftsebene, sondern in nationaler Verantwortung zu regeln sind.[72]

---

68 Zu Wortbedeutungsmöglichkeiten siehe *Dornseiff*, Der deutsche Wortschatz nach Sachgruppen, S. 518. Danach wird das Wort „berücksichtigen“ im Deutschen unter anderem im Sachzusammenhang mit Sorgfältigkeit, Vorsicht, Aufmerksamkeit und Einschränkungen gebraucht.

69 *Breuer*, a.a.O., (NVwZ 2004), S. 837.

70 *Breuer*, a.a.O., S. 837.

71 Zur Umsetzungsproblematik von Lärmaktionsplänen in der deutschen Verwaltungspraxis *Cancik*, Die Pflicht zur Aufstellung von Aktionsplänen zur Lärmminderung und ihre Kopplung an „Auslösewerte", NVwZ 2008, S. 167 ff.

72 *Hansmann*, a.a.O., S. 52. So regelt § 47d BImSchG die (nationalen) Details zu „Lärmaktionsplänen“.

3.3 Die Normstruktur der EMAS Verordnung

Die EMAS Verordnung wurde, wie bereits erwähnt, als unmittelbar geltendes Gemeinschaftsrecht in das deutsche Umweltrecht inkorporiert. Daher verwundert es nicht, dass die EMAS Verordnung aus dem Jahr 2001 fast ausschließlich finale Regelungen enthält. Wie ausgeführt, zeichnen sich finale Strukturen dadurch aus, dass die Normen Ziele beschreiben, die der Normadressat mittels der Durchführung bestimmter, durch die Norm selbst oder durch weitere Normen vorgegebene Verfahren erreichen soll.

In diesem Sinn heißt es im achten der Erwägungsgründe, die den Artikeln der zweiten EMAS Verordnung vorangestellt sind, dass die EMAS Verordnung „eine einheitliche Anwendung von EMAS in der Gemeinschaft sicher stellen soll, insbesondere durch einheitliche Verfahren, einzelne Maßnahmen dagegen von den Mitgliedstaaten zu regeln sind.

Der neunte Erwägungsgrund benennt als übergeordnetes Ziel, dass die freiwillige Teilnahme an EMAS gefördert werden soll. Als Beispiele, wie das genannte Förderziel erreicht werden kann, werden verschiedene Maßnahmen der Mitgliedstaaten angesprochen, wie die Einräumung von Vorteilen in der ordnungspolitischen Kontrolle, Maßnahmen zur Kosteneinsparung sowie Maßnahmen zur Förderung des Ansehens des EMAS Teilnehmers in der Öffentlichkeit.[73] Die Umsetzung solcher Maßnahmen obliegt der Verantwortung der Mitgliedstaaten.

Ebenfalls ziel – und verfahrensbetont ist die Vorschrift des Art. 3 Abs. 2 EMAS-V ausgestaltet, wo auf die detaillierten Verfahren in den Anhängen zur EMAS Verordnung verwiesen wird.[74] Diese Verfahren sollen sicherstellen, dass EMAS ein einheitliches Umweltmanagementsystem gewährleistet. Auch die Regelung des Art. 10 Abs. 2 EMAS-V ist final gestaltet. Die Vorschrift enthält einen Prüfungsauftrag an die Mitgliedstaaten. Auf dessen Grundlage haben sie zu prüfen, wie doppelter Arbeitsaufwand bei auditierten Unternehmen einerseits und den vollziehenden Behörden andererseits im Nachgang zum EMAS Audit vermieden werden kann. Um der finalen Regelungsstruktur gerecht zu werden, darf der in Art. 10 Abs. 2 EMAS-V formulierte Prüfungsauftrag nicht als lediglich ergebnisoffene Prüfungsaufgabe missverstanden werden, sondern ist als Verpflichtung der Mitgliedstaaten zur Entwicklung praktischer Vorteile für die EMAS Teilnehmer als Gegenleistung für ihre freiwillige Teilnahme an der EMAS Auditierung auszulegen. Auf diesen Gesichtspunkt wird weiter unten eingegangen werden.[75]

Eine weitere final strukturierte Vorschrift ist Art. 11 EMAS-V. Die Vorschrift formuliert das Ziel, die Teilnahme kleinerer und mittlerer Unternehmen an EMAS zu fördern und zählt dazu eine Reihe von Beispielen auf, wie eine Förde-

---

73 Zur begrifflichen Unschärfe des Inhalts des 9. Erwägungsgrunds *Langerfeldt*, Privatisierung der Betreiberüberwachung, S. 513 f..

74 Verweise auf Anhänge I bis III und V bis VII EMAS-V.

75 Siehe unten Kapitel 5, Abschnitt 1.

rung in den Mitgliedstaaten erfolgen könnte. Die einzelnen Maßnahmen sind auch hier, vor dem Hintergrund der finalen Struktur folgerichtig, den Mitgliedstaaten überantwortet. Art. 11 Abs. 2 EMAS-V verpflichtet die Mitgliedstaaten, über die von ihnen zur Erfüllung der Ziele getroffenen Maßnahmen der EU Kommission zu berichten. Damit wird die Erfolgskontrolle sicher gestellt.

Die Förderung der Teilnahme an EMAS, d.h. das Ziel steigender Teilnehmerzahlen, ist Gegenstand der Regelung in Art.12 EMAS-V, wobei hier Maßnahmen der Informationspolitik als Mittel zur EMAS Förderung vorgesehen wurden.

Im Gegensatz zu den genannten final strukturierten Vorschriften der EMAS Verordnung ist Art. 6 EMAS-V, der die Eintragungsmodalitäten nach der Auditierung eines Unternehmens regelt, als konditionale Norm ausgestaltet. So beginnen die Aufzählungen in Art. 6 Nr. 1 bis 4 EMAS-V mit einem konditionalen „Wenn", um mit einem „Dann" die Beschreibung der sich anknüpfenden Rechtsfolgen einzuleiten. Werden Anforderungen der EMAS Verordnung nicht erfüllt, wird die Eintragung verweigert (Nr. 2). Versäumt es der Teilnehmer in einer bestimmten Frist der zuständigen Stelle gewisse Informationen zu liefern, wird die Eintragung ausgesetzt oder gestrichen (Nr. 3). Verletzt der EMAS Teilnehmer materielles Umweltrecht, wird die Eintragung verweigert oder ausgesetzt (Nr. 4).

Bis auf diese eine Ausnahme sind die Normen der EMAS Verordnung final strukturiert. Als unmittelbar geltendes Gemeinschaftsrecht wurden die EMAS Normen zum Bestandteil des konditional gestalteten deutschen Umweltverwaltungsrechts. Aus diesem Befund ist folgendes abzuleiten: Der deutsche Gesetzgeber muss strukturbedingten Widersprüchen, sofern diese sich ergeben, entgegentreten und hat dafür Sorge zu tragen, dass mit geeigneten innerstaatliche Maßnahmen die Ziele der EMAS Verordnung erreicht werden. Dazu stehen ihm die Instrumente des nationalen (Umweltverwaltungs-) rechts zur Verfügung.[76] Auf die geeigneten Maßnahmen zur Umsetzung dieser EMAS Verpflichtungen wird im Einzelnen weiter unten eingegangen.[77]

4. Die Motivation des Unternehmers zur Teilnahme an EMAS

Vor einer Auseinandersetzung mit den einzelnen Anforderungen, die ein Unternehmen, das an EMAS teilnehmen möchte, zu erfüllen hat, soll der Frage nach den Beweggründen zur (freiwilligen) Teilnahme am EMAS Audit nachgegangen

76 Vgl. *Breuer*, a.a.O., (NVwZ 2004) S. 528.

77 Siehe unten Kapitel 4.

werden.[78] Fraglich ist, welche objektiven und subjektiven Gründe für die Teilnahme am EMAS Audit ins Feld geführt werden können.

4.1 Die vom Gesetzgeber angenommene Motivation der Teilnehmer

Der (europäische) Gesetzgeber sieht die Motivation der Unternehmen zur Teilnahme am EMAS Regelwerk vor allem darin begründet, dass mit dem EMAS Audit eine Stärkung der Eigenverantwortung und der Eigenkontrolle der Unternehmen im Bereich des Umweltschutzes einhergeht. Mit EMAS könne ein der Wirtschaft immanentes und somit stets vorhandenes Innovationspotential genutzt und betrieblicher Umweltschutz auch als positiver wirtschaftlicher Faktor ausgestaltet werden.[79] Insofern bereichere das marktwirtschaftlich orientierte Umweltschutzinstrument EMAS das deutsche Umweltrecht.[80]

4.2 Die Motivation aus Sicht der Teilnehmer

Die Einführung des EMAS Auditverfahrens im Jahr 1993 wurde von der deutschen Wirtschaft zunächst positiv aufgenommen.[81] Die Unternehmen erwarteten von einer EMAS Teilnahme vor allem wirtschaftlich bewertbare bzw. verwertbare Vorteile zu erlangen. Jede unternehmerische Entscheidung, freiwilligen Aufwand einzugehen, also Kosten verursachende Maßnahmen zu ergreifen, setzt voraus, dass sich der Aufwand vorab fixieren lässt und das das angestrebte Ergebnis im Verhältnis zu den Kosten sich als betriebswirtschaftlich vorteilhaft darstellt.[82]

Bei den erwarteten EMAS Vorteilen ist zwischen den wirtschaftlichen Vorteilen des EMAS Unternehmens im Marktumfeld und den erwarteten Vorteilen durch die Gewährung konkreter staatlicher Gegenleistungen für die EMAS Teilnahme zu unterscheiden.

4.2.1 Unnmittelbare EMAS Vorteile

Unmittelbare wirtschaftliche Vorteile in Folge einer EMAS Auditierung können sich für Unternehmen vor allem aus der Erfassung von Einsparpotentialen ergeben. So können bei einem produzierenden Unternehmen Defizite im sparsamen

78 Zur Korrelation von Freiwilligkeit und Anreizen *Kloepfer*, Umweltrecht, § 5, Rn. 447. Zum ursprünglichen Ziel einer obligaten Auditierung *Sellner/Schnutenhaus,* a.a.O., S. 929.

79 *Möller*, Öko-Audit und Substitution, S. 15.

80 *Möller*, a.a.O., S. 15; *Schäfer*, Öko-Audit als Instrument des Umweltschutzes und der Deregulierung, S. 24.

81 Zur positiven EMAS Resonanz in Deutschland *Schäfer*, a.a.O., S.113.

82 Zum Grundsatz der Kostenoptimierung näher *Franz/Kajüter,* Kostenmanagement, in: von Colbe (Hrsg.), Betriebswirtschaft für Führungskräfte, S. 104.

bzw. effizienten Ressourceneinsatz im Rahmen des EMAS Audits erkannt und eliminiert werden.[83] Hieraus können reduzierte Folgekosten resultieren, beispielsweise auf dem Gebiet der Abfallentsorgung. In Folge des EMAS Audits können einzelne Kostenelemente eines Unternehmens sogar gänzlich entfallen: Werden durch das EMAS Audit Schadensrisiken erkannt und ausgeschlossen, wirkt sich das niedrigere Risiko mindernd auf den Versicherungsaufwand aus.[84] Der Nachweis verminderten betrieblichen Risikos ist zudem geeignet, das „Rating" des EMAS Unternehmens am Kapitalmarkt zu verbessern, woraus eine Senkung von Kapitalbeschaffungskosten resultieren kann.[85]

4.2.2 Mittelbare Kostenvorteile

Das EMAS Audit kann auch zu mittelbaren wirtschaftlichen Vorteilen für teilnehmende Unternehmen beitragen. So kann die Verminderung betrieblicher Haftungsrisiken im Umweltbereich die Wettbewerbsstellung des auditierten Unternehmens generell verbessern.[86] Vorteile ergeben sich auch aus der Verbesserung der Marketingmöglichkeiten des auditierten Unternehmens. So darf nur das erfolgreich auditierte Unternehmen mit dem gezielt zu Werbezwecken eingeführten EMAS Zeichen werben.[87] Der dem EMAS Audit immanente Aspekt ökologischer Exzellenz ist zudem geeignet, den Absatz der Produkte des auditierten Betriebs zu fördern, etwa wenn eine bestimmte ökologisch orientierte Nachfragegruppe erschlossen werden kann.[88] Auch sind Verbesserungen in den Geschäftsbeziehungen zu Zulieferern und Nachauftragnehmern möglich, insbesondere wenn diese bereits selbst ökologisch motivierte Anforderungen in ihre Lieferbedingungen aufgenommen haben. Mittelbare Kostenvorteile können sich ebenfalls aus der veränderten Wahrnehmung des auditierten Unternehmens durch die Öffentlichkeit, also der „Imageverbesserung" des Unternehmens ergeben.[89] Die damit einhergehenden Kostenvorteile lassen sich mit Marktforschungsinstrumenten genau bewerten. Untersuchungen haben gezeigt, dass der Imageaspekt für viele Unternehmen ein sehr wichtiger, wenn nicht sogar der

---

83 Dazu *Pohl*, Umweltaudits in der betrieblichen Praxis, BB 1998, S. 381 ff. (386).

84 Dazu *Schmidt-Salzer,* Öko-Audit und sonstige Managementsysteme in organisationsrechtlicher, haftungsrechtlicher und versicherungstechnischer Sicht, WiB 1996, S. 1 ff. (9).

85 *Falk*, Die Prüftätigkeit des Umweltgutachters im Rahmen des EG-Öko-Audit-Systems, UPR 1996, S. 58 (58).

86 Zu Auswirkungen des EMAS Audits auf Versicherungsprämien *Schilling/Henneböhl*, in: Umweltaudit, Abschnitt N, Rn. 36 f..

87 Vgl. Art. 8 EMAS-V. Zum Aspekt der „EMAS-Anreize" siehe die Presseerklärung des Umweltbundesamtes Nr. 41/1999, NVwZ 2001, S. 56. Zum EMAS Zeichen („Logo") auch *Langerfeldt*, Privatisierung der Betreiberüberwachung; S. 184, Fn. 658.

88 Zum Aspekt von ökologisch motivierten Kaufentscheidungen *Falke*, „Umwelt-Audit"-Verordnung, ZUR 1995, S. 4 ff. (5).

89 Zum „Imageaspekt" des EMAS Zeichens *Schäfer*, a.a.O., S. 148.

wichtigste Motivationsgrund zur freiwilligen EMAS Teilnahme ist.[90] Nicht zuletzt können sich mittelbare Vorteile auch aus einer Verbesserung der Einstellung der eigenen Belegschaft zum betrieblichen Umweltschutz ergeben.[91] Die Einbeziehung der Mitarbeiter in die Gesamtumweltverantwortung eines Unternehmens ist ein bedeutender Aspekt des EMAS Systems.[92] Die Mitarbeiter eines EMAS Unternehmens sollen eine eigene Motivation zur kontinuierlichen Verbesserung der Umweltschutzstandards entwickeln, denn nur so kann das EMAS Ziel der kontinuierlichen Verbesserung des betrieblichen Umweltschutzes erreicht werden. Kontinuierliche Verbesserungen auf dem Gebiet des Umweltschutzes, die von den eigenen Mitarbeitern im Unternehmen initiiert werden, versprechen einen stetigen Optimierungsprozess, der geeignet ist, weitere Kosteneinsparpotentiale zu heben.[93]

4.2.3 Verbesserung der Rechtssicherheit

Die Entscheidung eines Unternehmens zur EMAS Auditierung kann auch vom Wunsch getragen sein, den „rechtssicheren Betrieb" einer Anlage bestätigt zu erhalten. Die Unternehmensleitung verfolgt in diesen Fällen eine Überprüfung und Bestätigung ihrer bestehenden oder anlässlich der EMAS Auditierung optimierten Betriebsorganisation zum Umweltschutz durch interne und externe Expertise.[94] Dem EMAS Audit kommt dann primär die Funktion eines „Compliance Audits" oder besser eines „Legal Compliance Audits" zu.[95] Das EMAS Audit schließt diesen Audittypus ausdrücklich mit ein.[96] Das Ziel der Einhaltung aller einschlägigen Umweltvorschriften im EMAS Unternehmen erhielt durch die zweite EMAS Verordnung eine noch wichtigere Bedeutung; seitdem sind die damit zusammenhängenden Aspekte in allen Phasen des EMAS Audits zu überprüfen.[97]

Unter „Compliance" versteht man einerseits die Überprüfung, ob die relevanten Umweltvorschriften im EMAS Unternehmen eingehalten sind und andererseits

---

90 Statistische Erkenntnisse zur Motivation von Betreibern bei der Teilnahme am EMAS-Audit finden sich bei *Große/Ehrig/Lehmann,* a.a.O., S. 14 ff..

91 Umfrageergebnisse zu Anreizen des EMAS Audits bei *Schäfer*, a.a.O., S. 160 f.

92 Es handelt sich nach Art. 1 Abs. 2 Buchst. d) EMAS-V um eine wesentliche Voraussetzung für die kontinuierliche Verbesserung des betrieblichen Umweltschutzes in einem EMAS Unternehmen.

93 *Moormann*, Staatliche Überwachung und Öko-Audit, ZUR 1997, S. 188 ff. (188).

94 In einzelnen Fällen zielen Unternehmen auf eine so genannte „gerichtsfeste" Organisation ab. Zum Begriff *Adams/Johannsen,* Das "gerichtsfeste" Produktionsunternehmen, BB 1996, S. 1017 ff..

95 Zum „Legal Compliance" Aspekt in der EMAS-I-VO *Böhm-Amtmann,* EMAS-ISO-Substitution von Ordnungsrecht, GewA 1997, S. 353 ff. (355). Zum Legal Compliance Aspekt von EMAS II *Ewer*, Substituierbarkeit behördlicher Kontrollmaßnahmen durch Teilnahme am EMAS II System, in: Dolde (Hrsg.), Umweltrecht im Wandel, S. 353 ff. (355).

96 Siehe oben Kapitel 1, Abschnitt 1.

97 *Ewer*, a.a.O., S. 356.

die umweltgutachterliche Bestätigung dieses Prüfungsergebnisses.[98] Verstöße gegen die einschlägigen Umweltvorschriften können zu einer Haftung eines Unternehmens als solchem führen und/oder auch eine persönliche Haftung der Geschäftsleitung bzw. einzelner Mitarbeiter nach sich ziehen.[99] Neben Strafen und Geldbußen kommen im Einzelfall zusätzlich Entschädigungszahlungen wegen zivilrechtlicher Haftungsansprüche Dritter auf die Unternehmen zu.[100]

Hinter der Motivation der Unternehmen, durch die Teilnahme an einem EMAS (Compliance) Audit die Einhaltung der Umweltrechtsvorschriften im Unternehmen sicherzustellen, steht daher auch die betriebwirtschaftliche Motivation, durch den Ausschluss von Haftungsrisiken Schadensersatzzahlungen zu vermeiden.[101]

4.2.4 Motivation aufgrund staatlicher Gegenleistungen

Die genannten Kostenvorteile wurden schon nach der Einführung der ersten EMAS Verordnung in der Diskussion als positive Argumente für die EMAS Teilnahme gewürdigt, andererseits verstummte nicht die Kritik, es bedürfe weiteren konkreten „Mehrwerts“ aus der EMAS Teilnahme, insbesondere durch eine Gewährung staatlicher Gegenleistungen zu Gunsten der EMAS Unternehmen.[102] Diese Forderungen hatten bestimmenden Einfluss auf den EMAS Revisionsprozess ab dem Jahr 1998, der mit dem Erlass der zweiten EMAS Verordnung im Jahr 2001 endete. Der fünfzehnte, der der zweiten EMAS Verordnung vorangestellten Erwägungsgründe, ist daher als Reaktion auf die Forderungen aus der Wirtschaft nach einem „Mehrwert“ einer EMAS Teilnahme zu verstehen: Die Mitgliedstaaten werden damit aufgefordert, konkrete Anreize zu schaffen, um Organisationen zu motivieren, sich an EMAS zu beteiligen.

Weiterhin verpflichtet nunmehr Art. 10 Abs. 2 EMAS-V die Mitgliedstaaten zu prüfen, wie der EMAS Eintragung bei der Durchführung und Durchsetzung von Umweltvorschriften Rechnung getragen werden kann, damit Arbeitsaufwand sowohl für die vollziehenden Behörden als auch für die EMAS Unternehmen verringert wird. Um diese Ziele zu erfüllen, bedarf es nationaler Regelungen, die geeignet sind, eine Motivation der Unternehmen zur EMAS Teilnahme an EMAS hervorzurufen.[103] Gleichzeitig müssen, wie Art. 10 Abs. 1 EMAS-V

---

98 *Böhm-Amtmann,* Umweltpakt Bayern. Miteinander die Umwelt schützen, ZUR 1997, S. 178 ff. (179).

99 Zur Einstandspflicht bei Organisationsmängeln *Strate/Wohlers,* Umweltaudit und Strafrechtliche Verantwortlichkeit, in: Umweltaudit, Abschnitt M, Rn. 59.

100 Vgl. dazu die eingehenden Ausführungen zum Organisationsverschulden, unten unter Abschnitt 5.2.5.1..

101 Zur haftungspräventiven Motivationslage *Theuer,* in: Umweltaudit, Abschnitt B, Rn. 91.

102 *Ewer*, a.a.O., S. 354. Dazu auch *Dombert*, Umweltaudit und zivilrechtliche Haftung, in: Umweltaudit, Abschnitt L, Rn. 4.

103 Eine EU weite Darstellung staatlicher Anreize enthält die Studie von *Berens/Heck/Wirth,* Anreiz und Belohnungsregelungen für EMAS Organisationen auf eu-

deutlich macht, die staatlichen Gegenleistungen im Einklang mit dem materiellen europäischen und nationalen Umweltrecht stehen.[104] Die zwischenzeitlich geschaffenen staatlichen Gegenleistungsangebote sind Gegenstand des zweiten Kapitels dieser Arbeit.

Ungeachtet der beschriebenen verschiedenen Motivationsgründe, die für eine freiwillige Teilnahme am EMAS Audit sprechen, spricht die Entwicklung der Teilnehmerzahlen an EMAS eher für eine sich verschlechternde Motivationslage.[105] Viele Unternehmen, sowohl in anderen Staaten der Europäischen Union als auch speziell in Deutschland, bewerten die Vorteile einer EMAS Auditierung aktuell eher skeptisch.[106] Die EMAS Teilnehmerzahlen stiegen zwar zwischen 1995 und 2001 kontinuierlich an, seitdem musste jedoch ein tendenzieller Rückgang der Teilnehmerzahlen festgestellt werden.[107]

5. Die EMAS Auditierungsanforderungen

Das primäre Ziel des EMAS Regelwerks ist Art. 1 Abs. 2 EMAS-V zu entnehmen: In einem teilnehmenden Unternehmen sind die Voraussetzungen für einen Prozess der kontinuierlichen Verbesserung von „Umweltleistungen" zu schaffen.

Um diesen Prozess einzuleiten, bedarf es der Implementierung und Anwendung eines betrieblichen Umweltmanagements, sowie der regelmäßigen Überprüfung der Umweltleistungen des Unternehmens durch dieses Umweltmanagement. Die EMAS Verordnung versteht unter dem Begriff der Umweltleistung das Ergebnis einer übergreifenden Bewertung aller „Umweltschutzanstrengungen" eines Unternehmens, bzw. seiner Unternehmensleitung, die auch im deutschen Rechtstext der EMAS Verordnung als „Management" bezeichnet wird.[108]

Die Umweltauswirkungen, die Folge der wirtschaftlichen Betätigung eines Unternehmens sind, müssen ermittelt und bewertet werden. Im Rahmen des Audi-

ropäischer Ebene und Bewertung hinsichtlich der nationalen Umsetzbarkeit, in: UBA (Hrsg.), Forschungsbericht 72/2003, im Internet unter www.uba.de.

104 Zur Wechselwirkung von Privilegierungsappell und Unberührtheitsklausel des Art. 10 (früher Art. 1 Nr. 3 der ersten EMAS-V) EMAS-V *Lütkes/Ewer*, Schwerpunkte der bevorstehenden Revision der Umweltauditverordnung (EWG) Nr. 1836/93, NVwZ 1999, S. 19 ff. (24).

105 Zur Stagnation der Teilnehmer schon unter EMAS I *Schäfer*, a.a.O., S. 114 ff.

106 Zum Kostenaspekt des Umweltaudits, insbesondere aus der Perspektive des Mittelstands, *Schottelius,* Öko-Audit in Europa: Erfahrungen und Perspektiven, UPR 1998, S.104ff. (107).

107 Eine ausführliche und statistisch untersetzte Untersuchung der Motivation der Teilnahme am EMAS I Audit findet sich bei *Wagner/Budde,* Erfahrungen mit dem Umwelt-Audit-System in Deutschland, ZUR 1997, S. 254 ff..

108 Vgl. Art. 2 Buchst. c) EMAS-V.

tierungsprozesses erlangt das Unternehmen dann Kenntnisse über die „Umweltaspekte“ seiner wirtschaftlichen Tätigkeit, deren umweltgerechte Beeinflussung die Aufgabe des Umweltmanagements ist.[109]

Gegenstand der folgenden Ausführungen ist die Beschreibung des EMAS Auditierungsprozesses und der damit verbundenen Anforderungen, die das teilnehmende Unternehmen gemäß Art. 3 Abs. 2 EMAS-V zu erfüllen hat.

5.1 Die erste Umweltprüfung

Eine kontinuierliche Verbesserung von Umweltleistungen setzt begriffslogisch das Vorhandensein bestimmter Umweltleistungen im Unternehmen im Zeitpunkt des Beginns der EMAS Auditierung voraus. Folgerichtig startet der EMAS Auditierungsprozess mit einer Bestandsaufnahme, welche „Erste Umweltprüfung“ genannt wird.[110]

5.1.1 Gegenstand der ersten Umweltprüfung

Bei der ersten Umweltprüfung wird im zukünftigen EMAS Unternehmen der Ist-Zustand auf dem Gebiet des Umweltschutzes ermittelt und es werden die bestehenden Umweltauswirkungen der Tätigkeit des Unternehmens bewertet (Umweltaspekte).[111]

Da es sich bei der ersten Umweltprüfung lediglich um eine betriebsinterne Überprüfung der direkten und indirekten Umweltaspekte handelt,[112] kann diese Prüfung auch von Unternehmensangehörigen durchgeführt werden. Diese sollten allerdings über eine Aus- oder Weiterbildung zum Umweltbetriebsprüfer („Umweltauditor“) verfügen, damit eine fach- und sachgerechte Aufnahme der erforderlichen EMAS Daten erfolgt.[113]

Die erste Umweltprüfung ist von der (späteren) Umweltbetriebsprüfung zu unterscheiden. Die Umweltbetriebsprüfung dient der kontinuierlichen Überprüfung eines bereits auditierten Umweltmanagementsystems und geht im Wesentlichen der Frage nach, ob interne und externe Umweltschutzvorschriften im EMAS Unternehmen eingehalten werden.[114]

---

109 Vgl. die Begriffsbestimmung in Art. 2 Buchst. f) EMAS-V. Näher mit den direkten und indirekten Umweltaspekten befasst sich Anhang VI der EMAS-V.

110 *Sellner/Schnutenhaus,* a.a.O., S. 930. Zum Begriff siehe Anh. VII – Umweltprüfung – EMAS-V.

111 Zu Bewertungsfragen im Rahmen der ersten Umweltprüfung *Schäfer*, a.a.O., S. 126 ff.

112 *Lechelt,* in: Umweltaudit, Abschnitt A, Rn. 9.

113 Lehrgänge zum anerkannten „Umweltbetriebsprüfer-/in“ bieten z.B. Industrie- und Handelskammern an. Vgl. beispielsweise das Angebot der Umweltakademie der IHK Nordschwarzwald, im Internet unter www.nordschwarzwald.ihk24.de.

114 Die Anforderungen an eine Umweltbetriebsprüfung enthält Anhang II der EMAS-V.

Von der Pflicht den EMAS Prozess mit einer ersten Umweltprüfung zu begnnen, sind diejenigen Unternehmen ausgenommen, die bereits über ein anderes zertifiziertes Umweltmanagementsystem verfügen (z.B. nach ISO 14001), da unterstellt wird, dass die im Rahmen der (EMAS) Umweltprüfung zu ermittelnden Daten in diesen Unternehmen bereits vorhanden sind.[115]

5.1.2 Inhalt der ersten Umweltprüfung

Bei der ersten Umweltprüfung werden alle betrieblichen „Inputs" und die daraus resultierenden „Outputs" erfasst, beschrieben und bewertet. Mit „Input" sind die vom Unternehmen eingesetzten Stoffe, wie Brennstoffe oder sonstige Betriebsstoffe gemeint, zudem das eingesetzte (Betriebs-) Wasser. Unter „Output" versteht man die Erfassung und eine Beschreibung der aus diesen Einsatzstoffen resultierenden Produktmengen, der im Produktionsprozess entstandenen Emissionen (wie Luftschadstoffemissionen, Klimagase und Lärm) sowie eine Betrachtung und Bewertung der entstandenen Abfall- und Abwassermengen.

Die so erhobenen Daten werden in tabellarischer Form aufgenommen wobei In- und Output gegenübergestellt werden. Auf Grund dieser Darstellungsweise hat sich der Begriff der „Input/Output-Bilanz" in der Praxis eingebürgert, obwohl es sich bei der Umweltprüfung nicht um eine Bilanz im betriebswirtschaftlichen Sinne handelt.[116]

5.1.3 Ergebnis der ersten Umweltprüfung

Die erste Umweltprüfung dient vor allem der Aufdeckung von Schwachstellen in der Betriebsorganisation und allgemein der Ermittlung unmittelbaren sowie strategischen Handlungsbedarfes des Unternehmens auf dem Gebiet des betrieblichen Umweltschutzes.[117]

Die Umweltprüfung bezweckt darüber hinaus auch die Beschreibung so genannter „indirekter Umweltaspekte". Gemeint sind damit Umweltauswirkungen, die nicht durch die Kerntätigkeit des Unternehmens unmittelbar hervorgerufen werden.[118]

Beispielsweise ist im Rahmen der Umweltprüfung das betriebliche Beschaffungswesen unter einem ökologischem Blickwinkel zu durchleuchten und zu bewerten, damit das Unternehmen sicherstellen kann, dass Lieferanten den glei-

---

115 Vgl. Art. 3 Abs. 2 Buchst. a) EMAS-V.

116 Von der Input/Outputbilanz zu unterscheiden ist die „Ökobilanz" (auch „Life Cycle Assessment" genannt), die dazu dient, einen Lebenszyklus eines Produktes unter ökologischem Gesichtspunkten darzustellen. Vgl. dazu die „Handreichung Bewertung in Ökobilanzen" des Umweltbundesamtes vom August 2000, zu beziehen im Internet unter www.oekoradar.de Stichwort: Hintergrundpapier, Ökobilanzen..

117 *Große/Ehrig/Lehmann,* a.a.O., S. 23.

118 Vgl. Anh. VI 6.3. EMAS-V.

chen umweltpolitischen und ökologischen Anforderungen genügen, die sich das EMAS Unternehmen selbst auferlegt.

5.2 Das Umweltmanagementsystem

Die Ergebnisse der ersten Umweltprüfung versetzen das Unternehmen in die Lage, entweder mit der Implementierung eines das gesamte Unternehmen umfassenden Umweltmanagements beginnen oder das bereits bestehende Umweltmanagementsystem optimieren zu können.[119] Das Umweltmanagementsystem ist Mittel zum Zweck. Es ist das Instrument, das die Organisation in die Lage versetzt, den von ihr angestrebten Umfang an Umweltleistung zu erreichen und systematisch zu kontrollieren.[120]

5.2.1 Die betriebliche Umweltpolitik

Das Umweltmanagement eines Unternehmens muss in der Lage sein, die im Rahmen von EMAS erforderlichen Selbstverpflichtungen des Unternehmens organisatorisch umzusetzen.[121] Nach der Umweltprüfung und somit am Beginn der Etablierung eines EMAS konformen Umweltmanagementsystems steht die Verabschiedung einer grundlegenden Selbstverpflichtung zum Umweltschutz, der so genannten „Umweltpolitik", an.

Die Umweltpolitik ist das umweltpolitische Grundsatzprogramm der Unternehmensleitung.[122] Daraus folgt, dass es Aufgabe der Unternehmensleitung ist, die Umweltpolitik (als innerbetriebliche Richtlinie) zu verfassen und formell zu verabschieden.[123]

Wie sich aus der Definition in Art. 2 Buchst. a) EMAS-V ergibt, sind unter dem Begriff der Umweltpolitik die umweltbezogenen Gesamtziele und Handlungsgrundsätze eines Unternehmens zu verstehen, einschließlich der Aussagen zur Einhaltung aller einschlägigen Umweltvorschriften und der Verpflichtung zur kontinuierlichen Verbesserung der Umweltleistung.

Die Umweltpolitik muss eine ausdrückliche und förmliche Selbstverpflichtung des Unternehmens zur Einhaltung aller einschlägigen Umweltvorschriften und zur kontinuierlichen Verbesserung des betrieblichen Umweltschutzes enthalten.[124] Damit ist nicht nur eine als deklaratorisch aufzufassende Bekräftigung der

---

119 Ausführlich zum Begriff des Umweltmanagementsystems *Lechelt*, in: Umweltaudit, Abschnitt A, Rn. 14.

120 *Theuer*, Das Umweltmanagementsystem und seine Bestandteile, in: Umweltaudit, Abschnitt B, Rn. 92.

121 *Theuer*, in: Umweltaudit., Abschnitt B, Rn. 92.

122 *Lütkes/Ewer,* a.a.O., S. 21.

123 Die zeitliche Reihenfolge von Umweltprüfung und Schaffung einer betrieblichen Umweltpolitik bestimmt das Unternehmen. Dazu *Lübbe-Wolff,* Die EG Verordnung zum Umwelt-Audit, DVBl. 1994, S. 361 ff. (S. 364).

124 *Sellner/Schnutenhusen,* a.a.O., S. 930.

jedermann treffenden Pflicht gemeint, Gesetze zu befolgen,[125] sondern EMAS verlangt eine darüber hinausgehende verbindliche Erklärung des Unternehmens, die relevanten Gesetze auch zu erfüllen.[126]

Im Gegensatz dazu genügt es, wenn die Umweltpolitik in Bezug auf die gleichzeitig einzugehende Selbstverpflichtung zur kontinuierlichen Verbesserung des betrieblichen Umweltschutzes ein nur gewisses Maß an Konkretisierung enthält.[127] Anzumerken ist, dass bei einem Vergleich zu den diesbezüglichen Regelungen der ersten EMAS Verordnung, wo noch eine Verpflichtung zum Einsatz der „Best verfügbaren Techniken" im Rahmen der Umweltpolitik verlangt wurde, EMAS II verminderte Anforderungen stellt.[128]

Die Umweltpolitik hat sich immer auf das gesamte Unternehmen und nicht etwa nur auf einen einzelnen Standort bzw. eine Anlage eines Unternehmens zu beziehen.[129] Als integraler Bestandteil der Unternehmensstrategie muss die Umweltpolitik mit anderen strategischen Festlegungen des Unternehmens, z.B. zur Qualitätspolitik oder zu Festlegungen im Arbeits- und Gesundheitsschutz im Einklang stehen.[130] Die Umweltpolitik wirkt sowohl nach innen, als auch nach außen. Nach innen gerichtet soll die Umweltpolitik ein betriebliches Werte- und Handlungssystem schaffen, nach außen sollen mit ihr die externen Anspruchsgruppen, wie etwa Kunden, Lieferanten, Umweltverbände oder auch die Öffentlichkeit von der Umweltpolitik des Unternehmens unmittelbar angesprochen werden.[131]

Neben diesen materiellen Anforderungen hat die Umweltpolitik eines Unternehmens auch formellen Anforderungen zu genügen. So muss die Umweltpolitik den Mitarbeitern des Unternehmens in geeigneter Form bekannt gemacht werden, wobei die Bekanntgabe in schriftlicher oder elektronischer Form erfolgen kann. Zudem ist die Umweltpolitik der „interessierten Öffentlichkeit"[132] zu-

---

125 *Kloepfer/Bröcker,* Umweltaudit und Umweltrechtskonformität, UPR 2000, S. 335 ff. (336).

126 *Lübbe-Wolff,* a.a.O., (DVBl. 1994), S. 363. Zur Verbindlichkeit *Langerfeldt*, Privatisierung der Betreiberüberwachung, S. 242.

127 *Theuer,* in: Umweltaudit, Abschnitt B, Rn. 9.

128 *Langerfeldt,* Privatisierung der Betreiberüberwachung, S. 173 f., bewertet den Verzicht auf den dynamischen Technikbegriff allerdings nicht als Rückschritt von EMAS II, sondern als gerechtfertigte Annäherung an die DIN ISO 14001 und zugleich als Stärkung des Eigenverantwortlichkeitsprinzips.

129 *Theuer,* in: Umweltaudit, a.a.O., Abschnitt B, Rn. 28.

130 *Große/Erich/Lehmann*, a.a.O., S. 17.

131 *Theuer,* in: Umweltaudit, a.a.O., Abschnitt B, Rn. 3, spricht von „externen Anspruchsgruppen" wie Kunden, Lieferanten, Umweltverbände oder (allgemeine) Öffentlichkeit.

132 Die EMAS-V kennt keine Definition der „interessierten Öffentlichkeit". Allerdings enthält Art. 2 Buchst. p) EMAS-V eine Definition der „interessierten Kreise". Das sind Personen oder Gruppen, auch Behörden, die die Umweltleistung einer Organisation betrifft oder die hiervon berührt werden.

gänglich zu machen, [133] wobei unter den Begriff der Öffentlichkeit unterschiedliche Zielgruppen wie Beschäftigte, Nachbarschaft, Medien, Kunden und Lieferanten, aber auch öffentliche Einrichtungen sowie Verbände und interessierte Einzelpersonen zu subsumieren sind.[134]

5.2.2 Praxisbeispiel: Umweltpolitik

Da bisher weder der europäische noch der deutsche Gesetzgeber Vorgaben zur inhaltlichen Gestaltung einer Unternehmensumweltpolitik machten, soll hier die Umweltpolitik eines Energieversorgungsunternehmens aus dem Jahr 2001 als instruktives Beispiel dienen.[135] Diese Umweltpolitik wurde im Zusammenhang mit der EMAS Auditierung eines Heizkraftwerks in Berlin vom Vorstand des Unternehmens in Auftrag gegeben und verabschiedet:[136]

> *„Umweltschutz ist für die gesamte Bewag ein Unternehmensziel. Dabei steht er nicht für sich allein, sondern ist einer von vielen Faktoren in der wirtschaftlichen Entwicklung des Gesamtunternehmens. Verantwortungsvolles Handeln und nachhaltiges Wirtschaften bedeuten für die Bewag mehr als die bloße Erfüllung von Gesetzen. Über die Einhaltung aller einschlägigen Umweltvorschriften hinaus beinhaltet es ein Streben nach kontinuierlicher Verbesserung der Umweltleistung und ständige Optimierung der betrieblichen Abläufe. Durch eine regelmäßige Überprüfung und Bewertung wird die fortdauernde Eignung und Wirksamkeit der beschlossenen Leitlinien kontrolliert. Die Umweltpolitik sowie die hieraus abgeleiteten Umweltziele und Umweltprogramme stellen die unternehmensinternen Vorgaben für das Umweltmanagementsystem dar. Diese geben den Rahmen für kontinuierliches umweltbewusstes Handeln. Wir arbeiten mit Behörden, anderen Firmen und der Öffentlichkeit in Fragen des Umweltschutzes vertrauensvoll und offen zusammen, Alle Informationen, die zum Verständnis der Umweltauswirkungen unseres Unternehmens notwendig sind, stellen wir zur Verfügung.“*[137]

Auf den ersten Blick erscheint diese Umweltpolitik als eine zu allgemein gehaltene Selbstverpflichtung zum Umweltschutz. Der Mangel an Konkretisierung

---

133 Vgl. Anh. I A I-A-2 EMAS-V (Umweltpolitik). Näher hierzu *Lübbe-Wolff,* a.a.O., S. 364.

134 *Wohlfarth/Signon,* in: Umweltaudit, a.a.O., Abschnitt D, Rn. 15.

135 Es handelt sich um die „Umweltpolitik“ der ehemaligen Berliner Bewag AG. Das Unternehmen wurde im Jahr 2002 in den schwedischen Vattenfall Konzern integriert.

136 Das (neue) Heizkraftwerk Mitte in Berlin wurde in 1998 in Betrieb genommen und war zu diesem Zeitpunkt die modernste Gas- und Dampfturbinenanlage in Europa. (Leistung: 440 MWel/398 MWth) Genehmigungsrechtlich handelt es sich bei dem HKW Mitte um eine genehmigungsbedürftige Anlage nach der 4. BImSchV, Anhang, Spalte 1, Ziffer 1.1.

137 Ebenfalls enthalten in der „Umwelterklärung 2001“, Standort Heizkraftwerk Mitte, Seite 10 f. (zu beziehen über die VE Wärme AG 12435 Berlin, bzw. im Internet unter www.vattenfall.de).

widerspricht jedoch nicht der Intention der EMAS Verordnung.[138] Die Umweltpolitik soll grundsätzlich nur Visionen, Absichten und strategische Ziele eines Unternehmens in Bezug auf den Umweltschutz beschreiben.[139] Die Umweltpolitik ist daher kurz und für jeden verständlich zu fassen.[140] Wichtig ist, dass die Umweltpolitik eine konkrete *Verpflichtung* zur Erfüllung des Umweltrechts enthält und zudem Geltung für das gesamte Unternehmen mit allen seinen Standorten beansprucht.[141]

In diesem Sinne entspricht die hier beispielhaft herangezogene Umweltpolitik den Anforderungen der EMAS Verordnung, d.h. sie enthält die erwähnten notwendigen Selbstverpflichtungen. Im Übrigen wird die zitierte Umweltpolitik durch „Umwelt-Leitlinien“ weiter konkretisiert, die im Folgenden (auszugsweise) wiedergeben werden:[142]

> „...Durch die Energieerzeugung mit fossilen Energieträgern entstehen Luftschadstoffe. Wir sind in der Verantwortung diese so gering wie möglich zu halten. Dazu ergreifen wir technische und organisatorische Maßnahmen...
>
> ...In unserem Umweltmanagementhandbuch sind notwendige Verhaltensweisen beschrieben und Zuständigkeiten festgelegt... Alle Mitarbeiter/ - innen sind zur aktiven Gestaltung des Umweltschutzes im Unternehmen aufgerufen.
>
> ...Wir betreiben unsere Energieerzeugungsanlagen mit den höchstmöglichen Wirkungsgraden und minimieren so unseren Brennstoffverbrauch.
>
> ...Abfallvermeidung ist für uns oberstes Gebot. Im zweiten Schritt tun wir alles, nicht zu vermeidende Abfälle wieder zu verwerten. Bleiben trotzdem zu deponierende Reste, so sorgen wir für die ordnungsgemäße Entsorgung.
>
> ...Wir kooperieren mit unserer „Umwelt“, indem wir jedem Interessierten Daten liefern, die Auskunft über die Umweltauswirkungen unseres unternehmerischen Handelns geben...“

Mit der Umweltpolitik und den sie zusätzlich konkretisierenden Umweltleitlinien hat sich das Unternehmen zu einem proaktiven Handeln auf dem Gebiet des betrieblichen Umweltschutzes verpflichtet. Die Bedeutung der eingegangenen Selbstverpflichtungen zum Umweltschutz wird maßgeblich durch die gewollte Transparenz, d.h. die Einbeziehung der interessierten Öffentlichkeit unterstrichen. Der Öffentlichkeit wird die Zusage erteilt, Umweltdaten freiwillig zur Verfügung zu stellen und zwar unter bewusster Nachordnung schützenswerter

138 *Lübbe-Wolff,* a.a.O., (DVBl. 1994), S. 363.
139 Vgl. *Theuer,* in: Umweltaudit, Abschnitt B, Rn. 3.
140 *Große/Ehrig/Lehmann,* a.a.O., Seite 20 f.
141 *Lübbe-Wolff,* a.a.O.,(DVBl. 1994), S. 363.
142 Umweltleitlinien in der Fassung von 2005, in: *„Für den Himmel über Berlin – Umweltbericht 2005“*, Bewag AG & Co KG (Hrsg.), Seite 3.

Unternehmensinteressen.[143] Transparenz und Offenheit in Angelegenheiten des Umweltschutzes sind die Grundlage eines besonderen Vertrauensverhältnisses zwischen dem EMAS Unternehmen, den zuständigen Überwachungsbehörden und der Öffentlichkeit.

5.2.3 Das betriebliche Umweltprogramm

Der Weg zur erfolgreichen EMAS Auditierung verlangt von einem Unternehmen mehr als nur das Verfassen einer sachgerechten Umweltpolitik. Aus den Ergebnissen der ersten Umweltbetriebsprüfung hat das Unternehmen ein Umweltprogramm zu entwickeln.[144]

Bei einem Umweltprogramm handelt es sich um eine standortbezogene Konkretisierung der Umweltpolitik des Unternehmens.[145] Das Umweltprogramm beschreibt den beabsichtigten Verlauf geplanter kontinuierlicher Verbesserungen in den Umweltleistungen des Unternehmens. Im Umweltprogramm sind dazu einzelne Umweltziele zu formulieren und die erforderlichen Maßnahmen für die Erreichung jedes Ziels so detailliert als möglich zu beschreiben. Zudem sind für das Erreichen dieser Ziele konkrete Fristen zu setzen. Das Umweltprogramm bildet damit die Grundlage eines effizienten betrieblichen Umweltcontrollings.[146]

Das Umweltprogramm, mit den darin enthaltenen Umweltzielen, konkretisiert die Vorgaben und Selbstverpflichtungen, die das Unternehmen mit seiner Umweltpolitik eingegangen ist.[147] Die Veröffentlichung des Umweltprogramms erlaubt die Beteiligung der Öffentlichkeit am kontinuierlichen Verbesserungsprozess.[148] Die Veröffentlichung des Umweltprogramms erfolgt im Allgemeinen mit der Publikation der Umwelterklärung,[149] auf die weiter unten noch eingegangen wird.[150]

143 Zum Aspekt einer möglichen Gefährdung von Betriebsgeheimnissen durch das EMAS Audit siehe *Martens/Moufang,* NVwZ 1996, S. 246 ff., (246).

144 Zur Funktion des Umweltprogrammes *Theuer* , in: Umweltaudit, Abschnitt B, Rn. 58 ff.

145 *Lübbe-Wolff,* a.a.O.,(DVBl. 1994), S. 364.; *Theuer*, in: Umweltaudit, Abschnitt B, Rn. 41.

146 *Sellner/Schnutenhaus*, a.a.O., S. 930.

147 *Theuer,* in: Umweltaudit, a.a.O., Abschnitt B, Rn. 50.

148 *Pohl,* Umweltaudits in der betrieblichen Praxis, BB 1998, S. 381 ff., (382 f.).

149 *Theuer,* a.a.O., Abschnitt B, Rn. 48.

150 Siehe Abschnitt 5.4.

5.2.4 Praxisbeispiel: Umweltprogramm

Um die Anforderungen zu illustrieren, die EMAS an ein betriebliches Umweltprogramm stellt, wird im Folgenden als weiteres Praxisbeispiel das Umweltprogramm des Heizkraftwerks Mitte von Berlin auszugsweise wiedergegeben:[151]

Ziele:	Maßnahmen:	Zeitrahmen:	Zuständigkeit:
Reduzierung von spezifischen Schadstoff-Emissionen.	Vergrößerung der Wärmearbeit	Bis April 2006	(vom Abdruck wurde abgesehen)
Reduzierung der spezifischen Schadstoffemissionen NOx und CO2 um ca. 30%.	Bau eines Hilfskühlers	Betrieb ab Mai 2006	
Reduzierung des Roh- und Brennstoffeinsatzes:	Weitere Erhöhung der Auslastung durch Leistungserhöhung der Gasturbinen bei niedrigen Außentemperaturen.	Bis 2006	
Reduzierung von spezifischen Schadstoffemissionen	Versuche zur NOx-armen Verbrennung in den Gasturbinen	Bis 2006	

Das Umweltprogramm enthält einige ambitionierte Ziele. Das Unternehmen verpflichtet sich dabei zu verschiedenen, auch kostenintensiven Maßnahmen. Über Erfolg oder Misserfolg der im Umweltprogramm aufgestellten Ziele hat das Unternehmen im Rahmen von Umwelterklärungen zu berichten. Durch die Veröffentlichung des Umweltprogramms als Bestandteil der Umwelterklärung wird die Öffentlichkeit an den Umweltschutzerfolgen des Unternehmens unmittelbar beteiligt:

151 Dieses Umweltprogramm ist Bestandteil der „Aktualisierten Umwelterklärung HKW Mitte 2005“, Berichtsjahr 2004, zu beziehen über das EMAS Standortregister bei der IHK Berlin.

[Bericht über die Erfüllung des Umweltprogramms 2004][152]

„...Durch Verdrängung von ungekoppelter Wärmeerzeugung im Verbundnetz Klingenberg/Lichtenberg im Rahmen der Einsatzoptimierung der Kraftwerke wird die gasbefeuerte Kraftwerksanlage...verstärkt eingesetzt...

...Der Betrieb der Verbindungsleitung zum FHW Neukölln wurde, wie geplant, im August 2004 aufgenommen. Das zwischen HKW Mitte und der Fernwärmeübergabestation FHW Neukölln gelegene Heizwerk Treptow wurde stillgelegt. Es wurden....62 GWh Frischwärme im FHW und ca. 25 GWh im HW Treptow verdrängt. Dadurch konnte...eine Einsparung von ca. 20.050 t/CO2 (knapp 79 %) erzielt werden. ...Die geplante Größenordnung der Brennstoffsubstitution wurde erreicht...

...Die Leistungserhöhung der Dampfturbine dient der Wirkungsgraderhöhung, da dafür kein zusätzlicher Brennstoff eingesetzt werden muss. Die gefahrene Leistung der Dampfturbine wurde...um durchschnittlich 3 MW erhöht...Die verfügbare KWK-Wärmeleistung um 4 MW (1%) gesteigert...

...Durch Verzicht auf eine kontinuierliche Enthärtung von Heiznetzwasser...konnte eine Einsparung von ca. 35 t/a NaCl erreicht werden...

...In insgesamt 110 Veranstaltung wurden ca. 150 Bau- und Projektleiter geschult."

5.2.5 Das Umweltmanagementhandbuch

Theuer definiert das Umweltmanagementsystem als ein „lernendes betriebliches Organisationssystem", mit dem die durch die EMAS Vorschriften sowie durch unternehmensinterne Regelungen vorgegebenen materiellen umweltbezogenen Leistungen eines Unternehmens erreicht und zudem kontrolliert werden können.[153]

Ein funktionierendes Umweltmanagement setzt voraus, dass die Aufgaben, die Verantwortlichkeiten und die Befugnisse im betrieblichen Umweltschutz eindeutig festgelegt, dokumentiert und jedermann im Unternehmen bekannt sind. Deshalb müssen die unternehmensinternen Zuständigkeiten im Umweltschutz als Aufbau – und Ablauforganisation (institutionale Sicht) beschrieben werden und soweit erforderlich, einzelne Verfahren zum Umweltschutz festgelegt werden (prozessuale Sicht).

Die Aufbau – und Ablauforganisation stellt das Herzstück der umweltbezogenen Betriebsorganisation dar, weil von der Aufbau – und Ablauforganisation alle Teile des Umweltmanagements erfasst werden.[154]

Die Dokumentation des betrieblichen Umweltmanagements erfolgt, angelehnt an das Vorbild des Qualitätsmanagements, zumeist in einem „Umweltmanage-

152 Aus der Umwelterklärung des HKW Mitte vom 28.10.2005, S. 7.
153 *Theuer,* in: Umweltaudit, Abschnitt B, Rn. 2.
154 *Theuer*, a.a.O., Abschnitt B, Rn. 94.

menthandbuch".[155] Ein Umweltmanagementhandbuch liefert ein genaues Abbild des in einem Unternehmen eingerichteten Umweltmanagementsystems. Dem Umweltmanagementhandbuch kommt im Rahmen von EMAS der Stellenwert eines „Schlüsseldokuments" zu. Die beschreibenden Inhalte ergeben sich im Wesentlichen aus Anhang I der EMAS Verordnung (Anforderungen an ein Umweltmanagementsystem).[156] Rechtliche Vorgaben für die Gestaltung von Umweltmanagementhandbüchern existieren derzeit nicht.[157]

5.2.5.1 Exkurs: Vermeidung von Organisationsverschulden

Die eindeutige Zuweisung von Umweltverantwortung durch im Umweltmanagementhandbuch dokumentierte Aufbauorganisation dient im Wesentlichen der Vermeidung des Vorwurfs von „*Organisationsverschulden*",[158] die Beschreibung der Ablauforganisation dient dagegen primär der Sicherstellung der Funktionsfähigkeit des betrieblichen Umweltmanagements.

Als Folge eines (betrieblichen) Organisationsverschuldens kann die Leitung eines Unternehmens sowohl zivilrechtlich, als auch strafrechtlich zur Verantwortung gezogen werden. Die Haftung der Unternehmensleitung für betriebliches Organisationsverschulden entwickelte die Rechtsprechung.

Schon das Reichsgericht nahm die Möglichkeit einer unmittelbaren zivilrechtlichen Haftung des „Geschäftsherrn" (d.h. der Unternehmensleitung) für Organisationsmängel an. Ausgangspunkt der Argumentationen des Gerichts bildete der „Exkulpationsbeweis" nach § 831 Abs. 1 Satz 2 BGB. Auf Grund dieser Vorschrift bedarf es im Einzelfall einer Feststellung, ob ein Geschäftsherr für das Verschulden eines Mitarbeiters und der damit einhergehenden Schädigung eines Dritten einzustehen hat.[159]

Das Reichsgericht erkannte einerseits zwar an, dass der Geschäftsherr/die Unternehmensleitung eines größeren Unternehmens nicht in der Lage ist, jeden Geschäftsprozess selbst zu überwachen. Andererseits erachtete es das Gericht es als notwendig, dass eine Unternehmensleitung organisatorische Maßnahmen trifft, damit Dritte vor Schädigungen durch Mitarbeiter des Unternehmens bewahrt bleiben.

Daher haftet die Unternehmensleitung, wenn sie keine angemessenen organisatorischen Maßnahmen ergriffen hat bei Schädigungen Dritter unmittelbar selbst.[160]

---

155 *Theuer*, a.a.O., Abschnitt B, Rn. 149.

156 Vgl. Anh. I-A.4.4 EMAS-V.

157 *Große/Ehrig/Lehmann,* a.a.O., S. 55. Siehe dazu auch *Theuer,* in: Umweltaudit, Abschnitt, B, Rn. 152.

158 Allgemein zur Problematik des Organisationsverschuldens *Große/Ehrig/Lehmann,* a.a.O., S. 35.

159 Zum Exkulpationsbeweis Palandt-*Bassenge*, BGB, § 831, Rn. 10 ff.

160 Vgl. sog. „Kutscher Urteil", RGZ 78, 107 sowie RG Warn.1914 Nr. 35, S. 50 (52).

Der Bundesgerichtshof setzte sich mit dieser Haftungsthematik weiter auseinander und erweiterte die reichsgerichtliche Rechtsprechung zum Organisationsverschulden insoweit, als das er eine unmittelbare Haftung der Unternehmensleitung auch im Fall mangelnder Beaufsichtigung von Mitarbeitern nach § 823Abs. 1 BGB für möglich ansah,[161] wobei in den Fällen einer Haftung aus § 823 Abs. 1 BGB allerdings dem Geschädigten die Beweislast für das Organisationsverschulden auferlegt wurde.[162]

Die Rechtsprechung entwickelte auch die strafrechtliche Verantwortlichkeit für Organisationsverschulden. Instruktiv und wegweisend ist hier das so genannte *„Lederspray-Urteil“* des Bundesgerichtshofes aus dem Jahr 1990 gewesen.[163]

Der Bundesgerichtshof arbeitete in dieser Entscheidung zwei Grundsätze heraus: Nach dem „Grundsatz der vertikalen Linienverantwortung“ begründet die wirksame Delegation von Verantwortung in einem Unternehmen zugleich eine haftungsrelevante Garantenstellung des die Delegation vornehmenden Linienverantwortlichen. Des Weiteren führt der „Grundsatz der Generalverantwortung der Unternehmensleitung in Ausnahmesituationen“ dazu, dass die Verantwortung der Geschäftsleitung, trotz einer früheren wirksamen und schuldbefreienden Delegation, wieder auf diese zurückfällt, sobald die Geschäftsleitung von einem Organisationsmangel Kenntnis erlangt und nichts zur Behebung des Mangels unternimmt.[164]

Bei Mehrpersonengeschäftsleitungen werden im Falle der Kenntnis von Organisationsmängeln gegebenenfalls alle Mitglieder der Geschäftsleitung von der strafrechtlichen Haftung erfasst.[165] Ein über diese Grundsätze hinausgehender allgemeiner Haftungsgrundsatz der „Generalverantwortung von Unternehmensleitungen für (jedwede) Organisationsmängel“ lehnte die Rechtsprechung dagegen mit Rücksicht auf die Notwendigkeit der Feststellung individualisierter Schuld im Bereich des Strafrechts, ab.[166]

Das Umweltmanagementhandbuch leistet seinen Beitrag zur Vermeidung zivilrechtlicher Haftung infolge betrieblichem Organisationsverschuldens, indem es dokumentiert, wie der Unternehmer seinen Betrieb organisiert hat, damit dieser Dritten nicht gefährlich werden kann.[167]

Einen Beitrag zur Vermeidung strafrechtlicher Haftung kann das Umweltmanagementhandbuch dadurch leisten, dass es eine ausführliche Dokumentation

161 Wegen „Vernachlässigung der allgemeinen Aufsichtspflicht“; BGHZ 4, S. 1 ff. (2).
162 Zur dogmatischen Abgrenzung der Haftungstatbestände sowie zur Beweislastverteilung eingehend *Matusche-Beckmann,* Organisationsverschulden, S. 97 ff. (98).
163 BGHSt 37, 106.
164 Grundsätze nach *Kloepfer/Vierhaus,* Umweltstrafrecht, Rn. 64.
165 *Strate/Wohlers,* in: Umweltaudit, Abschnitt M, Rn. 23.
166 *Kloepfer/Vierhaus,* a.a.O., Rn. 68.
167 *Dombert,* in: Umweltaudit, Abschnitt L, Rn. 30.

des einzuhaltenden innerbetrieblichen „Reportingsystems" zu umweltrelevanten Fragestellungen über alle Hierarchieebenen hinweg beinhaltet.

5.2.5.2 Exkurs: Anforderungen an die Umweltbetriebsorganisation

Betreibergenehmigungsbedürftiger Anlagen sind nach § 5 Abs. 1 Satz 1 Nr. 1 BImSchG verpflichtet, organisatorische Maßnahmen zum betrieblichen Umweltschutz zu treffen.[168] Gemeint ist damit die Pflicht zur Einrichtung einer so genannten „umweltsichernden Betriebsorganisation",[169] die vor allem der Abwehr von Störfällen dient.[170]

Die Rechtsprechung[171] hält es überdies für erforderlich, dass die betriebliche Umweltschutzorganisation dergestalt ist, dass sie dem Betreiber eine wirksame Eigenkontrolle ermöglicht, damit er sich Klarheit darüber verschaffen kann, ob von seiner Anlage schädliche Umwelteinwirkungen verursacht werden. § 52a BImSchG knüpft an die Organisationspflicht des § 5 Abs. 1 BImSchG an und verpflichtet den Betreiber, die zuständige Überwachungsbehörde über die getroffenen betrieblichen Maßnahmen sowie über jedwede Änderungen in der betrieblichen Umweltschutzorganisation zu informieren, d.h. der Betreiber muss die zuständigen Behörden im Hinblick auf den Status seiner umweltsichernden Betriebsorganisation stets auf dem Laufenden halten.[172]

Die Informations- bzw. Mitteilungspflicht nach § 52a BImSchG entsteht mit Beginn der Errichtung einer genehmigungsbedürftigen Anlage, spätestens jedoch mit der Aufnahme ihres Probebetriebs.[173] *Kloepfer* hat zu Recht darauf hingewiesen, dass der Gesetzgeber mit der Vorschrift des § 52a BImSchG nicht das Ziel einer intensiveren staatlichen Überwachung verfolgt, sondern lediglich beabsichtigt, die behördliche Überwachung der innerbetrieblichen Selbstkontrolle zu ermöglichen.[174]

Die öffentlich-rechtlichen Pflichten zur Betriebsorganisation haben auch eine zivilrechtliche Dimension, insofern ihre Erfüllung auch einer Inanspruchnahme wegen etwaiger Umweltschäden vorbeugt.[175]

Die Details der Organisation des betrieblichen Umweltschutzes überlässt der Gesetzgeber den Unternehmen.[176] Die Idee, Kapitalgesellschaften die Berufung

---

168 Zum Betreiberbegriff *Dietlein,* in: Landmann/Rohmer, Bd. 1, BImSchG, § 5, Rn. 28.

169 *Jarass*, BImSchG, § 5 Rn. 34; *Hansmann,* in: Landmann/Rohmer, Bd. 1, BImSchG, § 52a Rn. 7 und Rn. 19.

170 *Dietlein,* in: Landmann/Rohmer, Bd. 1, BImSchG, § 5, Rn. 101.

171 Vgl. BVerwG, NVwZ 1984, S. 724.

172 *Rebentisch,* in: Rengeling (Hrsg.), Handbuch des Europäischen und Deutschen Umweltrechts, Bd. 2, § 53 Rn. 29; *Jarass,* BImSchG, § 52a, Rn. 7.

173 *Spindler,* in: Feldhaus, a.a.O., B1, § 52 a, Rn. 9.

174 *Kloepfer,* Umweltrecht, § 5, Rn. 435.

175 Dazu *Dombert,* in: Umweltaudit, Abschnitt, L, Rn. 28 f. Zum Aspekt des Vermeidens von Organisationsverschulden siehe oben unter Abschnitt 5.2.5.1.

eines obligatorischen „Umweltschutzdirektors“ vorzuschreiben, die in § 154 des Sachverständigenentwurfes zu einem Umweltgesetzbuch aus dem Jahr 1998 enthalten war, fand in der rechtspolitischen Diskussion keine Zustimmung.[177] Gesetzlich sind Anlagenbetreiber daher nur verpflichtet, „geeignete“ organisatorische Maßnahmen zu treffen.[178]

Dazu ist etwa die Bestellung von Betriebsbeauftragten für Umweltschutz, zur Erfüllung von Selbstüberwachungsverpflichtungen, zu zählen.[179] So hat ein Betreiber nach § 53 BImSchG einen Betriebsbeauftragten für Immissionsschutz zu bestellen, wenn dies im Hinblick auf die Art oder die Größe seiner genehmigungsbedürftigen Anlage erforderlich erscheint.[180] Rechte und Pflichten des Betriebsbeauftragten für Immissionsschutz hat sind in den §§ 54 ff. BImSchG geregelt.[181] Der Immissionsschutzbeauftragte hat im Einzelfall Anspruch auf Hilfspersonal.[182] Zudem hat der Betreiber ihm sächliche Mittel zur Verfügung zu stellen (§ 55 Abs. 4 BImSchG).

Eine Verpflichtung zur Bestellung weiterer Betriebsbeauftragter mit anderen Aufgabenfeldern kann sich, je nach der Tätigkeit eines Unternehmens, der Konfiguration der betriebenen Anlage(n) und den daraus resultierenden Umweltauswirkungen ergeben.[183]

Um den Anforderungen von EMAS an das betriebliche Umweltmanagement gerecht zu werden, reicht die Bestellung von Betriebsbeauftragten für den Umweltschutz allein nicht aus.

Nach Anhang I der EMAS-V ist die Unternehmensleitung verpflichtet, einen *Beauftragten für das Umweltmanagementsystem* zu berufen, der ihr „direkt Bericht zu erstatten hat“, was bedeutet, dass entweder der Managementbeauftragte dem Management, also der Unternehmensspitze, angehört oder aber der Unternehmensleitung unmittelbar unterstellt ist.[184] Dem Managementbeauftragten hat

176 Zu den Regelanforderungen an die Betriebsorganisation *Feldhaus,* a.a.O., (NVwZ 1991) S. 927 ff., S. 932 ff..

177 Ausführlich zur Idee eines Umweltschutzdirektors als Managementvertreter BMU (Hrsg.), UGB-KomE, , S. 739 f.. Dazu auch *Kloepfer,* Umweltrecht, § 5, Rn. 430 ff..

178 *Jarass,* BImSchG, § 52a, Rn. 8. Vgl. *Kloepfer,* Umweltrecht, § 5, Rn. 439.

179 *Kloepfer,* Umweltrecht, § 5, Rn. 422 ff.. Siehe zum Betriebsbeauftragtenwesen auch *Langerfeldt,* Privatisierung der Betreiberüberwachung, S. 71 ff., m.w.N. in Fn. 244.

180 Zu den gegenständlichen Anlagen *Jarass,* BImSchG, § 53, Rn. 12.

181 Zur Funktion der Betriebsbeauftragten in der Eigenkontrolle *Rebentisch,* a.a.O., § 53, Rn. 31.

182 *Hansmann,* in: Landmann/Rohmer, Bd. 1, BImSchG, § 55, Rn. 57.

183 Zur Bestallungspflicht weiterer Betriebsbeauftragter für Umweltschutz: § 58 a BImSchG (Störfallbeauftragter); § 54 KrW-/AbfG (Abfallbeauftragter); § 21a WHG (Gewässerschutzbeauftragter). Zu Bestallungspflichten *Jarass,* BImSchG, § 53, Rn. 1a. Siehe auch *Kloepfer*, Umweltrecht, § 5, Rn. 422. Ausführlich zur Bestellungspflicht verschiedener Betriebsbeauftragter auch *Langerfeldt*, Privatisierung der Betreiberüberwachung, S. 72, Fn. 249 ff..

184 *Pohl*, Umweltaudits in der betrieblichen Praxis, BB 1998, S. 381 ff., (383).

das Unternehmen ausreichende personelle und sächliche Ressourcen zur Erfüllung seiner Aufgaben zur Verfügung zu stellen.[185] Managementbeauftragter, Betriebsbeauftragte und deren Hilfspersonal bilden das Stammpersonal und somit den Kern des betrieblichen Umweltmanagements.

5.2.6 Praxisbeispiel: Umweltmanagementhandbuch

Mit dem EMAS Audit wird die Funktionsfähigkeit des Umweltmanagements in einem Unternehmen in umfassender Weise überprüft. Folglich muss das Unternehmen im Zeitpunkt der EMAS Auditierung bereits ein Umweltmanagement haben oder es zeitgleich zur EMAS Auditierung einführen.

Da ein Umweltmanagementhandbuch das in einem Unternehmen von der EMAS Verordnung erwartete Umweltmanagementsystem abbildet, ist die Lektüre eines Umweltmanagementhandbuchs bestens geeignet, um sich ein genaues Bild über die verschiedenen Erfordernisse eines funktionierenden Umweltmanagements machen zu können. Das Umweltmanagementhandbuch gibt seinem Leser Aufschluss über den konkreten betrieblichen Aufwand des Unternehmens der aus der Erfüllung der EMAS Anforderungen resultiert.

Im Folgenden soll dieser *EMAS Sonderaufwand* anhand eines weiteren Praxisbeispiels illustriert werden.[186] Das hier als Beispiel dienende Umweltmanagementhandbuch wurde bereits unter Geltung der ersten EMAS Verordnung erarbeitet und beabsichtigte insbesondere eine Umsetzung der „Guten Managementpraktiken".[187] Das Handbuch wurde dann im Zusammenhang mit der ersten EMAS Auditierung des Heizkraftwerks Mitte in Berlin überarbeitet.[188] Diese Auditierung erfolgte nach den Anforderungen der zweiten EMAS Verordnung. Im Rahmen der EMAS Auditierung wurden das gesamte Umweltmanagementsystem und mithin auch das Umwelthandbuch durch einem externen Umweltgutachter geprüft und es wurde im Ergebnis die Übereinstimmung mit den Anforderungen der EMAS Verordnung testiert. Die „EMAS Tauglichkeit" des Praxisbeispiels ist daher erwiesen.

Das Handbuch wurde ursprünglich in Papierform jeder Abteilung des Unternehmens zur Verfügung gestellt. Im Rahmen der Einführung des „Intranets"

---

185 Vgl. hierzu Anh. I, I-A.4.1 (Organisationsstruktur und Verantwortlichkeit) EMAS-V.

186 Als Beispiel dient hier das Umweltmanagementhandbuch der ehemaligen Bewag AG Berlin, Stand 2006. Das Inhaltsverzeichnis des Umweltmanagementhandbuchs findet sich im Anhang. Das Umweltmanagementhandbuch wurde Anfang 2008 durch neue Regelungen ersetzt.

187 Eine genaue Darstellung der „Guten Managementpraktiken" findet sich bei *Antes/Clausen/Fichter,* Die guten Managementpraktiken in der EU-Audit-Verordnung, DB 1995, S. 685 ff. Diese sind in die zweite EMAS Verordnung eingegangen (dort im Anhang).

188 Dies geschah im Jahr 1998.

wurde dann eine elektronische Version entwickelt. Damit verbesserte sich einerseits die Verfügbarkeit des Handbuchs für den einzelnen Unternehmensmitarbeiter, andererseits vereinfachten sich auch die Handhabung und der aufwendige Änderungsdienst.

5.2.6.1 Struktur des Umweltmanagementhandbuchs

Das Umweltmanagementhandbuch ist in acht Abschnitte gegliedert:

Im ersten Abschnitt sind die Umweltpolitik, einschließlich der Umweltleitlinien enthalten sowie das aktuelle Umweltprogramm mit den standortspezifischen Umweltzielen.

Der zweite Abschnitt beschreibt die Unternehmensstruktur. Hier findet sich neben dem Unternehmensorganigramm auch eine grafische Darstellung der Umweltverantwortungshierarchie im Unternehmen. Damit wird verdeutlicht, dass die betriebliche Umweltschutzorganisation das gesamte Unternehmen erfasst.

Der dritte Abschnitt befasst sich mit der „Aufbauorganisation" des Umweltmanagements im Unternehmen im Detail. An der Spitze der Umweltorganisation steht ein Vorstandsmitglied, das den zuständigen Umweltbehörden als „Fachvorstand für Umweltschutz" angezeigt wurde.[189] Diesem Vorstandsmitglied ist die zentrale Umweltschutzabteilung als Stabsstelle unmittelbar unterstellt.[190] Deren Leiter nimmt die Funktion des „Managementbeauftragten" nach der EMAS Verordnung wahr.[191]

In der zentralen Umweltschutzabteilung sind die verschiedenen Betriebsbeauftragten für Umweltschutz, die auf Grund der Tätigkeit des Betreiberunternehmens zu bestellen sind, angesiedelt.[192] Neben dieser zentralen Umweltschutzorganisation ist zusätzlich eine dezentrale Umweltschutzorganisation eingerichtet. Jeder „Linienverantwortliche" (das sind die Hauptabteilungsleiter und Abteilungsleiter des Unternehmens) ist innerhalb des ihm übertragenen Führungsbereichs auch für die Belange des betrieblichen Umweltschutzes verantwortlich. In der Erfüllung dieser speziellen Umweltverantwortung wird die Führungskraft durch „lokale" Umweltbeauftragte, so genannte „Bereichsansprechpartner Umweltschutz" und von „Fachkräften für Umweltschutz" unterstützt. Bei diesen Personen handelt es sich um Unternehmensangehörige, die explizit mit der Wahrnehmung von Umweltschutzaufgaben beauftragt sind. Sie wurden entsprechend geschult und für sie besteht eine persönliche umweltschutzbezogene Weiterbildungsverpflichtung.[193] Diese Fachkräfte haben in ihren Bereichen sowohl

---

189 Auf Grund der nach § 52 a BImSchG und § 53 KrW-/AbfG bestehenden Mitteilungspflichten über die Betriebsorganisation.

190 Die frühere Stabstelle der Bewag AG (Vorstandsreferat Umweltschutz) für den betrieblichen Umweltschutz verfügte im Jahr 1997 über achtzehn Vollzeitbeschäftigte.

191 Vgl. Anh. I, A., I A. 4.1 EMAS-V.

192 Die Beauftragten für Immissionsschutz, Gewässerschutz, Störfall, Abfall.

193 Vgl. Anh. I, A I A., I A.4.2 EMAS-V.

die Einhaltung der unternehmensinternen Vorschriften zum Umweltschutz als auch die Befolgung des Umweltrechts zu überwachen.[194] Die Aufbauorganisation wird durch „Arbeitskreise zum Umweltmanagement" ergänzt. In diesen Arbeitskreisen finden sich in festgelegten zeitlichen Abständen die zentralen und dezentralen Verantwortungsträger des betrieblichen Umweltschutzes zum Austausch von Erfahrungen und Kenntnissen zusammen.

Der vierte Abschnitt des Umweltmanagementhandbuchs befasst sich mit der „Ablauforganisation".[195] Der Abschnitt gliedert sich in die Unterabschnitte Immissionsschutz, Gewässerschutz, Abfallwirtschaft, Umgang mit Gefahrstoffen, Beförderung gefährlicher Güter, Anlagensicherheit, Naturschutz, Strahlenschutz, Boden- und Grundwasserschutz sowie Materialwirtschaft und Beschaffung.

Im Unterabschnitt Immissionsschutz sind betriebsbezogene Regelungen zur Messung und Überwachung von Emissionen enthalten, sowie innerbetriebliche Anweisungen zur Funktionsprüfung, Kalibrierung und Wartung der Emissionsmesseinrichtungen.[196] Des Weiteren umfasst dieser Unterabschnitt Anweisungen zum innerbetrieblichen Berichtswesen auf dem Gebiet des Immissionsschutzes sowie detaillierte Regelungen zur Erfüllung gesetzlicher Berichtspflichten.[197] Weiter finden sich hier betriebliche Regelungen über das vorgeschriebene Verhalten der Beschäftigten des Unternehmens beim Eintritt von Störfällen.

Im Unterabschnitt zum Gewässerschutz sind Anweisungen zur sparsamen Verwendung von Wasser im Allgemeinen ebenso enthalten, wie Betriebsanweisungen zum Umgang mit und zur Entsorgung von in der Produktion anfallenden Abwässern. Weiter enthält dieser Unterabschnitt die betrieblichen Anweisungen zum Umgang mit wassergefährdenden Stoffen.

Der Unterabschnitt zur betrieblichen Abfallwirtschaft enthält Hinweise an die Belegschaft, wie Abfallanfall vermieden werden kann. Des Weiteren enthält der Unterabschnitt Anweisungen zur richtigen Abfallsammlung sowie Bestimmungen über die sach- und fachgerechte Abfallverbringung und Abfallverwertung.

Der Unterabschnitt zum Umgang mit Gefahrstoffen fasst die betrieblichen Anweisungen zum Einsatz von Gefahrstoffen und die Regelungen zur Gefährdungsbeurteilung von Gefahrstoffen zusammen.

Im Unterabschnitt über die Beförderung gefährlicher Güter sind betriebliche Verhaltensanweisungen enthalten, die auf eine einfache Handhabung der recht komplizierten gesetzlichen Vorschriften abzielen. Darüber hinaus enthält dieser Unterabschnitt betriebliche Regelungen zu „Beauftragten Personen" beim Gefahrguttransport sowie zu deren fachlicher Unterweisung.

---

194 Vgl. Anh. I, B.1. EMAS-V.
195 Vgl. Anh. I, A, I-A. 4.6 EMAS-V.
196 Vgl. § 28 BImSchG.
197 Vgl. Anh. I, A I-A. 5.3 EMAS-V sowie § 27 BImSchG (Emissionserklärung).

Der Unterabschnitt zur Anlagensicherheit enthält Regelungen zur Störfallvermeidung[198] sowie weitere betriebliche Regelungen zur technischen Sicherheit im Unternehmen. [199]

Im Unterabschnitt Naturschutz wurden Anweisungen zur sachgerechten Verwendung von Pflanzenschutz- und Unkrautvernichtungsmitteln und zum Gebrauch von Auftaumitteln zusammengefasst.[200]

Der Unterabschnitt Strahlenschutz dient einerseits dazu, den Beschäftigten des Unternehmens die gesetzlichen Pflichten beim Umgang mit ionisierenden Strahlenquellen zu vermitteln. Solche Strahlenquellen werden im Unternehmen bei der zerstörungsfreien Prüfung von Anlagenteilen eingesetzt. Andererseits enthält der Unterabschnitt auch die erforderlichen innerbetrieblichen Richtlinien über den richtigen Geräteeinsatz bei der zerstörungsfreien Prüfung und die erforderlichen Geräteprüfungen.

Der Unterabschnitt Boden- und Grundwasserschutz enthält Richtlinien und Anweisungen zum Umgang mit Altlastenfunden auf betriebseigenen Grundstücken.[201] Der Abschnitt „Ablauforganisation" des Umweltmanagementhandbuchs schließt mit dem Unterabschnitt Materialwirtschaft und Beschaffung. Hier wurden Anweisungen bzw. Anleitungen zur ökologisch orientierten Lieferantenzulassung und Regelungen zur umweltfreundlichen Lagerung von Materialien zusammengefasst.

Der fünfte Abschnitt des Umweltmanagementhandbuchs behandelt umweltrelevante Themen im Zusammenhang mit der Planung, dem Bau sowie der Änderung von Anlagen. Hier wurden Festlegungen zur Genehmigungsplanung, insbesondere unter dem Aspekt einer umweltschutzsichernden Genehmigungssteuerung, getroffen. Diese Regelungen sollen sicherstellen, dass die zentrale Umweltschutzabteilung bei jeder Baumassnahme nicht nur angehört wird, sondern auch zu einer fachlichen Stellungnahme aufgefordert wird.

Der sechste Abschnitt behandelt Fragen zur Umweltkommunikation.[202] Dort finden sich Regelungen zur internen und externen Kommunikation umweltrelevanter Themen, zum Verhalten der Mitarbeiter bei behördlichen Maßnahmen sowie Hinweise zur Lenkung umweltrelevanter Dokumente im Unternehmen.

---

198 Zur Störfallvorsorge *Hoppe/Beckmann,* Umweltrecht, § 25, Rn. 51.

199 Rechtliche Anforderungen zur Anlagensicherheit stellen insbesondere die 12. BImSchV, -Störfallverordnung -, in der Fassung der Bekanntmachung vom 8.6.2005, BGBl. I S. 1598 und die Betriebssicherheitsverordnung, Verordnung zur Rechtsvereinfachung im Bereich der Sicherheit und des Gesundheitsschutzes bei der Bereitstellung von Arbeitsmitteln und deren Benutzung bei der Arbeit, der Sicherheit beim Betreib überwachungsbedürftiger Anlagen und der Organisation des betrieblichen Arbeitsschutzes vom 27.9.2002, BGBl. I S. 3777.

200 Siehe etwa § 29 Abs. 1 Nr. 7 NatSchGBln. Die Vorschrift verbietet den Einsatz von Streusalzen, auch auf privatem Grund. Gesetz über Naturschutz und Landschaftspflege von Berlin, in der Fassung vom 9.11.2006, GVBl. 2006, S. 1074.

201 Zur Altlastenverantwortlichkeit *Hoppe/Beckmann,* Umweltrecht, § 15, Rn. 33 ff..

202 Entsprechend dem Abschnitt I-A.4.3 EMAS-V.

Der siebte Abschnitt ist der Personalqualifikation auf dem Gebiet des Umweltschutzes gewidmet.[203] Dort sind die erforderlichen Regelungen zum Erwerb und dem Erhalt von Sachkunde im betrieblichen Umweltschutz enthalten, zu umweltrelevanten innerbetrieblichen Schulungsmaßnahmen, zur Weiterbildung der Betriebsbeauftragten für Umweltschutz, sowie Vorgaben zur Überwachung der Schulungen.

Im achten Abschnitt wurden Regelungen zur kontinuierlichen Verbesserung des Umweltschutzes getroffen. Der Anhang des Umweltmanagementhandbuchs wurde als Gesetz- und Vorschriftensammlung zum Umweltrecht und zum Qualitätsmanagement gestaltet.[204]

5.2.6.2 Bewertung des Praxisbeispiels

Das Umweltmanagementhandbuch ist das zentrale EMAS Dokument eines Unternehmens. Der Nutzer des Handbuchs wird damit in die Lage versetzt, sich schnell und zuverlässig innerhalb des Umweltmanagementsystems des Unternehmens zu orientieren, er erhält die notwendigen Informationen und kann das Richtige auf dem Gebiet des Umweltschutzes tun oder veranlassen.[205]

Das Umweltmanagementhandbuch spiegelt den umfangreichen Katalog der EMAS Anforderungen an ein betriebliches Umweltmanagementsystem eindrucksvoll wieder. Es ist Beleg für den operativen Aufwand in personeller und materieller, teilweise auch in technischer Hinsicht, der in einem Unternehmen erforderlich wird, um den Anforderungen von EMAS gerecht zu werden. Der mögliche Einwand, dass einige der beschriebenen Anforderungen von Unternehmen auch ohne EMAS Teilnahme zu erfüllen sind oder freiwillig erfüllt werden, reicht nicht aus, das Ergebnis in Frage zu stellen, dass ein EMAS konformes Umweltmanagement Erwartungen an eine angemessene staatliche Gegenleistung objektiv begründen.

5.3. Die interne Umweltbetriebsprüfung

Ein weiterer, wichtiger Baustein im Umweltmanagementsystem eines EMAS Unternehmens ist die Umweltbetriebsprüfung.[206]

Durch die systematische Bewertung aller umweltrelevanten Leistungen eines Unternehmens kommt der Umweltbetriebsprüfung eine erhebliche Bedeutung für die kontinuierliche Verbesserung der Umweltschutzleistungen eines Unternehmens zu. Die Umweltbetriebsprüfung ist von der Umweltprüfung zu unter-

---

203 Entsprechend dem Abschnitt I-A.4.2 EMAS-V.

204 Gemeint ist hier das Qualitätsmanagementsystem DIN ISO 9001:2000. Zu Qualitätssicherungssystemen *Kloepfer,* Umweltrecht, § 6, Rn. 244.

205 Vgl. die entsprechenden Anforderungen in Anhang 1, Abschnitt I-A.4.5 EMAS-V.

206 Siehe *Bartram,* in: Umweltaudit, Abschnitt C, Rn. 1, zu Ablauf, Kriterien und Tiefe der internen Umweltbetriebsprüfung.

scheiden, die nur eine erste, wenngleich umfassende Untersuchung der umweltbezogenen Fragestellungen und Auswirkungen sowie des betrieblichen Umweltschutzes an einem Standort, darstellt.[207]

Sofern ein Unternehmen das Umweltmanagementsystem erst im Zusammenhang mit dem EMAS Audit aufbaut, werden die Datenlage und damit die Erkenntnisse der ersten Umweltprüfung und die der standortbezogenen internen Umweltbetriebsprüfung weitestgehend übereinstimmen.

Die Umweltbetriebsprüfung wird durch Umweltauditoren durchgeführt. Die Auditoren (Umweltbetriebsprüfer) kann der Betreiber aus eigenem Personal rekrutieren, oder es können externe Umweltgutachter beauftragt werden.[208] Sofern das Unternehmen eigenes Personal einsetzt, ist sicherzustellen, dass die beauftragten Personen über die ausreichenden Fachkenntnisse verfügen.[209]

Die Umweltbetriebsprüfung hat in einem bestimmten Zyklus zu erfolgen. Der maximale Zeitraum zwischen den Umweltbetriebsprüfungsterminen beträgt drei Jahre.[210] Die Umweltbetriebsprüfung erfolgt auf der Grundlage eines durch die Unternehmensleitung aufzustellenden Umweltbetriebsprüfungsprogramms.[211] Die Umweltbetriebsprüfung ist eine umfassende Begutachtung des Umweltmanagementsystems und schließt die Feststellung mit ein, dass die einschlägigen Umweltrechtsvorschriften im EMAS Unternehmen eingehalten werden.[212] Auditoren können im Rahmen der Umweltbetriebsprüfung auch Hinweise zur zukünftigen Verbesserung des betrieblichen Umweltschutzes erteilen.[213]

5.4 Die Umwelterklärung

Die Ergebnisse der ersten Umweltbetriebsprüfung sind unverzüglich der Unternehmensleitung bekannt zu geben.[214] Dabei können Verbesserungsvorschläge eingebracht werden. Festgestellte Mängel im Umweltmanagementsystem hat die Unternehmensleitung unverzüglich abzustellen.[215] Sobald die erkannten Mängel behoben sind, hat das Unternehmen eine für die Öffentlichkeit bestimmte Erklä-

---

207 *Bartram*, in: Umweltaudit, Abschnitt C, Rn. 3.

208 Zum Inhalt der Umweltbetriebsprüfung im Einzelnen auch *Langerfeldt*, Privatisierung der Betreiberüberwachung, S. 193 ff.

209 Vgl. Anh. II, 2.4. EMAS-V. Dazu auch *Pohl*, a.a.O., S. 383; *Bartram*, in: Umweltaudit, Abschnitt C, Rn. 29.

210 *Ewer*, Öko-Audit, in: Rengeling (Hrsg.), Handbuch des Europäischen und Deutschen Umweltrechts, § 36. Rn. 60.

211 *Bartram*, in: Umweltaudit, Abschnitt C, Rn. 28.

212 *Bartram*, in: Umweltaudit, Abschnitt C, Rn. 14. Eine anschauliche Darstellung des Prüfungsrahmens bietet das „Schema zur Durchführung von Umweltbetriebsprüfungen des Sächsischen Staatsministeriums für Umwelt und Landesentwicklung", abgedruckt bei *Große/Ehrig/Lehmann,* a.a.O., S. 70.

213 *Sellner/Schnutenhaus,* a.a.O., (NVwZ 1993) S. 930; *Bartram*, in: Umweltaudit, Abschnitt C, Rn. 57.

214 *Bartram*, in: Umweltaudit, Abschnitt C, Rn. 53.

215 *Langerfeldt*, Das novellierte Umweltauditgesetz, NVwZ 2002, S. 1156 ff. (1157).

rung zu seinen Umweltleistungen zu erstellen, die so genannte „Umwelterklärung“.[216]

Kernstück einer Umwelterklärung ist die Beurteilung aller Umweltfragen im Zusammenhang mit den umweltrelevanten Tätigkeiten des Unternehmens.[217] Die Umwelterklärung ist vom Betriebsprüfungszyklus entkoppelt und ist im Regelfall jährlich zu erstellen. Zwischen zwei Betriebsprüfungen kann die Umwelterklärung auch in vereinfachter Form erfolgen.[218] Die EMAS Verordnung enthält in ihrem Anhang III detaillierte Angaben zum Inhalt einer Umwelterklärung.[219] Der europäische „Leitfaden zur Umwelterklärung“ ist für die Gestaltung der Umwelterklärung hilfreich, enthält jedoch keine rechtsverbindlichen Regelungen.[220] In der Literatur wird empfohlen, die Gestaltung der Umwelterklärungen zu verstetigen, damit der Öffentlichkeit der Vergleich von Daten vereinfacht wird.[221] Vor einer Veröffentlichung der Umwelterklärung hat der Umweltgutachter die Umwelterklärung zu validieren, d.h. als „gültig“ zu erklären. [222]

5.5 Die Validierung der Umwelterklärung

Die Validierung einer Umwelterklärung ist nur einem zugelassenen Umweltgutachter möglich.

Die Zulassung sowei die Überwachung der Fachkunde[223] der Umweltgutachter erfolgt unter staatlicher Aufsicht.[224] Die entsprechenden Regelungen über die Fachkunde, die Zulassung und die Umweltgutachterorganisation enthält das Umweltauditgesetz (UAG).[225]

---

216 Vgl. Anh. III, 3.1 EMAS-V. Näher dazu *Wohlfarth/Signon*, Aufbau und Inhalt einer Umwelterklärung, in: Umweltaudit, Abschnitt D, Rn. 14.

217 *Wohlfarth/Signon,* in: Umweltaudit, Abschnitt D, Rn. 26.

218 *Sellner/Schnutenhaus,* a.a.O., S. 930.

219 Kritisch zum Pflichtinhalt der Umwelterklärung nach EMAS-II, insbesondere unter den Aspekten des „Verständlichkeitsgebots“ und des „Irreführungsverbots“, *Langerfeldt*, Die Umwelterklärung der novellierten EG-Öko-Audit-Verordnung (EMAS-II): Fortschritt oder Rückschritt?, UPR 2001, S. 426 ff., (427 f.). Positiv demgegenüber *Schäfer*, a.a.O., S. 135, die den Gesichtspunkt der Flexibilität der neuen Regelung unterstreicht.

220 Leitfaden zur EMAS-Umwelterklärung, ABl. EG Nr. L 247/1 vom 7.9.2001, Anh. I.

221 *Schäfer*, a.a.O., S. 137.

222 Zur Voraussetzung an die Gültigkeitserklärung siehe § 19 UAG. Zum Erklärungswert der Umwelterklärung in Bezug auf die Einhaltung von Rechtsvorschriften *Ewer*, in: Umweltaudit, Abschnitt E, Rn. 15.

223 Zu Prüfungsanforderungen der Umweltgutachterausbildung *Scheuß*, Die Zulassung und Beaufsichtigung der Umweltgutachter, UPR 2000, S. 104 ff., (104 f.).

224 Rechtsgrundlage ist Anh. V, 5.3 EMAS-V.

225 Gesetz zur Ausführung der Verordnung (EG) Nr. 761/2001 des Europäischen Parlaments und des Rates vom 19. März 2001 über die freiwillige Beteiligung von Organisationen an einem Gemeinschaftssystem für das Umweltmanagement und die Umweltbetriebsprüfung (Umweltauditgesetz) vom 4.9.2002, BGBl. I S. 3490. Siehe dazu *Vetter*, Das Umweltauditgesetz, DVBl. 1996, S. 1223 ff.. Zum Anforderungsprofil des „Umweltgutachters“ *Schäfer*, a.a.O., S. 173 ff., näher *Ewer*, Aufgaben und Pflichten des

Der Umweltgutachter darf eine Umwelterklärung nur dann validieren, wenn er am Ende seiner Überprüfung des Umweltmanagementsystems eines Unternehmens zur eigenen Überzeugung gelangt ist, dass die Angaben in der Umwelterklärung tatsächlich richtig sind.[226]

Ein früher in der Literatur[227] geführter Streit, ob der Umweltgutachter nur eine „Systemprüfung" oder aber eine „Leistungsprüfung" (materielle Vollprüfung) durchzuführen hat, wurde mit der Einführung der zweiten EMAS Verordnung im Jahr 2001, zu Gunsten der zweiten Ansicht entschieden.[228] Die Umweltgutachter haben in ihrer Prüfung das gesamte Umweltmanagementsystem auf Schwachstellen hin zu analysieren und für die Beseitigung der erkannten Schwachstellen Sorge tragen.[229] Schon ein durch eine Stichprobe belegter Rechtsverstoß kann ausreichen, um dem Umweltgutachter die Validierung der Umwelterklärung zu verbieten.[230] Ohne die Gültigkeitserklärung des Umweltgutachters darf die Eintragung in das EMAS Register nicht erfolgen, d.h. die EMAS Auditierung kann nicht wirksam abgeschlossen werden.[231] Dem Umweltgutachter kommt damit eine Garantenstellung gegenüber der Öffentlichkeit zu, denn er garantiert mit seiner Unterschrift die Zuverlässigkeit und die Glaubwürdigkeit der Angaben und Beurteilungen des EMAS Unternehmens.[232]

5.5.1 Beweiskraft der Validierung

Der Validierung der Umwelterklärung durch den Umweltgutachter dient nicht nur der Untermauerung der Glaubwürdigkeit des EMAS Unternehmens gegenüber der Öffentlichkeit, sondern mit der Validierung kommt der Umwelterklärung Beweiskraft dahingehend zu, dass das EMAS Unternehmen sich auf Dauer angelegt in die Lage versetzt hat, das relevante Umweltrecht einhalten zu können.

Dies folgt unmittelbar aus dem Prüfungsrahmen des Umweltgutachters, den EMAS sehr detailliert beschreibt und den der Gutachter einzuhalten hat.[233] Der Umweltgutachter hat sein Testat[234] solange zu verweigern, solange das Auditer-

---

Umweltgutachters sowie das Verfahren zu seiner Zulassung, in: Umweltaudit, Abschnitt E.

226 Im Ergebnis so *Kloepfer/Bröcker,* Umweltaudit und Umweltrechtskonformität, UPR 2000, S. 335 ff. (339).

227 Ausführlich zum Meinungsstreit *Breuer*, Zunehmende Vielgestaltigkeit der Instrumente im deutschen und europäischen Umweltrecht – Probleme der Stimmigkeit und des Zusammenwirkens, NVwZ 1997, S. 833 ff. (843), der aber bereits zugunsten einer Annahme einer „Leistungsprüfpflicht" argumentiert.

228 *Langerfeldt,* Die novellierte EG-Öko-Audit-Verordnung: Evolution oder Revolution?, UPR 2001, S. 220, dort Punkt 5.

229 *Langerfeldt*, Privatisierung der Betreiberüberwachung, S. 186.

230 *Langerfeldt*, a.a.O., (NVwZ 2001), S. 538 ff. (539). Vgl. auch Anh. V, 5.4.3 EMAS-V.

231 Vgl. dazu Art. 6 Nr. 1 EMAS-V. Näher dazu *Vetter*, Das Umweltauditgesetz, DVBl. 1996, S. 1223 ff. (1229).

232 *Wohlfarth/Signon,* in: Umweltaudit, Abschnitt D, Rn. 99.

233 Beschreibung der Aufgaben des Umweltgutachters Anh. V, 5.4 EMAS-V.

234 *Langerfeldt*, Privatisierung der Betreiberüberwachung, S. 188.

gebnis nicht den glaubwürdigen Nachweis[235] erbracht hat, dass die funktionsfähige betriebliche Umweltschutzorganisation[236], unter Anwendung der geeigneten betrieblichen Verfahren[237], in der Lage ist, die Einhaltung der einschlägigen Umweltvorschriften zu gewährleisten.[238] Darüber hinausgehend hat der Umweltgutachter auch zu bestätigen, dass die umweltschutzsichernde Betriebsorganisation die Einhaltung der Rechtsvorschriften nachhaltig *sicherstellt.*[239]

Weder sind die Vollzugskontrollen der Umweltbehörden auf diesen Aspekt ausgerichtet, noch sind sie in ihrem systematischen Ansatz so umfassend ausgestaltet.[240] Zwar verpflichtet etwa § 52 BImSchG die immissionsschutzrechtlichen Überwachungsbehörden zu einer regelmäßigen, im Einzelfall auch anlassbezogenen Überwachung genehmigungsbedürftiger Anlagen. Die Behörden erwächst daraus die Verpflichtung, die Einhaltung aller immissionsschutzrechtlichen Vorschriften durch den Betreiber zu kontrollieren.[241] Die Untersuchung, ob das Umweltrecht in Gänze durch das Betreiberunternehmen eingehalten wird, ist jedoch nicht Gegenstand der behördlichen Kontrolle im Rahmen des § 52 BImSchG.[242] Entsprechendes gilt für vergleichbare Kontrollen anderer Umweltordnungsbehörden, die jeweils auf die gesetzliche Zuständigkeit ausgerichtet sind und durch diese begrenzt werden.[243]

Der Umweltgutachter hat überdies im Rahmen des EMAS Audits, im Gegensatz zur nachträglichen behördlichen Vollzugskontrolle, auch die Aufgabe zu prüfen, ob die innerbetrieblichen Umweltschutzregelungen überhaupt geeignet sind, die Einhaltung des Umweltrechts sicher zu stellen. Umweltbehörden ist ein derartiger Prüfungsansatz fremd und er wäre schon wegen der oft beklagten Personalknappheit und dem damit einhergehenden Problem des „Vollzugsdefizits“ tatsächlich nicht möglich.[244] Der validierten Umwelterklärung kommt somit auch die Beweiskraft zu, dass im EMAS Unternehmen das gesamte Umweltrecht eingehalten wird.

---

235 Vgl. Anh. V, 5.4.1 EMAS-V.

236 Vgl. Anh. V, 5.4.2 EMAS-V.

237 Anh. V, 5.4.2 EMAS-V

238 Anh. V, 5.4.3 EMAS-V.

239 Anh. V, 5.4.3 EMAS-V.

240 Zum Aspekt der strengeren Kontrolle durch den Umweltgutachter *Martens/Moufang*, Kritische Aspekte bei der praktischen Durchführung der Öko-Audit-Verordnung, NVwZ 1996, S. 246 ff., (247).

241 Zu den einzelnen Überprüfungspflichten *Jarass*, BImSchG, § 52, Rn. 8 ff..

242 *Jarass*, BImSchG, § 52, Rn. 3, m.w.N.

243 Vgl. für die Überwachung im Wasserrecht § 21 WHG a. F. (§ 24 WHG), im Abfallrecht § 40 Abs. 1 KrW-/AbfG.

244 Zum Vollzugsdefizit *Sellner/Schnutenhaus*, a.a.O., (NVwZ 1993) S. 929. Siehe auch *Schink*, Vollzugsdefizite im kommunalen Umweltschutz. Bestandsaufnahme, Ursachen, Lösungsvorschläge, ZUR 1993, S. 1 ff., (10).

5.6 Die Eintragung in das EMAS Register

Die erste EMAS Auditierung wird mit der Eintragung des Unternehmens in das örtliche EMAS Register, das so genannte „Standortregister", abgeschlossen.[245] Die EMAS Registerstellen werden von den Mitgliedstaaten benannt. In Deutschland liegt die Zuständigkeit für die Führung der EMAS Register gemäß § 32 Abs. 1 UAG bei den örtlichen Industrie- und Handelskammern (IHK).[246]

Die Eintragung in das EMAS Register hat zu erfolgen, wenn der Antragsteller die Voraussetzungen nach Art. 6 EMAS-V (Anforderungen an die Eintragung von Organisationen) erfüllt hat. Der Antragsteller hat der zuständigen IHK die validierte Umwelterklärung sowie ein Formular mit den Angaben nach Anhang VIII der EMAS Verordnung vorzulegen.[247] Zudem hat der Antragsteller die festgesetzte Eintragungsgebühr zu entrichten. Mit der Eintragung in das Standortregister ist die positive Feststellung verbunden, dass das Unternehmen alle Anforderungen der EMAS Verordnung erfüllt.[248]

Die obligatorische Anfrage der Registrierungsstelle an die zuständige Umweltordnungsbehörde, ob das einzutragende Unternehmen die einschlägigen Umweltvorschriften einhält, ist Eintragungsvoraussetzung. Allerdings wird die Auskunft der Behörde im Regelfall dem Ergebnis der Umweltprüfung nicht widersprechen dürfen, da anderenfalls der Umweltgutachter die Umwelterklärung nicht hätte validieren dürfen. Insofern dient diese Prozedur lediglich der Überprüfung des Umweltgutachters.[249]

Sobald die Eintragung in das EMAS Register erfolgt ist, ist das EMAS Unternehmen berechtigt, das EMAS Zeichen/Logo[250] werbewirksam im geschäftlichen Verkehr, z.B. auf Geschäftsbriefbögen, zu nutzen und wird damit in die Lage versetzt, seinen durch das EMAS Audit erreichten Standard auf dem Gebiet des betrieblichen Umweltschutzes Dritten mitzuteilen.[251]

245 Zur Standortregistrierung *Vetter*, DVBl. 1996, S. 1223 ff., (1229).

246 Zur (durch den Übergang auf EMAS II) überholten Kritik an der Zuständigkeitsübertragung *Hüwels*, Die Registrierung geprüfter Betriebsstandorte im Umweltauditsystem, in: Umweltaudit, Abschnitt H, Rn. 5 ff..

247 Angaben, die der Identifizierung des EMAS Unternehmens dienen (Name/Anschrift) und den Namen und die Zulassungsnummer des Umweltgutachters enthalten müssen.

248 *Schäfer*, a.a.O., S. 137.

249 Vgl. dazu die Regelung der Art. 6 Nr. 2 EMAS-V.

250 EMAS Zeichen gem. Art. 8 i.V.m. Anh. IV EMAS-V. Zur Funktion des EMAS Zeichens ausführlich *Langerfeldt*, Privatisierung der Betreiberüberwachung, S. 184 f..

251 Zur Verwendung des EMAS Zeichens im Einzelnen *Ewer*, in: Rengeling (Hrsg), a.a.O., Rn. 75 ff.. Zur Entstehung und Verwendung des „EMAS-Logos" *Schäfer*, a.a.O., S. 138 ff..

6. Zusammenfassung

Seit 1993 ist EMAS fester Bestandteil des deutschen Umweltrechts. Auf der Grundlage von EMAS haben Unternehmen Umweltmanagementsysteme aufgebaut, die mit dem EMAS Auditverfahren überprüft werden. EMAS Unternehmen haben so nicht nur einen qualitativ hohen Standard im betrieblichen Umweltschutz erlangt, sondern zugleich die Fähigkeit, durch Eigenkontrolle etwaige Vollzugsdefizite im Umweltordnungsrecht auszugleichen.[252]

Obwohl oder besser weil das EMAS Recht unmittelbar in das ordnungsrechtlich geprägte deutsche Umweltrecht übernommen wurde, bedarf die richtige Anwendung von EMAS einer unbestimmten Anzahl konkretisierender innerstaatlicher Maßnahmen. Gemeint sind damit vor allem Maßnahmen, die objektiv geeignet sind, einen Beitrag zur Steigerung der Attraktivität von EMAS in Deutschland zu leisten.

Die angeführten Praxisbeispiele haben den hohen operativen Aufwand der Unternehmen bei der Implementierung eines EMAS konformen Umweltmanagementsystems deutlich gezeigt. Der Erwartungshorizont der Unternehmen in Bezug auf staatliche Gegenleistungen ist, vor dem Hintergrund des beschriebenen Aufwands und der damit verbundenen Kosten und nicht zuletzt im Hinblick auf die mit dem EMAS Audit verbundene objektive Verbesserung des Umweltschutzes, ausreichend begründet.

252 Zu den Instrumenten Eigenkontrolle und Fremdkontrolle im EMAS System *Langerfeldt*, Privatisierung der Betreiberüberwachung, S. 191.

Kapitel 2 Die EMAS Privilegierung durch Rechtsnormen des Bundes und der Länder

Mit der Teilnahme am EMAS Audit geht eine freiwillige Übererfüllung umweltrechtlicher Pflichten durch das EMAS Unternehmen einher. Diese Tatsache aufgreifend, erhoben sich in der Wirtschaft Forderungen, der Staat möge die Übererfüllung bestehender Pflichten nicht nur lobend anerkennen, sondern konkrete staatliche „Gegenleistungen" schaffen, damit die EMAS Teilnahme sich für Unternehmen auch lohne.[253] Diesbezügliche Forderungen sind so alt, wie EMAS selbst.[254]

Der deutsche Gesetzgeber kam den Forderungen nach Gegenleistungen mit der Schaffung der EMAS Privilegierungsnormen nach.

1. Europarechtliche Grundlage der EMAS Privilegierung

Im neunten der Erwägungsgründe, die den Normen der EMAS Verordnung vorangestellt sind, heißt es: *„Organisationen sollten zu einer freiwilligen Beteiligung an EMAS bewegt werden; sie können aus dieser Beteiligung Vorteile hinsichtlich der ordnungspolitischen Kontrolle, der Kosteneinsparung und ihres Ansehens in der Öffentlichkeit ziehen"*.

Die Art. 11 Abs. 1 und Abs. 2, Art. 10 Abs. 2 und Art. 8 EMAS-V setzen diese Intentionen um. Da die EMAS Teilnahme freiwillig ist, mithin auch die Teilnahmeentscheidung autonom zu treffen ist, unterstellt der Gemeinschaftsgesetzgeber zu Recht, dass er für die EMAS Teilnahme werben muss. Dies tut er, indem er Anreize schafft, bzw. Anreize nennt, die geeignet sind, die Attraktivität von EMAS für potentielle Teilnehmer zu steigern.

So verpflichtet Art. 11 EMAS-V die Mitgliedstaaten in allgemeiner Form, die EMAS Teilnahme zu fördern, geht dann auf mögliche Anreize für kleine und mittlere Unternehmen ein (z.B. Kosteneinsparungen) und nennt in Art. 11 Abs. 2 EMAS-V die Einräumung von Vergünstigungen im öffentlichen Beschaffungswesen beispielhaft als denkbares Förderinstrument.

In Art. 10 Abs. 2 EMAS-V wird der Anreizgedanke unmittelbar mit der Idee des Angebotes staatlicher Gegenleistungen verknüpft: Die Mitgliedstaaten erhalten durch diese Vorschrift den Auftrag, bei der Durchführung und der Durchsetzung

253 *Ewer*, Rechtliche Rahmenbedingungen der Substituierbarkeit behördlicher Kontrollmaßnahmen durch erfolgreiche Teilnahme am EMAS II-System, in: Dolde (Hrsg.), Umweltrecht im Wandel, S. 353 ff., (357).

254 Näher dazu *Lübbe-Wolff,* Öko-Audit und Deregulierung, ZUR 1996, 173 (174 ff.); Siehe auch *Sellner/Schnutenhaus,* a.a.O., (NVwZ 1993), S. 934.

von Umweltvorschriften, also beim Vollzug, die EMAS Auditierung eines Adressaten (positiv) zu berücksichtigen. Der Gemeinschaftsgesetzgeber sieht in der Zurückführung der so genannten „Repressivkontrolle" ein probates Mittel zur EMAS Förderung.[255]

Das „Wie" der Berücksichtigung der EMAS Auditierung wird mit dem Hinweis auf „zu vermeidenden Doppelaufwand" bei Behörden und EMAS Unternehmen angedeutet, der finalen Struktur des europäischen Umweltrechts entsprechend,[256] werden konkrete Maßnahmen nicht bestimmt. Die Mitgliedstaaten sind aufgefordert, selbst zu prüfen, inwieweit sich Ergebnisse einer EMAS Auditierung bei der Durchführung und dem Vollzug umweltrechtlicher Vorschriften verwerten lassen und ob sich (der unterstellte) Doppelaufwand für die beteiligten Unternehmen und die zuständigen Umweltbehörden vermeiden lässt.

Aus diesem Regelungsansatz folgt, dass die Mitgliedstaaten nicht nur nach geeigneten Fördermaßnahmen zu suchen haben, sondern erkannte Förderungsmöglichkeiten auch umzusetzen haben. Einer in der Literatur[257] geäußerten Meinung, dass sich aus Art. 10 Abs. 2 EMAS-V allenfalls eine moralische Verpflichtung der Mitgliedstaaten zur Schaffung von EMAS Privilegierungen ableiten lasse, kann daher nicht gefolgt werden. Denn ohne ein selbständiges, proaktives Handeln auf der Ebene der Mitgliedstaaten kann das durch EMAS postulierte Ziel einer staatlichen Anerkennung der Leistungen der auditierten Unternehmen nicht erreicht werden.[258] Folglich sind die Mitgliedstaaten gemeinschaftsrechtlich verpflichtet, bei der EMAS Privilegierung Kreativität zu zeigen und die für ihren Rechtsraum erforderlichen Normen zu schaffen.

2. Das Prinzip der funktionalen Äquivalenz als Maßstab der EMAS Privilegierung

Der Bundesgesetzgeber kam seiner gemeinschaftsrechtlichen Verpflichtung aus Art. 10 Abs. 2 EMAS-V zunächst nach, indem er in zentralen Gesetzen des Umweltrechtes Ermächtigungsnormen zum Erlass von EMAS Privilegierungen einfügte.[259]

Die §§ 58e BImSchG, 54a KrW-/AbfG und § 21h WHG[260] sind Rechtsgrundlagen zum Erlass so genannter „überwachungsrechtlicher Erleichterungen" zu

255 Dazu *Ewer*, in: Dolde, a.a.O., S. 365.

256 Vgl. dazu oben Kapitel 1, Abschnitt 3.2.

257 *Schäfer*, Öko-Audit als Instrument des Umweltschutzes und Mittel der Deregulierung, S. 150 f..

258 *Langerfeldt*, Privatisierung der Betreiberüberwachung, S. 161, spricht von einem „umweltpolitischen Prinzip der Gewährung von Vergünstigungen"

259 Dazu *Ewer*, in: Dolde, a.a.O., S. 362.

260 Ab 2009 ist die Ermächtigungsnorm für EMAS Privilegierungen § 24 WHG, näher dazu unten in Abschnitt 4.3.

Gunsten EMAS auditierter Unternehmen, anders ausgedrückt zum Erlass von EMAS Privilegierungen.

Auf der Grundlage der Ermächtigung des § 58e BImSchG Regelungen dürfen zu Gunsten von EMAS Unternehmen Erleichterungen auf dem Gebiet der umweltrechtlichen Überwachung sowie im (immissionsschutzrechtlichen) Genehmigungsverfahren erlassen werden. Die Ermächtigungsnorm nennt in Satz 4 einige konkrete Anwendungsfälle ordnungsrechtlicher Erleichterungen, die Aufzählung ist jedoch nicht abschließend.[261]

Generell ist Voraussetzung der Gewährung ordnungsrechtlicher Erleichterungen, dass die EMAS Anforderungen im Hinblick auf die entsprechenden ordnungsrechtlichen Vorschriften „gleichwertig" sind. Die Anforderung der Gleichwertigkeit entspringt dem „Prinzip der funktionalen Äquivalenz", das in der Ermächtigungsnorm des § 58e Satz 1 BImSchG verankert wurde und den Gestaltungsspielraum bei einer rechtlichen Privilegierung von EMAS Unternehmen aufzeigt.[262]

Das Prinzip der funktionalen Äquivalenz bedeutet, dass Erleichterungen nur gewährt werden, wenn das EMAS System (Umweltmanagementsystem) eines registrierten Unternehmens die gleiche Gewähr für die Einhaltung umweltrechtlicher Vorschriften bietet, wie die (übliche) behördliche Fremdüberwachung.[263]

Das Prinzip der funktionalen Äquivalenz soll, so *Böhm-Amtmann*,[264] der Sicherung der Gesetzesbindung der Verwaltung dienen, ohne dabei das Übermaßverbot aus dem Auge zu verlieren, das eine Reduzierung staatlicher Eingriffe auf ein angemessenes Maß verlangt.[265]

Beide, Ordnungsrecht und EMAS, müssen das erwartete Verhalten des Normadressaten in einer vergleichbaren Weise steuern bzw. steuern können. Dazu wird es für erforderlich gehalten, dass die Zielrichtung und die Zielwirkung von EMAS und der öffentlich-rechtlichen Vorschriften übereinstimmen.[266] EMAS

---

261 *Jarass*, BImSchG, § 58e, Rn. 9.

262 Zur Herkunft des Begriffs der „funktionalen Äquivalenz" *Langerfeldt*, a.a.O., S. 428, Fn. 1384 m.w.N.; *Böhm-Amtmann,* EMAS-ISO-Substitution von Ordnungsrecht, GewA 1997, S. 353 ff. (S. 355) sowie *Böhm-Amtmann,* Umweltpakt Bayern, ZUR 1997, S. 178 ff. (181).

263 *Jarass*, BImSchG, § 58e, Rn. 10. Vgl. auch die Amtliche Begründung zu § 58e BImSchG in der BR-Drs. 287/02, a.a.O., S. 4.

264 *Böhm-Amtmann,* a.a.O., (GewA 1997) S. 354.

265 Zum verfassungsrechtlichen Übermaßverbot *Jarass-Pieroth,* GG-Kommentar, Art. 20, Rn. 83.

266 *Moormann,* Staatliche Überwachung und Öko-Audit, ZUR 1997, 188 (191). Ein anderes instruktives Beispiel zu funktionaler Äquivalenz besteht in der Äquivalenz zwischen Planfeststellungsverfahren und Genehmigungsverfahren; vgl. *Kloepfer*, Umweltrecht, § 5, Rn. 29.

und sachlich entsprechendes Umweltordnungsrecht müssen also nicht nur vergleichbare, sondern auch gleichwertige Anforderungen stellen.[267]

2.1. Kritik am Prinzip der funktionalen Äquivalenz

Die Abhängigkeit der Gewährung einer EMAS Privilegierung von der vorherigen positiven Feststellung funktionaler Äquivalenz zwischen EMAS Leistung und Anforderungen des Ordnungsrechtes hat in der Literatur Kritik am Prinzip der funktionalen Äquivalenz als geeignetem Bewertungsmaßstab ausgelöst.[268]

So bemängelt *Langerfeldt*, dass es bereits an einer allgemein anerkannten Methodik zur Feststellung funktionaler Äquivalenz fehle. Das Vorliegen funktionaler Äquivalenz lasse sich im Einzelfall daher nicht sicher bestimmen.[269] Zu sehr komme es auf das Werturteil des jeweiligen Betrachters an, ob funktionale Äquivalenz anzunehmen sei oder nicht.[270] Deshalb sei funktionale Äquivalenz kein geeigneter Maßstab zur Bewertung von EMAS Leistungen bzw. von EMAS als einem umfassenden umweltschützenden Überwachungsregime.[271]

Langerfeldt ist in dem Befund zuzustimmen, dass das Prinzip der funktionalen Äquivalenz verfassungsrechtlich nicht geboten ist.[272] Richtig ist auch, dass Werturteile zu problematischen Einzelfallergebnissen führen können. Ob dieses Problem mit der Schaffung objektiver Wertungsmaßstäbe gelöst werden könnte,[273] erscheint fraglich, weil die Gefahr besteht, einen unbestimmten Begriff mit einem anderen erklären zu wollen.[274]

Andererseits hat sich der Gesetzgeber, wie etwa dem Wortlaut des § 58e BImSchG zu entnehmen ist, festgelegt, die ordnungsrechtliche Steuerung sowie die öffentlich-rechtliche Regelungsdichte nur bei positiver Feststellung funktionaler Äquivalenz zurückzunehmen und damit die Fremdkontrolle in die Eigenkontrolle von EMAS Unternehmen zu übertragen. Aus diesem Grund wird das Prinzip der funktionalen Äquivalenz in der Literatur[275] auch überwiegend nicht in Frage gestellt.

---

267 H.M., statt vieler *Feldhaus*, Umwelt-Audit und Entlastungschancen im Vollzug des Immissionsschutzrechts, UPR 1997, S. 341 (342). Weitere Nachweise zur herrschenden Meinung bei *Schäfer*, a.a.O., S. 223, (Fn. 613). *Langerfeldt*, Privatisierung der Betreibeüberwachung, S. 428, (Fn. 1384), begreift das Prinzip der funktionalen Äquivalenz dagegen nicht als materiell-rechtliche Voraussetzung, sondern als lediglich „rechtspolitischen Grundsatz“.

268 *Langerfeldt*, a.a.O., S. 427 ff..

269 *Langerfeldt*, a.a.O., S. 432.

270 *Langerfeldt*, a.a.O., S. 434, 436.

271 *Langerfeldt*, a.a.O., S. 437.

272 *Langerfeldt*, a.a.O., S. 602.

273 So z.B. der Maßstab der „Wirkmächtigkeit“, *Schneider*, a.a.O., S. 132.

274 Vgl. *Langerfeldt*,, a.a.O., S. 436.

275 *Schneider*, Öko-Audit und Deregulierung im Immissionsschutzrecht, S. 130. Siehe auch *Lübbe-Wolff*, a.a.O., (ZUR 1996) S. 174.

Letztlich spricht gegen die Ansicht *Langerfeldts* das Argument, dass bei einer partiellen Verantwortungsübertragung dem Übertragenden das Recht zugebilligt werden muss, die Bedingungen für die Übertragung festzulegen. Die Forderung nach funktionaler Äquivalenz bedeutet nicht, dass der (kreative) Rahmen möglicher Privilegierung von vorneherein begrenzt wird, sondern nur, dass einem Privilegierungsbegehren eine messbare und adäquate Leistung gegenüberstehen muss. Im Ergebnis bedeutet dies, dass Spielräume zur weiteren Privilegierung des EMAS Unternehmens auch unter Berücksichtigung des Prinzips der funktionalen Äquivalenz bestehen und genutzt werden können.

2.2 EMAS und die Privatisierung von Staatsaufgaben

Im Zusammenhang mit der Thematik „EMAS Privilegierung auf der Grundlage funktionaler Äquivalenz" trifft man in der Literatur häufig auf den Begriff der „Privatisierung von Staatsaufgaben".

Der Begriff ist schillernd, wird oftmals schlagwortartig und auch undifferenziert genutzt[276] und hat mit dem hier behandelten Untersuchungsgegenstand, Möglichkeiten einer umfassenderen Privilegierung von EMAS Unternehmen zu erörtern, nur am Rande etwas zu tun.

Zum Zweck der notwendigen Abgrenzung ist jedoch kurz auf den Begriff einzugehen. Fraglich ist bereits, was rechtlich unter dem Begriff einer „Privatisierung von Staatsaufgaben" zu verstehen ist. Privatisierung liegt im engeren Sinn vor, wenn öffentlich-rechtliche Rechtspositionen durch Rechtspositionen des Privatrechts ersetzt werden.[277] Da diese Definition nicht jede Facette möglicher Privatisierung erfasst, ist es sinnvoll, den Begriff der Privatisierung weiter zu gliedern und zwar in die materielle, formelle und die funktionelle Privatisierung.[278]

Eine materielle Privatisierung liegt vor, wenn eine bisher öffentlich-rechtliche Aufgabe vollständig, d.h. einschließlich ihrer finanziellen und ihrer Durchführungsdimension in den privaten Rechtskreis verlagert wird. Das ist der Fall, wenn sowohl die Aufgabe als auch die Rechtsform und das Vermögen der für die Aufgabe verantwortlichen Funktionsträger nicht mehr ganz oder teilweise öffentlich-rechtlich, sondern rein privatrechtlich geprägt sind.[279]

Eine formelle Privatisierung liegt dagegen vor, wenn bei unveränderter öffentlich-rechtlicher Aufgabenstellung eine Privatisierung des Aufgabenträgers aus-

---

276 *Langerfeldt*, a.a.O., S. 32, nennt die Privatisierung zu Recht einen „rechtspolitisch aufgeladenen Begriff".

277. *Langerfeldt*, a.a.O., S. 22 m.w.N..

278 *Langerfeldt*, a.a.O., S. 24 f.

279 Noch detaillierter unterscheidet *Langerfeldt*, a.a.O., S. 24 ff., der den Begriff der Privatisierung in materielle, in formelle im weiteren Sinn, in formelle im engeren Sinn, in funktionelle, in exekutivische sowie legislative Privatisierung unterteilt.

schließlich dadurch erfolgt, dass dessen öffentlich-rechtliche Rechtsform in eine Rechtsform des Privatrechts umgewandelt wird (Organisationsprivatisierung).[280]

Eine funktionale bzw. funktionelle Privatisierung liegt vor, wenn bei unveränderter öffentlich-rechtlicher Aufgabenstellung die Aufgabenerfüllung insgesamt oder zum Teil Privaten übertragen wird, deren Vermögen sich weder teilweise noch insgesamt im Eigentum der öffentlichen Hand befindet.[281]

Bei der Privilegierung von EMAS Unternehmen geht es nicht darum, Aufgaben aus dem staatlichen Bereich gänzlich in den Bereich von Privaten zu verlagern,[282] wenngleich diesbezügliche Forderungen auch nicht ausgeschlossen sind.[283] EMAS zielt nicht auf die Aufhebung des öffentlich-rechtlichen Rechtsrahmens, sondern auf die Stärkung der Eigenkontrolle der EMAS Unternehmen auf dem Gebiet des Umweltschutzes. Deshalb steht allenfalls im Zusammenhang mit EMAS die Frage nach der Reichweite und den Grenzen einer funktionalen Privatisierung von Staatsaufgaben zur Debatte.[284]

Soweit mit der EMAS Privilegierung nur die Reduzierung staatlicher Aufgabenwahrnehmung ohne ausdrückliche Rechtsänderung einhergeht, kann das im Ergebnis als „faktische Privatisierung“ bezeichnet werden,[285] ohne jede kontroverse Diskussionen zu verursachen noch erforderlich zu machen.[286]

3. Die EMAS Privilegierung durch Deregulierung und Substitution

Ist zwischen einer EMAS Leistung einerseits und einer ordnungsrechtlichen Anforderung andererseits funktionale Äquivalenz festzustellen, ist das Feld frei für die rechtliche Privilegierung des EMAS Unternehmens. Die EMAS Vergünstigungen werden den auditierten Unternehmen durch „Deregulierungen“ oder „Substitutionen“ auf dem Gebiet des deutschen Umweltordnungsrechts gewährt.[287] Da sich sowohl Inhalt als auch Bedeutung dieser Begriffe nicht von selbst erschließen, wird im Folgenden näher auf sie eingegangen.

---

280 *Langerfeldt*, a.a.O., S. 26.

281 *Langerfeldt*, a.a.O., S. 26.

282 *Ehlers*, Aushöhlung der Staatlichkeit durch die Privatisierung von Staatsaufgaben?, S. 42.

283 Vgl. dazu die umfassenden Vorschläge *Langerfeldts*, a.a.O., S. 671 ff., zu einer materiellen Privatisierung.

284 Zum Potential funktionaler Privatisierung *Streck*, Der EMAS Umweltgutachter und die Deregulierung des deutschen Umweltrechts, S. 281, (351).

285 *Langerfeldt*, a.a.O., S.21.

286 Zur Lösbarkeit von Privatisierungshindernissen eingehend *Schoch*, Privatisierung von Verwaltungsaufgaben, DVBl. 1994, S. 962 ff., (970 f.).

287 Diese Definitionen wurden durch die deutsche Umweltministerkonferenz (UMK) 1998 geprägt. Nach der Auffassung von *Langerfeldt*, a.a.O., S. 33, ersetzen die Begriffe nur den „politisierten Begriff der (Teil-) Privatisierung“.

3.1 Deregulierung

Nach der Ansicht von *Knopp*[288] ist „Deregulierung" nur ein Schlagwort und zugleich ein Sammelbegriff für Dezentralisierung, Entstaatlichung, Rechts- und Verwaltungsvereinfachung, Entbürokratisierung und ähnliches.

Nach der Ansicht von *Ronellenfitsch*[289] ist Deregulierung gar kein Rechtsbegriff, sondern bezeichnet ein rechtspolitisches Programm, welches das Ziel verfolgt, die gesetzlichen Regelwerke in bestimmten Rechtsgebieten auszudünnen.

Diesem Ansatz im Ergebnis nicht widersprechend, jedoch mehr auf den Inhalt möglicher Deregulierungen eingehend, meint *Stober*,[290] dass Deregulierung darauf abziele, Regelungen zu vermeiden und zu verringern, marktwidrige Eingriffe in den Wettbewerb zu beseitigen sowie das Recht einfacher, überschaubarer, verständlicher, effektiver und zügiger zu machen. Adressat und Nutznießer der Deregulierung seien in erster Linie die Bürger.

Auch *Schäfer*, die sich mit dem Begriff im Zusammenhang mit EMAS Vergünstigungen auseinandersetzt, weist darauf hin, dass der Begriff „Deregulierung" sich einer abschließenden Definition entziehe.[291] Deregulierung sei weder ein typisch juristischer Begriff, noch ein allgemein anerkannter. Der Begriff sei allenfalls eingrenzbar und hinsichtlich seiner Zielsetzung beschreibbar.[292] Im Umweltrecht ziele Deregulierung auf die Vereinfachung und Reduzierung von Umweltgesetzen, umweltrechtlichen Standards sowie der staatlichen Kontrolle und Aufsicht.[293]

Werden EMAS auditierte Unternehmen durch gesetzliche Normen von Pflichten befreit, die das Umweltordnungsrecht aufstellt, dann bezeichnet man dies als eine Privilegierung des EMAS Unternehmens durch „Deregulierung".[294] Zu betonen ist, dass eine „echte" Deregulierung, also der vollkommene Verzicht auf die staatliche Regelung eines bestimmten Sachverhaltes, im Zusammenhang mit einer EMAS Privilegierung nicht angestrebt wird.[295] Denn einerseits bedarf es der Beibehaltung einer ordnungsrechtlichen Regelung schon wegen der nicht auditierten Gesetzesadressaten und andererseits liegt in der Feststellung der vorbe-

288 *Knopp*, EMAS II, Überleben durch Deregulierung und Substitution?, NVwZ 2001, S. 1098 ff., (1099).

289 *Ronellenfitsch*, Schranken einer Privatisierung der staatlichen Unfalluntersuchung im Bereich der Eisenbahn, NVwZ 1998, S. 1021 ff., (1025, Fn. 32).

290 *Stober*, Deregulierung im Wirtschaftsverwaltungsrecht, DÖV 1995, S. 125 ff. (126); siehe auch *Hölzer*, Der Energiesektor zwischen Marktwirtschaft und öffentlicher Aufgabe, S. 189.

291 *Schäfer*, a.a.O., S. 51.

292 *Schäfer*, a.a.O., S. 51, m.w.N. in Fn.152.

293 *Schäfer*, a.a.O., S. 51.

294 Diese Nomenklatur geht zurück auf den „Einheitlichen Endbericht an die Umweltministerkonferenz zu Deregulierungs- und Substitutionspotentialen im Hinblick auf das EG-Öko-Audit-System" vom 8.5.1998 (UMK-Bericht 1998), abgedr. bei *Feldhaus*, Bundesimmissionsschutzrecht, Bd. 8, M 3.0.0, dort unter Abschnitt V 3 b.

295 *Huber*, Weniger Staat im Umweltschutz, DVBl. 1999, S. 489 ff., (493).

haltlosen Erfüllung umweltrechtlicher Normen im EMAS Unternehmen ein wesentlicher Zweck des EMAS Audits als „Legal Compliance Audit“.[296] Das bedeutet im Umkehrschluss, dass es entsprechender ordnungsrechtlicher Regelungen bedarf, um das EMAS Ziel erreichen zu können.[297] Die Übernahme staatlichen Aufgaben durch das EMAS Unternehmen als Folge der EMAS Auditierung ist immer nur in Teilbereichen möglich und gewollt. Die staatliche Kontrollfähigkeit soll und muss erhalten bleiben.[298]

3.1. Deregulierung durch Öffnungsklauseln

Die EMAS Privilegierung durch Deregulierung erfolgt mittels gesetzlicher „Öffnungsklauseln“, auf Grund derer auditierte Unternehmen von der Erfüllung bestimmter gesetzlicher Pflichten befreit werden.[299] Zu unterscheiden sind dabei unbedingte, konditionale und optionale[300] Öffnungsklauseln.[301]

Ist die funktionale Äquivalenz von Ordnungsrecht und EMAS Leistung als gesichert anzusehen, kann der Gesetzgeber mit einer unbedingten Öffnungsklausel regeln, dass ein EMAS Unternehmen eine bestimmte Ordnungsvorschrift nicht (mehr) erfüllen muss.

Ist das Vorliegen funktionaler Äquivalenz dagegen (noch) fraglich, ist der Verzicht, eine bestimmte gesetzliche Anforderung zu erfüllen, mit der Erfüllung einer Bedingung durch das EMAS Unternehmen zu verknüpfen.

Im Fall der optionalen Öffnungsklausel fällt es in das Ermessen der zuständigen Behörden, im Einzelfall auf die Erfüllung bestimmter gesetzlicher Anforderungen durch das EMAS Unternehmen zu verzichten.[302]

3.2 EMAS Privilegierung durch Substitution

Auch derr Begriff der Substitution wird in der rechtspolitischen Diskussion oft schlagwortartig genutzt, wobei, wie etwa *Möller*[303] zu Recht kritisiert, die konkrete Begriffsbestimmung und die notwendige Abgrenzung des Begriffs dabei in den Hintergrund treten. Wichtig ist die Feststellung, dass es zwischen Deregulierungs- und Substitutionstatbeständen Unterschiede gibt, Substitution jedoch

296 Zur Wortbedeutung der „Legal Compliance“ (Rechtskonformität) näher *Schäfer*, a.a.O., S. 200.
297 So auch *Lübbe-Wolff*, a.a.O., (ZUR 1996), S. 174.
298 Zur Notwendigkeit einer Präventivkontrolle trotz EMAS Audit *Ewer*, in: Dolde, a.a.O., S. 364.
299 *Knopp*, a.a.O., S. 1099.
300 Der UMK Bericht 1998, a.a.O., Abschnitt 3 cc) spricht hier von „optimalen“ statt optionalen Öffnungsklauseln. Dies dürfte ein Redaktionsversehen sein.
301 *Langerfeldt*, a.a.O., S. 36.
302 Vgl. dazu die Ausführungen im UMK-Bericht 1998, a.a.O., Abschnitt A V 3 b.
303 *Möller*, Öko-Audit und Substitution, S. 169.

auch Folge einer Deregulierung sein kann, jedoch nicht umgekehrt Deregulierung Folge einer Substitution.

3.2.1 Substitution durch Eigenüberwachung

Nach *Möller*[304] ist unter Substitution die Ersetzung staatlicher Normen und deren Überwachung durch ein nicht-staatliches Korrelat zu verstehen. Die gesetzlichen Pflichten des Bürgers bleiben bestehen, die Verpflichtung erfolgt lediglich nicht mehr ausschließlich einem hoheitlichen Träger gegenüber, sondern auch gegenüber einer anderen, privaten Instanz. Die substituierte Materie bleibt folglich auch nach der Substitution reguliert, d.h. eine Änderung bestehender Gesetze ist nicht notwendig, was insofern die Substitution von der Deregulierung unterscheidet.[305]

Schäfer sieht eine Möglichkeit zur Substitution in der teilweisen „Privatisierung" staatlichen Vollzugs. Die so verstandene Substitution von Ordnungsrecht erfolgt durch eine Rückführung staatlicher Kontrolldichte und Kontrolltiefe.[306] Zu betonen ist, dass *Schäfer* damit lediglich einer funktionalen Teilprivatisierung des Vollzugs das Wort redet.

Beide Autoren sehen in der Eigenkontrollfähigkeit und der damit einhergehenden Eigenüberwachungsfähigkeit des EMAS Unternehmens, belegt durch das geprüfte Umweltmanagementsystem, den Anspruch auf Substitution *im* Ordnungsrecht als begründet und fordern folgerichtig nicht eine Substitution *des* Ordnungsrechts. So verstandene Substitutionen *im* Ordnungsrecht haben eine geringere staatliche Überwachung zur Folge, schaffen die Möglichkeit begrenzten Eigenvollzugs durch eigenes Personal und können einen Ersatz bestimmter Pflichten bewirken[307].

3.2.2 Substitution durch Ermessenslenkung

Eine Möglichkeit EMAS Unternehmen durch Substitutionsmaßnahmen zu privilegieren besteht auch darin, Verwaltungsbehörden aufzugeben, Ermessensspielräume ordnungsrechtlicher Normen und faktische Spielräume aus der Interpretation unbestimmter Rechtsbegriffe zu Gunsten von EMAS Unternehmen zu nutzen.[308]

---

304 *Möller*, a.a.O., S. 170.
305 *Möller*, a.a.O., S. 170.
306 *Schäfer*, a.a.O., S. 55.
307 *Langerfeldt*, a.a.O., S. 85 ff., unterscheidet hier zwischen organisationsinternen Berichtspflichten und solchen gegenüber den Behörden.
308 UMK-Bericht 1998, a.a.O., dort unter A III 1.

Um diesen Weg zur Privilegierung von EMAS Unternehmen zu eröffnen, bedarf es ermessenslenkender Verwaltungsvorschriften, denen zudem die Funktion zukommt, eine einheitliche EMAS Privilegierung zu gewährleisten.[309]

3.3. Exkurs: Ermessenslehre

Da EMAS Privilegierungserfolge sowohl bei Substitutionsregelungen mit ermessenslenkendem Inhalt als auch in Fällen der Deregulierung auf der Grundlage optionaler Öffnungsklauseln[310] von behördlichen Ermessensentscheidungen abhängen, besteht Anlass, im Rahmen eines Exkurses, auf die rechtlichen Anforderungen bei der behördlichen Ermessensausübung näher einzugehen.

Ermessen kommt Verwaltungsbehörden im Rahmen ihrer Entscheidungskompetenzen, wegen der Gesetzesbindung der Verwaltung aus Art. 20 Abs. 3 GG, ausschließlich auf der Rechtsfolgenseite einer Norm zu.[311] Die Grundsatznorm des § 40 VwVfG[312] stellt klar, dass Behörden das ihnen durch gesetzliche Vorschriften eingeräumte Ermessen entsprechend dem Zweck der Ermächtigung auszuüben und das die gesetzlichen Grenzen des Ermessens einzuhalten sind.[313]

Ermessensermächtigungen ergeben sich grundsätzlich schon aus dem Wortlaut einer Norm. So enthalten Ermessensnormen entweder unmittelbar das Wort „Ermessen“ oder aber Redewendungen wie „kann“, „darf“, „ist berechtigt“, „ist befugt“, „soll“ oder die Normen räumen der Behörde explizite Entscheidungsalternativen ein.[314]

Mit der Gewährung von Ermessen verleiht der Gesetzgeber der Verwaltung einen Spielraum zu eigener und eigenverantwortlicher Wahl und Entscheidung, d.h. Ermessen eröffnet Behörden eine sonst nicht bestehende Freiheit in der Entscheidungsfindung.[315] Deshalb wird auch von so genanntem „freien“ Ermessen gesprochen.[316]

Innerhalb eines vom Gesetz eingeräumten Ermessensspielraums kann eine Behörde mehrere unterschiedliche, ja auch gegensätzliche Verhaltensweisen in gleicher Weise als zulässig und rechtmäßig erachten. Ermessen soll es der Ver-

---

309 UMK-Bericht 1998, a.a.O., A III 1.

310 Unter Anwendung des Deregulierungsbegriffes der UMK 1998. Dazu oben Abschnitt 3.1.1.

311 *Wolf/Bachof/Stober/Kluth,* Verwaltungsrecht I, § 58, Rn. 9.

312 Verwaltungsverfahrensgesetz (VwVfG) in der Fassung der Bekanntmachung vom 23.1.2003, BGBl. I S. 102, zuletzt geändert durch Gesetz vom 5.5.2004, BGBl. I S. 718.

313 Näher zur Historie der Ermessenslehre *Erichsen*, Verfassungs -und verwaltungsrechtsgeschichtliche Grundlagen der Lehre vom fehlerhaften belastenden Verwaltungsakt und seiner Aufhebung im Prozess, 1971, S. 157 ff..

314 *Wolf/Bachof/Stober/Kluth*, a.a.O., § 31, Rn. 45.

315 *Hennecke* in: Knack, VwVfG, § 40, Rn. 10.

316 *Hennecke* in: Knack, VwVfG, § 40, Rn. 34. Kritisch zum Begriff des „freien Ermessens“ *Kopp/Ramsauer*, VwVfG, § 40, Rn. 47, mit dem Hinweis versehen, es gebe immer nur rechtlich gebundenes Ermessen.

waltung gerade ermöglichen, den besonderen Umständen und Gegebenheiten des Einzelfalls Rechnung zu tragen, um jeden Fall in seiner Eigenart zweckmäßig und gerecht entscheiden zu können. Jede Ermessensentscheidung ist zugleich ein Abwägungsprozess, der alle einschlägigen öffentlichen und individuellen Interessen einbeziehen muss und deshalb eine in besonderem Maße einzelfallgerechte Entscheidung verbürgt.[317]

Je nach dem Inhalt einer gesetzlichen Ermächtigung lassen sich Entschließungs- und Auswahlermessen unterscheiden.[318]

Ein Entschließungsermessen bezieht sich auf die Frage, ob eine gesetzlich vorgesehene, aber nicht vorgeschriebene Rechtsfolge gesetzt werden soll.[319] Die Behörde fällt die Entscheidung, ob überhaupt gehandelt wird.

Ein Auswahlermessen bedeutet dagegen, dass die Behörden eine (eigene) Auswahlentscheidung zwischen mehreren zulässigen Maßnahmen zu treffen haben oder eine Auswahl aus mehreren Adressaten[320] vorzunehmen hat. Die Behörden entscheiden im Rahmen des Auswahlermessens über das „Wie" ihrer Handlungen.[321]

3.3.1 Das Ermessen bei Soll-Vorschriften

In seiner schwächsten Form wird behördliches Ermessen durch eine „Soll"-Vorschrift vermittelt.[322] Eine Soll-Vorschrift gestattet der Verwaltung nur in atypischen Fällen von der vorgesehenen Rechtsfolge abzusehen, d.h. der Ausdruck „soll" gibt eine Regelvermutung hinsichtlich der einzutretenden Rechtsfolge vor, von der nur nach Maßgabe konkreter Einzelfallumstände abgewichen werden kann.[323]

Atypisch ist ein Fall, wenn er zwar nach den allgemeinen Auslegungsgrundsätzen unter den gesetzlichen Tatbestand subsumiert werden kann, aber nicht zu den Fällen gehört, die dem Gesetzgeber Veranlassung für die getroffene Regelung gegeben haben.[324] Im Zweifel haben die Verwaltungsgerichte zu prüfen, ob ein atypischer Umstand vorliegt. Der atypische Umstand ist von der Verwaltungsbehörde darzulegen und zu beweisen.[325] Eine Soll-Vorschrift lenkt bzw.

---

317 *Wolf/Bachof/Stober/Kluth*, a.a.O., § 31, Rn. 38.

318 *Erichsen*, Allgemeines Verwaltungsrecht, § 12 II 2, S. 196. *Langerfeldt*, a.a.O., S. 273 f.. Zur Prägung des gesamten Umweltrechtes durch das Instrument des Entschließungsermessens *Dombert*, § 10 USchG – Abschied vom polizeirechtlichen Entschließungsermessen, ZUR 2008, S. 406 ff., (410).

319 *Tettinger/Erbguth/Mann*, Besonderes Verwaltungsrecht, § 16, Rn. 532.

320 Zum Ermessen bei der Auswahl von Störern *Tettinger/Erbguth/Mann*, a.a.O., § 16, Rn. 534.

321 *Wolf/Bachof/Stober/Kluth*, a.a.O., § 31, Rn. 45.

322 *Wolf/Bachof/Stober/Kluth*, a.a.O., § 31, Rn. 40.

323 BGH, NJW 1999, S. 1196 ff., (1198).

324 *Czajka*, in: Feldhaus, a.a.O., Bd. 1, Rn. 61; *Kopp/Ramsauer*, VwVfG, § 40, Rn. 44.

325 BVerwG, DVBl. 1960, S. 252.

bindet das Ermessen einer Behörde. Insofern wird auch von „gebundenem" Ermessen gesprochen.[326]

3.3.2 Das intendierte Ermessen

Zwischen dem durch eine Soll-Vorschrift gebundenen und dem so genannten „freien" Ermessen, aber näher beim ersteren, steht der Typus des so genannten „intendierten" Ermessens.[327]

Das intendierte Ermessen ist eine neuere, auf der Grundlage der Rechtsprechung des Bundesverwaltungsgerichtes entwickelte Rechtsfigur.[328]

Intendiertes Ermessen liegt vor, wenn die Ermessensregelung ausdrücklich oder nach ihrem Sinn und Zweck erkennen lässt, dass es dem Willen des Gesetzgebers entspricht, dass die Entscheidung im Regelfall in einem bestimmten Sinn zu ergehen hat. Dieser Regelfall gibt der Ermessensausübung der Behörde eine bestimmte Richtung vor.[329]

Die Rechtsfigur des intendierten Ermessens ist in der Literatur nicht unumstritten.[330] Um ein intendiertes Ermessen annehmen zu können, bedarf es der Auslegung. Die Intention des Gesetzgebers, bzw. der angesprochene Regelfall muss im Ergebnis der Auslegung der jeweiligen Ermessensnorm erkannt bzw. erkennbar werden. Wie bei jeder Auslegung kann das Ergebnis streitig sein.

Als instruktives Beispiel für die Schwierigkeiten im Zusammenhang mit der Annahme eines intendierten Ermessens kann die Diskussion zu § 13 Abs. 1 Satz 1 BBodSchG herangezogen werden: Die Vorschrift besagt, dass die zuständige Behörde bei Altlasten vom Sanierungspflichtigen Sanierungsuntersuchungen bzw. einen Sanierungsplan verlangen soll.

Dombert[331] geht in diesem Fall davon aus, dass es die Intention des Gesetzgebers ist, dass die Behörde im Regelfall eine Sanierungsanordnung erlässt. Dies leitet er aus dem Gesichtspunkt der Verfahrensbeschleunigung ab.

Frenz[332] dagegen will einen durch die Norm begründeten Regelfall nicht erkennen. Dieses Beispiel macht deutlich, dass es zur Annahme intendierten Ermessens stets einer gründlichen Begründung des Einzelfalls bei der Herleitung der Intention des Gesetzgebers bedarf.[333]

---

326 Zu ermessenslenkenden Sollvorschriften in der EMAS Privilegierung *Langerfeldt*, Privatisierung der Betreiberüberwachung, S. 138.

327 *Hennecke*, in: Knack, a.a.O., § 40 Rn. 35

328 Vgl. BVerwGE 72, S. 1 ff., (6); BVerwGE 91, S. 82 ff., (90 f.).

329 BVerwGE 91, S. 82 ff., (90); BFH NJW 1989, S. 1383.

330 Nachweise dazu bei *Kopp/Ramsauer,* VwVfG, § 40, Rn. 45.

331 *Dombert* in: Landmann/Rohmer, a.a.O., Bd. 4, BBodSchG, § 13, Rn. 28.

332 *Frenz*, BBodSchG, Kommentar, § 13, Rn. 74.

333 Weitere Nachweise zur Anerkennung der Rechtsfigur des intendierten Ermessens durch die Rechtsprechung bei *Kopp/Ramsauer,* VwVfG, § 40, Rn. 46.

Soweit sich eine Verwaltungsbehörde der Intention des Normgebers anschließt, werden weitere Erwägungen entbehrlich. Die Annahme intendierten Ermessens dient der Begründungentlastung der Verwaltung und wird daher auch als Beitrag zu einer „schlanken Ermessensverwaltung“ verstanden.[334]

3.3.3 Ermessensfehler

Üben Behörden eingeräumtes Ermessen aus, können die Ermessensentscheidungen auch fehlerbehaftet sein.[335]

Ermessensfehler kommen aus verschiedenen Gründen in Betracht. Eine Möglichkeit besteht darin, dass eine Behörde die gesetzlichen Grenzen des ihr eingeräumten Ermessens überschreitet (Verbot der Ermessensüberschreitung).[336] Eine eine andere Möglichkeit zur fehlerhaften Entscheidung besteht darin, das eine Behörde das ihr eingeräumte Ermessen nicht zweckentsprechend, d.h. nicht unter sachlichen und zielgerichteten Erwägungen gebraucht (Verbot des Ermessensmissbrauchs oder Ermessensfehlgebrauchs). [337] Schließlich kann eine Behörde eine ihr eröffnete Ermessensmöglichkeit auch verkennen (Verbot der Ermessensunterschreitung, Ermessensmangel).[338] Verkennt eine Behörde zum Beispiel bestimmte EMAS Leistungen, weil sie diese nicht oder nicht ausreichend in ihrer Entscheidung berücksichtigt, liegt ein Fall der Ermessensunterschreitung vor.[339]

Ermessensentscheidungen können aber auch dadurch fehlerbehaftet sein, weil sie den Gleichheitsgrundsatz verletzen.[340] Zwar ist der Gleichheitssatz nicht schlechthin ermessensfeindlich, jedoch verpflichtet der Gleichheitssatz aus Art. 3 GG die Verwaltung zu einer gleichmäßigen Ermessensausübung. Eine Abweichung von einer bestehenden behördlichen Ermessenspraxis ist demnach ohne sachlichen Grund, unzulässig.[341].

3.4 Zwischenergebnis

Die Begriffe „Deregulierung“ und „Substitution“ stehen für verschiedene Ansätze bei der rechtlichen Privilegierung von EMAS Unternehmen.[342] Der Begriff der Deregulierung steht dabei für Erleichterungen zu Gunsten von EMAS Un-

334 *Hennecke* in: Knack, a.a.O., § 40, Rn. 35, *Wolf/Bachof/Stober/Kluth,* a.a.O., § 31, Rn. 43. *Kopp/Ramsauer,* VwVfG, § 40, Rn. 45.

335 *Wolf/Bachof/Stober/Kluth,* a.a.O., § 31, Rn. 56.

336 *Wolf/Bachof/Stober/Kluth,* a.a.O., § 31, Rn. 57 f.

337 *Wolf/Bachof/Stober/Kluth,* a.a.O., § 31, Rn. 61 ff.

338 *Wolf/Bachof/Stober/Kluth*, a.a.O.,§ 31, Rn. 59 f.

339 Zum Ermessensdefizit als Folge mangelhafter Tatsachenaufklärung *Kopp/Ramsauer,* VwVfG, § 40, Rn. 62.

340 *Kopp/Ramsauer,* VwVfG, § 40, Rn. 66.

341 *Erichsen,* a.a.O., § 12 II 2, S. 198 f.

342 Vgl. *Moormann,* a.a.O., S. 191.

ternehmen, die auf der Grundlage gesetzlicher Regelungen ergehen. So verstanden steht Deregulierung für den Wegfall bestimmter gesetzlicher Pflichten oder auch für den Übergang von der behördlichen Fremdkontrolle in die Eigenkontrolle eines EMAS Unternehmens.

Der Begriff der Substitution beschreibt dagegen untergesetzliche EMAS Privilegierungen. Substitutionserfolge werden im Regelfall durch Veränderung des behördlichen Vollzugsverhaltens erreicht. Die Veränderung des behördlichen Vollzugsverhaltens, wird insbesondere durch ermessenslenkende Vorgaben bewirkt und durch Verwaltungsvorschriften oder Erlasse gesteuert. Damit kommt der behördlichen Ermessensausübung im Zusammenhang mit dem Eintritt eines EMAS Privilegierungserfolges eine besondere Bedeutung zu.

Für die (gemeinschaftsrechtlich gebotene) Privilegierung der EMAS Unternehmen ist es daher essentiell, dass die zuständigen Behörden ihr Ermessen richtig ausüben, insbesondere Ermessensfehler ausschließen und im Einzelfall die Intentionen des Gesetzgebers richtig umsetzen.

3.5 Verfassungsrechtliche Anforderungen an die EMAS Privilegierung

EMAS Privilegierungen können Einfluss auf materielle Umweltstandards haben und auch eine Drittwirkung von Privilegierungen ist nicht auszuschließen, wenn eine Veränderung des staatlichen Überwachungsregimes eine Verletzung grundrechtlich geschützter Positionen Privater verursacht, so etwa im Fall der Schädigung eines Dritten als Folge einer Umweltverschmutzung (Umwelthaftungsfall).[343]

Während staatliches Handeln den EMAS Unternehmen Besserstellungen und Erleichterungen verschafft, kann Folge dieses Handelns gegebenenfalls die Beeinträchtigung staatlich geschützter Umweltgüter sein. EMAS Privilegierungen stehen daher ebenfalls im Spannungsfeld mit den staatlichen Schutzpflichten für die Umwelt.

3.5.1 Staatliche Schutzpflichten für den Umweltschutz

Die staatliche Schutzpflicht für die Umwelt bzw. die Gesamtheit der zu schützenden Umweltgüter,[344] die in Art. 20a GG als Staatzielbestimmung verfassungsrechtlich verankert wurde,[345] verpflichtet den Gesetzgeber jede Schädigung der natürlichen Lebensgrundlagen zu verhüten.

---

343 Zur Pflicht, Schäden zu vermeiden, als Gegenstand der Schutzpflicht *Hoppe/Beckmann*, a.a.O., § 4, Rn. 61.

344 *Zippelius/Würtenberger*, a.a.O., § 13, Rn. 25.

345 Zur verfassungsrechtlichen Einordnung *Kloepfer*, Umweltrecht, § 3, Rn. 22.

Insbesondere trifft den Staat hieraus die Pflicht, das Umweltrecht bei jeder erkannten Notwendigkeit nachzubessern.[346] Die Schutzpflicht verlangt, dass der Staat Umwelteingriffe selbst unterlässt, diesbezüglichen Eingriffen von Privatpersonen entgegentritt und erforderliche Maßnahmen zur Wiederherstellung der natürlichen Umwelt ergreift.[347] Die Exekutive ist dabei verpflichtet, den Gehalt des Art. 20a GG bei der Auslegung von Gesetzen und bei der Ausübung ihres Ermessens[348] zu berücksichtigen.[349]

Neben der staatlichen Schutzpflicht für die Umwelt als Ganzes, trifft den Staat auch eine Schutzpflicht gegen Umweltbeeinträchtigungen. Diese Schutz- oder Gewährleistungspflicht wird aus den Grundrechten,[350] genauer aus den Grundrechten in ihrer objektiv-rechtlichen Funktion,[351] hergeleitet. Dem Staat erwächst daraus die objektive[352] Verpflichtung nicht nur selbst auf rechtswidrige Grundrechtseingriffe zu verzichten, sondern sich auch schützend und fördernd vor die in den Grundrechten geschützten Rechtsgüter zu stellen und sie insbesondere auch vor rechtswidrigen Eingriffen Privater zu schützen.[353] Die Verwaltung hat diese aus verschiedenen Grundrechtspositionen (in Frage stehen dabei die Grundrechte für Leib, Leben, Gesundheit (Art. 2 GG), privates Eigentum (Art. 14 GG) und die Berufsfreiheit (Art. 12 GG))[354] erwachsende Schutzpflicht ebenfalls bei ihrer Ermessensausübung angemessen zu berücksichtigen.[355].

3.5.2 Staatliche Gewährleistungsverantwortung für den Umweltschutz

Die genannten verfassungsrechtlichen Schutzpflichten könnten durch EMAS Privilegierungen gefährdet oder verletzt werden, wenn diese geeignet sind, dem Staat die Fähigkeit zu entziehen, die Umwelt effektiv zu schützen oder wenn in Folge von EMAS Privilegierungen eingeführte Umweltstandards gefährdet oder abgesenkt würden, so dass ein konkretes Risiko für Umweltgüter geschaffen oder nicht mehr ausgeschlossen werden kann.

---

346 *Zippelius/Würtenberger*, a.a.O., § 13, Rn. 26; *Kloepfer*, Umweltrecht, § 3, Rn. 26.

347 *Jarass*, GG, Art. 20a, Rn. 5.

348 Vgl. *Dombert* in: Vorläufiger Rechtsschutz, § 59, Rn. 1307.

349 *Jarass*, GG, Art. 20a, Rn. 20.

350 Zur Pflicht des Staates auf umweltschützende Gewährleistung auf Grund des Art. 2 Abs. 2 und Art. 14 *Zippelius/Würtenberger,* a.a.O., § 13, Rn. 29.

351 Zu Nachweisen zur ständigen Rechtsprechung des Bundesverfassungsgerichtes zu den Grundrechten als objektiv rechtliche Wertentscheidungen der Verfassung BVerfGE 49, S. 89 ff., (141).

352 *Hoppe/Beckmann,* a.a.O., § 4, Rn. 58.

353 *Hoppe/Beckmann,* a.a.O., § 4, Rn. 56. Zu grundrechtlichen Schutzpflichten und Gewährleistungspflichten des Staates siehe auch *Schoch*, Gewährleistungsverwaltung: Stärkung der Privatrechtsgesellschaft?, NVwZ 2008, S. 241 ff., (244).

354 Zu grundrechtsbezogenen Teilgewährleistungen *Zippelius/Würtenberger*, a.a.O., § 13, Rn. 29.

355 *Hoppe/Beckmann,* a.a.O., § 4, Rn. 56.

Des Weiteren könnte die staatliche Gewährleistungsverantwortung für den Umweltschutz verletzt werden, soweit eine EMAS Privilegierung Gefahren oder Eingriffe in den Schutzbereich von Grundrechten begründet.

Deregulierungen und Substitutionen, die den Zweck verfolgen, die staatliche Überwachung zu Gunsten der Eigenüberwachung des EMAS Unternehmens zurückzunehmen, könnten zu den benannten Gefährdungen/Eingriffen führen, wenn die Eigenüberwachung, d.h. das Umweltmanagement des EMAS Unternehmens versagt und aus diesem Versagen Umweltschäden oder Schädigungen Dritter resultieren. Fraglich ist daher, in welchem Umfang der Staat vor dem Hintergrund der bestehenden Schutzpflichten Unternehmen EMAS Privilegien gewähren darf.

Der Beantwortung der aufgeworfenen Frage voranzustellen ist, dass es dem Staat grundsätzlich nicht versagt ist, Verantwortung auf eine durch einen Umweltgutachter geprüfte betriebliche Umweltorganisation eines EMAS Unternehmens zu verlagern. Die staatlichen Schutzpflichten verlangen jedoch, dass eine Verlagerung von Verantwortung und Aufgabenerledigung hin zu Privaten sachlich begründet ist und sie setzen insbesondere ein berechtigtes Vertrauen auf den Privaten voraus.[356] Auch das Vorliegen eines Sachgrundes, wie die Tatsache einer Auditierung nach den Anforderungen von EMAS, erlaubt nicht die Gewährung eines grenzenlosen staatlichen Vertrauens. Der Staat muss sich Einwirkungsmöglichkeiten auf die EMAS Unternehmen erhalten.[357] Eine Rücknahme staatlichen Vollzugs ist daher zulässig, ein *Rückzug* des Staates aus seiner Verantwortung für die Umwelt dagegen nicht.[358]

Erst kürzlich hat sich das Verwaltungsgericht *München* in einer genehmigungsrechtlichen Entscheidung auch mit den hier in Rede stehenden Anforderungen befasst.[359] In der Entscheidung ging es um die Frage, ob einem Betreiber ohne bestimmte Rechtsgrundlage die gesamte Verantwortung zur Anlageneigenüberwachung auferlegt werden darf. Das Gericht stellte zunächst fest, dass Eigenüberwachung nicht nur zulässig ist, sondern bereits die abstrakte Betreiberpflicht aus § 5 Abs. 1 Satz 1 Nr. 1 BImSchG den Anlagenbetreiber zur Eigenüberwachung verpflichte.

Eine allgemeine Pflicht zur umfassenden Anlageneigenüberwachung, abgeleitet aus den Betreiberpflichten des Immissionsschutzrechtes, verneinte das Gericht dagegen.[360] Die Tatsache der Übernahme größerer Eigenverantwortung durch EMAS Unternehmen bei der Anlagenüberwachung spreche gerade wegen der Freiwilligkeit sich den Anforderungen von EMAS zu unterwerfen, gegen die

---

356 Zu den verfassungsrechtlichen Grenzen einer Übertragung von Umweltschutzaufgaben an Private aus Art. 20 a GG *Schäfer*, a.a.O., S. 219 ff.

357 So auch *Koch/Laskowski*, a.a.O., S. 186.

358 Zur Gefahr eines Steuerungsverlustes des Staates *Huber*, Weniger Staat im Umweltschutz, DVBl. 1999, S. 489 ff., (490).

359 VG München, NJW 2008, S. 1147 ff.

360 VG München, a.a.O., S. 1149.

Annahme, eine verstärkte oder gar umfassende Eigenüberwachungspflicht könne nicht auditierten Unternehmen im Wege einer Anordnung auferlegt werden.[361] Das Gericht verabsäumte es nicht den Hinweis, dass der Staat die behördliche Überwachung nicht zu Lasten der Allgemeinheit abbauen dürfe.[362]

Die Entscheidung unterstreicht, dass stets ein Mindestmaß an staatlicher Überwachung zur Gewährleistung staatlicher Schutzpflichten erforderlich bleibt und der Umfang einer Verlagerung staatlicher Verantwortung in private Verantwortung von der Fähigkeit (oder dem berechtigten Vertrauen von der Fähigkeit) abhängt, inwieweit der Private in der Lage ist, stellvertretend für den Staat die Ziele des Umweltschutzes zu gewährleisten.[363]

Die Grenzen von Deregulierung und Substitution als Mittel der Privilegierung von EMAS Unternehmen werden erst überschritten, wenn sich der Staat seiner umweltschützenden Steuerungsfunktion begibt.[364] Gewährt der Staat EMAS Unternehmen Privilegierungen, indem er etwa auf die Erfüllung von Berichts- und Anzeigepflichten verzichtet, bzw. diese Pflichten als durch EMAS Leistungen erfüllt unterstellt (Substitution), ist zu prüfen, ob die Privilegierungen (schützenswerte) Umweltstandards konkret gefährden. In diesem Fall wäre die staatliche Schutzpflicht verletzt.

Berichten und Anzeigen kommt eine wichtige Bedeutung zu, da sie die staatlichen Behörden in die Lage versetzen, sich ein Bild über die betriebliche Umweltorganisation eines EMAS Unternehmens und deren Leistungsfähigkeit machen zu können. Damit dienen diese Pflichten auch der staatlichen Gewährleistungspflicht für den Umweltschutz, denn nicht nur die Entgegennahme der Berichte und Anzeigen, sondern erst die behördliche Auseinandersetzung mit diesen Informationen erlaubt die Überwachung von Unternehmen. Daraus folgt, dass bei der Substitution derartiger ordnungsrechtlicher Pflichten darauf zu achten ist, dass gleichwertiger Ersatz durch EMAS (Dokumente) sicher gestellt ist. Damit wirkt das Prinzip der funktionalen Äquivalenz als wirksames Instrument, verfassungsrechtlichen Anforderungen genüge zu tun. Mithin werden die Grenzen der zulässigen Substitution immer erst dann überschritten, wenn EMAS Leistungen, ohne das der Aspekt der Gleichwertigkeit als Prüfungsmaßstab herangezogen wurde, in behördlichen Entscheidungen berücksichtigt werden.

Auch EMAS Privilegierungen, die allgemein begünstigende behördliche Ermessensentscheidungen fordern, müssen dahingehend hinterfragt werden, ob sie mit den staatlichen Schutzpflichten für den Umweltschutz vereinbar sind. Dabei ist der Verweis darauf, dass Behörden bei ihren Ermessensentscheidungen die ver-

---

361 VG München, a.a.O., S. 1149.

362 VG München, a.a.O., S. 1149.

363 Dazu *Koch/Laskowski,* Verfassungsrechtliche Grenzen einer Privatisierung der Anlagenüberwachung, ZUR 1997, S. 182 ff. (184 ff.).

364 Vgl. dazu *Langerfeldt*, a.a.O., S. 589 f., der von der Notwendigkeit der „Letztverantwortung" des Staates spricht.

fassungsrechtlichen Schutzpflichten zu berücksichtigen haben,[365] allein nicht weiterführend. Entscheidend für die Fragestellung ist dagegen die Feststellung, dass der Staat bei diesem Typus der EMAS Privilegierung seine Steuerungsfähigkeit umfassend behält.[366] Allein die zuständigen Umweltbehörden können begünstigende Entscheidungen treffen und zwar in Anwendung des allgemeinen Verfahrensrechtes. Gefahren für die staatlichen Schutzpflichten ergeben sich bei diesen Privilegierungen nicht aus der Privilegierung selbst, sondern aus möglichen Fehlentscheidungen von Behörden, die aus der Wechselwirkung von der Bestimmtheit der gesetzgeberischen Intention (Privilegierungsziel) und der Unbestimmtheit der getroffenen Regelungen herrühren.

Nachdem nunmehr die verfassungsrechtlichen Anforderungen und Grenzen möglicher EMAS Privilegierungsvorschriften klar umrissen sind, ist nachfolgend der Blick auf bestehende EMAS Privilegierungsvorschriften und ihre Inhalte zu richten.

4. Die landesrechtlichen EMAS Privilegierungen

Einzelne Bundesländer haben schon kurz nach dem Inkrafttreten der ersten EMAS Verordnung im Jahr 1993 Regelungen zu Gunsten von an EMAS teilnehmenden Unternehmen erlassen. Andere Bundesländer folgten. Heute existieren in allen Bundesländern Regelungen, die das Ziel verfolgen, EMAS Unternehmen zu begünstigen.[367]

---

365 Dazu *Hoppe/Beckmann,* a.a.O., § 4, Rn. 17 und Rn. 56.

366 So *Huber*, a.a.O., S. 492.

367 *Baden-Württemberg*: Verwaltungsvorschrift über administrative Erleichterungen, GABl. Nr. 4/1999 vom 21.12.1998, S. 203. *Bayern*: Vollzugsbekanntmachung zum BImSchG (VBBImSchG) vom 5.2.1998 (AllMinBl. vom 2.3.1998) und vom 8.12.2003; Ministerialschreiben vom 13.9.2001, Gz. 22b – 8024.2001/68. *Berlin*: Umweltallianz Berlin vom 22.02.1999, Vertrag zwischen der IHK Berlin und dem Berliner Senat (zu beziehen unter www.berlin.de). *Brandenburg*: Erlass des Brandenburgischen Ministeriums für Ländliche Entwicklung, Umwelt und Verbraucherschutz über Erleichterungen beim Verwaltungsvollzug zugunsten von Betrieben, die ein Umweltmanagementsystem gemäß EG-VO 761/2001 über die freiwillige Beteiligung von Organisationen an einem Gemeinschaftssystem für das Umweltmanagement und die Betriebsprüfung (EMAS) eingeführt haben, vom 29.11.2005, Amtsbl. Nr. 1 vom 11.01.2006. *Bremen*: Verwaltungsvorschrift über Erleichterungen beim Vollzug von Gesetzen des Umweltschutzes für nach der Verordnung (EG) Nr. 761/2001 registrierte oder nach der DIN/EN/ISO 14001 zertifizierte Organisationen vom 16.9.2004 – PrivilegVwV - , Abl. vom 16.9.2004, S. 635). *Hamburg*: Umweltpartnerschaft Hamburg, Vereinbarung zwischen dem Senat der Freien und Hansestadt Hamburg und der Hamburger Wirtschaft zur Förderung nachhaltigen Wirtschaftens; Mitteilung des Senats an die Bürgerschaft, Drs. 17/2229 vom 7.3.2003. *Hessen*: Umweltallianz Hessen, Katalog verwaltungsrechtlicher Erleichterungen zugunsten EMAS-auditierter oder nach ISO 14001 zertifizierter Organisationen, Staatsanzeiger Nr. 1 vom 7.1.2002 (befristet bis 31.12.2006). *Mecklenburg-*

Überwiegend haben die Bundesländer sich bei der Privilegierung der EMAS Unternehmen des Instruments der ermessenslenkenden Verwaltungsvorschrift bedient. Den Behörden wird darin ein die EMAS Unternehmen begünstigendes Vollzugsverhalten vorgeschrieben.[368]

Als Ausnahme ist der von einigen Bundesländern beschrittene Weg zu bewerten, mit den örtlichen Selbstverwaltungsorganen der Wirtschaft (Industrie- und Handelskammern) Verträge („Umweltpakte") zur Begünstigung von EMAS Unternehmen abzuschließen. In diesen Verträgen haben die betreffenden Bundesländer den EMAS Unternehmen ein „Entgegenkommen" ihrer Behörden im Verwaltungsvollzug zugesagt. Vom Ergebnis her bewirken diese Versprechen nichts anderes als die Festlegungen zur Ermessensausübung zu Gunsten EMAS

Vorpommern: Verfahrenserleichterungen für Betriebsstandorte, die nach der Verordnung (EWG) Nr. 1836/93 des Rates vom 29.6.1993 über die freiwillige Beteiligung gewerblicher Unternehmen an einem Gemeinschaftssystem für das Umweltmanagement und die Umweltbetriebsprüfung registriert sind, Erlass des Umweltministeriums vom 13.8.1999, AmtsBl. 1999, S. 821, sowie § 129a Landeswassergesetz (Erleichterungen für auditierte Betriebsstandorte) 30.11.1992, GVOBl. 1992, S. 669. *Niedersachsen*: Runderlass des Niedersächsischen .Umweltministeriums, MinBl. vom 2.4.1998, S. 810. *Nordrhein-Westfalen:* Berücksichtigung der Teilnahme eines Standortes an der EG-Umwelt-Audit-Verordnung (EG) Nr. 1836/93 des Rates vom 29.7.1993 beim Verwaltungsvollzug, Gemeinsamer Runderlass des Ministeriums für Umwelt, Raumordnung und Landwirtschaft u.d. Ministeriums für Wirtschaft, Mittelstand, Technologie und Verkehr vom 15.06.2000, MinBl. NRW S. 776. *Rheinland-Pfalz*: Erleichterungen im Vollzug immissionsschutzrechtlicher Vorschriften für Unternehmensstandorte, die sich am Öko-Adit-System der EG beteiligen, Runderlass des Ministeriums für Umwelt und Forsten vom 3.12.1997; Vereinfachungen om Verwaltungsvollzug auf dem Sektor der Abfallrechts, Dienstanweisung des Ministeriums für Umwelt und Forsten vom 14.10.1998. *Saarland*: Umweltpakt Saar vom 19.3.2002, Katalog verwaltungsrechtlicher Erleichterungen für EMAS-Betriebe im Saarland (Anlage zum Umweltpakt) vom 16.12.2004. *Sachsen*: Umweltallianz Sachsen „Umwelt und Wirtschaft" vom 8.07.2003; Katalog verwaltungsrechtlicher Erleichterungen zugunsten EMAS eingetragener Organisationen im Freistaat Sachsen (Anlage zur Umweltallianz). *Sachsen-Anhalt*: Umweltpakt Sachsen-Anhalt vom 1.9.2001; „Vollzug umweltrechtlicher Vorschriften bei nach Art. 6 der Verordnung (EG) Nr. 761/2001 des Europäischen Parlaments registrierten Organisationen und bei Unternehmen, deren Umweltmanagement gemäß EN ISO 14001 von einer akkreditierten Zertifizierungsstelle überprüft wurde", MinBl. Nr. 26 vom 21.5.2002, S. 530. *Schleswig-Holstein*: Verwaltungsvorschrift über Vollzugserleichterungen bei der Überwachung von Standorten, die nach der EG-Umweltaudit-Verordnung registriert sind, ABl. S-H 1998, S. 1018; siehe auch Landeswassergesetz vom 29.1.2004, GVBl. Nr. 1, S. 8. *Thüringen*: Erlass des Thüringischen Umweltministers aus dem Jahr 2004 zur „Substitution ordnungsrechtlicher Maßnahmen durch Erleichterungen im Verwaltungsvollzug für EMAS-auditierte Organisationen", ThürStAnz. Nr. 3/2004 vom 19.1.2004, S. 160.

368 Zur Verwaltungsvorschrift als geeignetes Regelungsinstrument *Dolde/Vetter,* Überwachung immissionsschutzrechtlich genehmigungsbedürftiger Anlagen – Möglichkeiten der Länder bei der Gesetzgebung und Vollzug im Hinblick auf die Umwelt-Audit-Verordnung, NVwZ 1995, S. 943 ff., (948).

auditierter Unternehmen in Verwaltungsvorschriften.[369] Den auszumachenden Unterschied in der Rechtsqualität[370] hat etwa Hamburg egalisiert, indem dort die privatrechtliche Kooperationsvereinbarung mit der Hamburger Wirtschaft den Behörden per Dienstanweisung als verbindlich übermittelt wurde[371].

In den Begründungen zum überwiegenden Teil der EMAS Privilegierungskataloge der Bundesländer dominiert der Gegenleistungsgedanke. Als Beispiel dazu sei das Vorwort zum „Erleichterungserlass des Landes Brandenburg“ zitiert: *„EMAS-Betriebe leisten einen anspruchsvollen Beitrag zum Umweltschutz, der über das gesetzlich geforderte Maß hinausgeht. Der [Privilegierungs-] Erlass folgt dem Anspruch eines kooperativen Verwaltungshandelns, durch den die Umweltverwaltung bei Genehmigungsverfahren und in der Überwachungspraxis die im Zuge der EMAS Validierung erbrachten Leistungen zugunsten der EMAS-Betriebe berücksichtigt.*[372]

Die Bundesländer haben EMAS Privilegierungsvorschriften zu verschiedenen umweltrechtlichen Fachgesetzen erlassen, im Wesentlichen zum Immissionsschutzrecht, zum Abfallrecht und zum Wasserrecht, also zu Bundesrecht, das die Verwaltungen der Länder nach Art. 83 GG vollziehen.[373]

Im Wasserrecht lag die Gesetzgebungskompetenz bis zur Änderung des Grundgesetzes im Jahr 2006,[374] im Rahmen der so genannten „Föderalismusreform“,[375] bei den Bundesländern.[376] Seitdem hat der Bund die Gesetzgebungskompetenz für den Wasserhaushalt erhalten (Art. 74 Abs. 1 Nr. 32 GG), jedoch können die Bundesländer in eigenen Gesetzen zu dieser Materie abweichende Regelungen erlassen (Art. 72 Abs. 3 Nr. 6 GG).

---

369 Zur diesbezüglichen Vergleichbarkeit in der Wirkung etwa im „Umweltpakt Bayern“, *Möller*, a.a.O., S. 169 ff..

370 Die Rechtsnatur dieser Verträge ist nicht Gegenstand dieser Arbeit.

371 Dienstanweisung vom 3.11.1998.

372 Umweltpartnerschaft Brandenburg, a.a.O., Punkt 1.1., Allgemeines. Zum Kooperationsprinzip im Zusammenhang der Privilegierung *Schäfer*, a.a.O., S.249 ff..

373 *Zippelius/Würtenberger,* Deutsches Staatrecht, § 46, Rn. 38.

374 Gesetz zur Änderung des Grundgesetzes vom 28.8.2006, BGBl. I S. 2034.

375 Die Föderalismusreform 2006 wurde von der „Kommission von Bundestag und Bundesrat zur Modernisierung der bundestaatlichen Ordnung 2003-2004“, die am 17.10.20003 unter dem Vorsitz von Edmund Stoiber und Franz Müntefering ihre Arbeit aufnahm, vorbereitet. Ziel war u.a. eine schnellere Umsetzung von Gesetzesvorhaben zu ermöglichen, was mit einer Reduzierung zustimmungspflichtiger Gesetze erreicht wurde. Ebenso sollten die Gesetzgebungskompetenzen der Länder gestärkt werden; dazu *Zippelius/Würtenberger*, a.a.O, § 45, Rn. 6.

376 Die Länder hatten im Wasserrecht bis 2006 die Kompetenz zur ausfüllenden Gesetzgebung. Siehe *Hoppe/Beckmann*, Umweltrecht, § 4, Rn. 99.

Der Bund hat bei der Neufassung des Wasserhaushaltsgesetzes im Jahr 2009[377] in § 24 Abs. 1 WHG eine Ermächtigungsnorm zum Erlass deregulierender EMAS Privilegierungen aufgenommen. Inhaltsgleiche landesrechtliche Ermächtigungen zur EMAS Privilegierung, die auf § 21h WHG alter Fassung beruhten, haben sich hierdurch erledigt und werden derzeit auf Länderebene aufgehoben.[378] Ebenso werden landesrechtliche EMAS Privilegierungen im Zusammenhang mit Regelungen zum Umgang mit wassergefährdenden Stoffen obsolet werden,[379] wenn der Bund die entsprechende und bereits angekündigte bundesrechtliche Regelung erlässt.[380]

Der Vollständigkeit halber ist noch zu bemerken, dass einige „EMAS Erleichterungskataloge" die Privilegierung von Unternehmen auch dann vorsehen, wenn diese (nur) ein Umweltmanagementsystem nach dem Regelwerk der Norm ISO 14001 implementieren.[381] Wie ausgeführt, stellt dieses Umweltmanagementsystem im Vergleich zu EMAS geringere Anforderungen und vermittelt deshalb keinen Anspruch auf staatliche Privilegierungen.[382] Vor dem Hintergrund der von der EMAS Verordnung angestrebten Förderung von Auditierungen nach dem Regelwerk von EMAS, ist die staatliche Gleichbehandlung von EMAS und ISO 14001 im Kontext staatlicher Gegenleistungen nicht zielführend.

Insgesamt ist festzustellen, dass die Aktualität mancher landesrechtlicher Privilegierungsvorschriften zu wünschen übrig lässt. So finden sich in einer Vielzahl von Regelungen Verweise auf Rechtsnormen, die auf Grund erfolgter Rechtsänderungen heute ins Leere laufen.[383] Das geringe Interesse der Bundesländer an

---

377 Wasserhaushaltsgesetz vom 31.7.2009. BGBl. I S. 2585, zuletzt geändert durch Artikel 12 des Gesetzes vom 11.8.2010, BGBl. I S. 1163.

378 Vgl. dazu die Übersicht der aktuellen EMAS Privilegierungen im Wasserrecht im Anhang B.

379 Zum derzeitigen Stand der landesrechtlichen Regelungen siehe Anhang B 2.

380 Das Bundesumweltministerium (BMU) hat am 23.12.09 einen Referentenentwurf „Verordnung über Anlagen zum Umgang mit wassergefährdenden Stoffen (VAwS)" an die beteiligten Kreise zur Stellungnahme versandt. Diese Verordnung soll den Übergangszeitraum zwischen dem Inkrafttreten des neuen Wasserhaushaltsgesetzes (WHG) am 1. März 2010 und der sich im Entwurf befindlichen „Bundes-Verordnung zum Umgang mit wassergefährdenden Stoffen (VUmwS)", die voraussichtlich erst Anfang 2011 in Kraft treten wird, abdecken.

381 Vgl. dazu die PrivilegVwV *Bremen*, a.a.O., mit direktem Bezug zum Umweltmanagementsystem nach DIN 14001; gleiche Begründung auch in UP *Brandenburg*, a.a.O., S. 5.

382 Vgl. oben Kapitel 1, Abschnitt 2.2.

383 Das betrifft insbesondere länderspezifische Regelungen, die sich etwa auf die geänderte 12. BImSchV (Störfallverordnung) beziehen. Aber etwa auch die (bundesrechtliche) EMASPrivilegV ist in Bezug auf Änderungen der 13. BImSchV (Großfeuerungsanlagenverordnung) bislang nicht redaktionell angepasst worden; vgl. dort § 6 Abs. 2 Nr. 2 EMASPrivilegV.

einer Aktualisierung ihrer EMAS Privilegierungsvorschriften mag damit zusammenhängen, dass der Bundesgesetzgeber mit dem Erlass der EMAS Privilegierungsverordnung im Jahr 2002, die ja mit Zustimmung des Bundesrates erfolgte, eigene begünstigende Vollzugsregelungen für EMAS Unternehmen getroffen hat.[384] Dabei wurden die zuvor landesrechtlichen EMAS Vollzugsregelungen zum Bundesrecht fast vollzählig in diese Verordnung übernommen.[385] Des Weiteren hat die bereits benannte „Föderalismusreform 2006" Gesetzgebungskompetenzen verlagert und damit Möglichkeiten landesrechtlicher EMAS Privilegierungen geschmälert. Letztlich hat wohl auch das (gescheiterte) „Projekt UGB", auf das noch weiter unten eingegangen wird, [386] zu einer Rückläufigkeit der landesrechtlichen Aktivitäten bei der Privilegierung von EMAS Unternehmen beigetragen.

4.1 Immissionsschutzrechtliche Privilegierungen

Auf dem Gebiet des Immissionsschutzrechtes sahen die Bundesländer besonderes Privilegierungspotential, wie sich aus der Vielzahl der zu diesem Rechtsgebiet ergangenen Regelungen ableiten lässt. Es handelt sich fast durchgängig um Substitutionen im Bereich des Vollzuges.

Nach Art. 83 GG führen die Bundesländer die Bundesgesetze als eigene Angelegenheit aus, so auch das Bundes-Immissionsschutzgesetz.[387] Nach Art. 84 Abs. 1 GG haben die Bundesländer im Fall der Eigenverwaltung das Recht, das Verwaltungsverfahren selbst zu bestimmen, [388] wobei das Verwaltungsverfahren die Art und die Weise sowie die Form des Verwaltungshandelns betrifft.[389] Das erlaubt den Ländern die Tätigkeit ihrer Verwaltungsbehörden im Blick auf die Art und Weise der Ausführung des Gesetzes, einschließlich ihrer Handlungsformen, der Form der behördlichen Willensbildung, der Art der Prüfung und Vorbereitung der Entscheidung, deren Zustandekommen und Durchsetzung sowie verwaltungsinterner Mitwirkungs- und Kontrollvorgänge zu regeln.[390]

384 Der Bundesrat stimmte der EMAS Privilegierungsverordnung zwar zu, jedoch wurde zugleich der (mangelnde) Umfang der getroffenen Begünstigungen („erster Schritt") kritisiert; siehe dazu BR-Drucks. 287/02.

385 Zu den bundesrechtlichen Privilegierungen in der EMASPrivilegV näher unten in Abschnitt 5.

386 Siehe unten Kapitel 2.6.

387 Zu den Verwaltungskompetenzen im Immissionsschutz *Jarass*, BImSchG, Einleitung, Rn. 53 sowie § 10, Rn. 11.

388 Zur Organisationsgewalt der Länder, *Jarass*, GG, Art. 84, Rn. 1.

389 *Jarass*, GG, Art. 84, Rn. 4.

390 Grundlegend BVerfGE 55, S. 274 ff., (320 f).

4.1.1 Erleichterungen durch eine allgemeine Berücksichtigung von EMAS

Einige Bundesländer schreiben ihren Behörden eine Ermessensausübung zu Gunsten auditierter Antragsteller im immissionsschutzrechtlichen Anlagengenehmigungsverfahren vor.[391]

So verlangen die diesbezüglichen Verwaltungsvorschriften, dass die Genehmigungsbehörden, etwa beim Erlass vom Teilgenehmigungen nach § 8 Abs. 1 BImSchG, bei einer Erlaubnis zum vorzeitigen Baubeginn nach § 8a Abs. 3 BImSchG oder beim Erlass eines Vorbescheids nach § 9 Abs. 1 BImSchG, die Tatsache der EMAS Auditierung seitens des Antragstellers zu *berücksichtigen* haben. Einige Bundesländer sehen darüber hinaus auch identische Regelungen beim Erlass belastender Nebenbestimmungen im Rahmen der Anlagengenehmigung (§ 12 BImSchG) vor.[392]

Obwohl es sich bei diesen EMAS Privilegierungsregelungen um Vorschriften handelt, die das Ermessen der handelnden Behörden zu Gunsten der EMAS Unternehmen lenken sollen, wird den entscheidungsbefugten Behörden durch den Wortlaut „*ist zu berücksichtigen*" lediglich ein gewolltes Ergebnis vorgegeben. Prüfungsgrundsätze für die zu treffenden Ermessensentscheidungen enthalten die Regelungen nicht. Die Feststellung, dass diese Regelungen eine finale Struktur aufweisen wie die Regelungen der EMAS Verordnung,[393] kann nicht befriedigen, da es Aufgabe der nationalen Ebene ist, die konkreten Maßnahmen zur EMAS Förderung zu ergreifen.

Ungeachtet dessen kann der Formulierung „ist zu berücksichtigen" entnommen werden, dass eine Ermessensausübung der zuständigen Behörde, ohne die erforderliche und angemessene Berücksichtigung der EMAS Auditierung eines Verfahrensbeteiligten, fehlerhaft wäre.

Auch wird die Intention des Normgebers erkennbar, dass die Behörde eine EMAS Leistung in ihrer Ermessensentscheidung begünstigend zu berücksichtigen hat. Voreilig wäre dagegen die Schlussfolgerung, die Vorschriften intendierten die zu treffenden Ermessensentscheidungen. Gerade die Ungewissheit in der tatsächlichen Verwertungsmöglichkeit einer EMAS Leistung, die die Behörde im Einzelfall zu untersuchen und zu bewerten hat, lässt die Annahme eines dazu erforderlichen Regelfalls nicht zu.[394]

Zur Frage nach den Voraussetzungen einer begünstigenden Ermessensentscheidung tritt die Frage hinzu, ob Tatsachen, die mit der EMAS Auditierung nachgewiesen sind, auch objektiv geeignet sind, die behördliche Ermessensausübung in eine bestimmte Richtung zu lenken.

---

391 Entsprechende Regelungen finden sich in den Privilegierungsvorschriften von *Brandenburg, Sachsen* und *Thüringen.*

392 Regelungen finden sich hierzu in den Privilegierungsvorschriften von *Brandenburg, Hessen, Saarland, Sachsen, Thüringen.*

393 Siehe oben unter Kapitel 1, Abschnitt 3.2

394 Vgl. oben Abschnitt 3.3.2.

So hat im Fall der Zulassung des vorzeitigen Baubeginns nach § 8a BImSchG die zuständige Behörde in Ausübung ihres pflichtgemäßen Ermessens zunächst die Frage zu entscheiden, ob ein öffentliches oder ein berechtigtes Interesse des Antragstellers an der Erteilung der Zulassung besteht.[395] Des Weiteren muss die Behörde die Frage der grundsätzlichen Genehmigungsfähigkeit des beantragten Vorhabens untersuchen, denn nur bei einer positiven Prognose in dieser Frage darf die Erlaubnis des vorzeitigen Beginns erteilt werden.[396] Eine Prognose setzt begrifflich voraus, dass in einer Sache noch keine Gewissheit besteht oder, in der Formulierung des Bundesverwaltungsgerichtes,[397] entziehen sich Prognosen naturgemäß einer exakten Tatsachenfeststellung. Die Prognose zur Genehmigungsfähigkeit ist bei einer Zulassung des vorzeitigen Beginns eines Vorhabens also ebenfalls Teil der Ermessensentscheidung.[398] Die Tatsache, dass ein EMAS auditierter Antragsteller über ein Umweltmanagementsystem verfügt, ist jedoch weder geeignet, das Vorliegen eines öffentlichen noch eines privaten Interesses an einem genehmigungspflichtigen Vorhaben zu begründen, noch dazu, die Prognose zu stützen, das das beabsichtigte Vorhaben genehmigungsfähig ist oder nicht.

Dieses Beispiel macht deutlich, dass allein der (politische) Wunsch ein EMAS Unternehmen privilegieren zu wollen, wenngleich eingebunden in eine Verwaltungsvorschrift, den Eintritt des Privilegierungserfolges nicht sicherstellt.

4.1.2 Erleichterungen bei der Emissionsermittlung- und Überwachung

Im überwiegenden Teil haben die Bundesländer Erleichterungsvorschriften bezüglich der Ermittlung und der Überwachung von Emissionen erlassen.

Dazu gehören Regelungen zu Messungen von Emissionen, zu Messintervallen, zu Funktionsprüfungen von Messeinrichtungen und zur Möglichkeit eines auditierten Anlagenbetreibers, zur Ausführung dieser Tätigkeiten eigenes Personal einzusetzen. Diese Regelungen hat der Bundesgesetzgeber im Jahr 2002 fast vollständig in den Erleichterungskanon der EMAS Privilegierungsverordnung überführt. Auf diese Erleichterungen wird deshalb weiter unten, im Zusammenhang mit der EMAS Privilegierungsverordnung, eingegangen.[399]

Soweit die Bundesländer zusätzliche Privilegierungen zur Emissionsermittlung und zur immissionsschutzrechtlichen Überwachung erlassen haben,[400] kann von

395 *Jarass*, BImSchG, § 8a, Rn. 8. Zum Begriff des „pflichtgemäßen" Ermessens siehe *Wolff/Bachof/Stober/Kluth*, a.a.O., § 34 Rn. 49.

396 *Jarass*, BImSchG, § 8a, Rn. 10 f.

397 BVerwG, DVBl. 1981, S. 980.

398 So auch *Kopp/Ramsauer,* VwVfG, § 40, Rn. 18.

399 Siehe unten Abschnitt 5.1.

400 So finden sich etwa. im saarländischen Privilegierungskatalog weitere Erleichterungen zu Messintervallen und dem Einsatz eigenen Personals des EMAS Unternehmens (und zwar zu Vorschriften der 21., 27. und 31. BImSchV). Diese EMAS Privilegierungen

einer eingehenden Behandlung hier abgesehen werden, da sie in ihrer Systematik den Privilegierungen der EMAS Privilegierungsverordnung entsprechen und keine qualitativen Erweiterungen beinhalten. Auf diese Erleichterungen wird daher ebenfalls im Zusammenhang mit der EMAS Privilegierungsverordnung eingegangen.

4.1.3 Erleichterungen der immissionsschutzrechtlichen Überwachung und Kontrolle

Überwiegend sehen die Privilegierungskataloge der Bundesländer mit Bezug auf die Aufgabennorm des § 52 BImSchG eine Reduzierung der immissionsschutzrechtlichen Überwachungsaktivitäten vor.[401] Die Vorschriften besagen, dass im Normalfall die Anzahl der Überwachungsmaßnahmen zu halbieren ist.[402]

Auf den ersten Blick scheint das Urteil zulässig, dass diese Vollzugserleichterungen nur Vorteile für die jeweiligen Überwachungsbehörden bewirken, die ihren Vollzugsaufwand damit minimieren können. Doch auch für das EMAS Unternehmen bedeutet eine Minderung in der Überwachung eine Erleichterung, da jede Überwachungstätigkeit auch Personal- und Sachkapazitäten im EMAS Unternehmen beansprucht.[403]

Darüber hinaus bedeutet diese Privilegierung aber auch eine Manifestation des staatlichen Vertrauens in das Umweltmanagementsystem des EMAS Unternehmens. Hieraus können sich mittelbare Privilegierungen ableiten, wenn etwa in Verwaltungsverfahren das bestehende Vertrauen gegenüber dem EMAS Unternehmen Einfluss auf die Behördenentscheidung hat. Auf diesen Aspekt wird noch weiter unten einzugehen sein.[404]

Die Erleichterungskataloge sehen des Weiteren die EMAS Umwelterklärung als geeignet an, die Pflichtmitteilungen zur Umweltorganisation nach § 52 a BImSchG zu substituieren. Den Behörden wird jedoch in jedem Fall das Recht belassen, zusätzliche Informationen vom EMAS Unternehmen abzuverlangen (also Fall der optimalen Öffnungsklausel). Auch diese Privilegierungsvorschriften wurden in den Katalog der EMAS Privilegierungsverordnung aufgenommen.[405]

---

sind Ergänzungen zu den vorhandenen Katalogregelungen der Länder und stellen keine qualitative Weiterung der bekannten Regelungen dar.

401 Zu § 52 BImSchG als Aufgabennorm *Hoppe/Beckmann*, Umweltrecht, § 25, Rn. 155.

402 Eine Reduzierung der Überwachungsaktivitäten nach § 52 BImSchG sehen die Regelungen in elf Bundesländern vor.

403 Vgl. § 52 Abs. 2 Satz 3 und 4 BImSchG.

404 Siehe unten Kapitel 4.

405 Vgl. § 2 EMASPrivilegV.

4.1.4 Erleichterungen im Umweltschutzbeauftragten- und Berichtswesen

Die landesrechtlichen EMAS Erleichterungen zu Mitteilungs- und Anzeigepflichten des Betreibers bei der Bestellung von Umweltbeauftragten, zur Berücksichtigung der EMAS Auditierung bei einem Antrag auf Befreiung von der Bestellung von Betriebsbeauftragten, sowie zur möglichen Substitution von Jahresberichten der Betriebsbeauftragten für Umweltschutz, wurden mit ihrem Regelungsinhalt im Jahr 2002 in § 3 EMASPrivilegV übernommen und haben somit eine bundeseinheitliche Geltung erhalten.

4.2 Die abfallrechtlichen Privilegierungen

Auch auf dem Gebiet des Abfallrechtes wurden vornehmlich EMAS Erleichterungen zu Mitteilungspflichten erlassen.[406] Dabei handelt es sich um Mitteilungspflichten, die denen des Immissionsschutzrechts entsprechen, z.B. nach §§ 53 (Mitteilungen zur Betriebsorganisation) und 55 KrW-/AbfG[407] (Aufgaben des Abfallbeauftragten).[408]

Die Länder haben über diese Regelungen hinausgehend von der EMAS Privilegierungsermächtigung des § 19 KrW-/AbfG (a.F.) Gebrauch gemacht und erlauben eine Substitution von Angaben zur Abfallbilanz und zum Abfallwirtschaftskonzept durch (funktional adäquate) EMAS Dokumente. Auf Grund von Fehlverweisen, die aus späteren und nicht (mehr) eingepflegten Änderungen des Kreislaufwirtschafts- und Abfallgesetzes herrühren, gehen einige der EMAS Erleichterungen, insbesondere zum Nachweisverfahren fehl,[409] was aber durch die EMAS Privilegierungsvorschriften der aktuellen (Bundes-) Nachweisverordnung geheilt wurde.[410]

Während die Behörden bei der Entscheidung über den Verzicht auf Einzelfallanordnungen nach § 21 KrW-/AbfG die EMAS Auditierung lediglich (positiv) zu

406 Zu möglichen Kompetenzproblemen *Langerfeldt*, Privatisierung der Betreiberüberwachung, S. 134, Fn. 446.

407 Gesetz zur Förderung der Kreislaufwirtschaft und Sicherung der umweltverträglichen Beseitigung von Abfällen (KrW-/AbfG) vom 27.9.1994, BGBl. I S. 2705, zuletzt geändert durch Art. 8 des Gesetzes. 11.8.2010, BGBl. I S. 1162.

408 Dem Abfallbeauftragten soll nach der diesbezüglichen Regelung in *Hessen*, a.a.O., III.1. (im Gegensatz zur EMASPrivilegV) kein Vetorecht gegen den Verzicht seines Jahresberichtes zukommen; anders an dieser Stelle die Regelungen in *Baden-Württemberg* und *Brandenburg*.

409 Zur aktuellen Übersicht der abfallrechtlichen EMAS Privilegierungen siehe Anhang B 3.

410 Zu Fehlverweisen siehe etwa *Bremen*, dort Punkt 3. EMAS Privilegierung in § 7 Abs. 1 Nr. 3 der Verordnung über die Nachweisführung bei der Entsorgung von Abfällen (Nachweisverordnung - NachwV) vom 20.10 2000, BGBl. I S. 2298, zuletzt geändert durch Artikel 4 des Gesetzes vom 19. 7.2007, BGBl. I S. 1462.

berücksichtigen haben,[411] sind Regelungen, nach denen die Behörden von einem Erlass belastender Anordnungen gegenüber auditierten Unternehmen grundsätzlich abzusehen haben, inhaltlich konkreter gefasst. Es bleibt aber auch hier festzustellen, dass Verweise auf das Bundesrecht nicht immer aktuell sind.[412]

Schwierigkeiten in der tatsächlichen Umsetzung dürfte die in einigen Bundesländern vorgesehene Erleichterung zu § 33 KrW-/AbfG (Zulassung des vorzeitigen Baubeginns einer Deponie) machen. Die Vorschrift ist analog der des § 8a BImSchG gefasst. Die „Erleichterung“ besagt, dass bei einem auditierten Standort ein vorzeitiger Baubeginn gemäß § 33 KrW-/AbfG „in der Regel dann zuzulassen ist, wenn alle anderen Tatbestandsvoraussetzungen [des § 33] erfüllt sind“.[413] Erfüllt ein Antragsteller die Tatbestandsvoraussetzungen des § 33 KrW-/AbfG, besteht schon aus diesem Grund kein Versagungsermessen mehr, mithin wäre eine Ablehnung des Antrags ermessensmissbräuchlich.[414] Unklar bleibt also, welche Tatbestandsvoraussetzungen durch die EMAS Auditierung ersetzt werden oder wenigstens einfacher dargelegt werden könnten. Solche EMAS Privilegierungen sind ein Beispiel für die Verfolgung eines politischen Wunsches nach einer Besserstellung von EMAS Unternehmen, erleichtern jedoch keinesfalls den praktischen behördlichen Vollzug.

EMAS Erleichterungen auf dem Gebiet des Abfallrechtes sehen einige Erleichterungskataloge[415] auch in Bezug auf die Technische Anleitung Abfall,[416] die Technische Anleitung Siedlungsabfall[417] und die Entsorgungsfachbetriebeverordnung vor.[418]

Den Privilegierungsvorschriften ist gemeinsam, dass sie die Möglichkeit vorsehen, in den Verfahren beizubringende Dokumente mit EMAS Dokumenten zu substituieren. Soweit die geforderten Erklärungsinhalte übereinstimmen und die zuständige Behörde funktionale Äquivalenz feststellt, kann ein Privilegierungserfolg eintreten. Infolge nicht nachvollzogener Änderungen des Fachrechts ha-

---

411 Siehe *Brandenburg*, Punkt 2.2.3, *Saarland*, Nr. 35, sowie *Thüringen*, Abschnitt III Nr. 2.

412 Vgl. Regelungen von *Bremen*, Punkt 3.2, ähnlich *Hessen*, Abschnitt III.2 zu § 21 KrW-/AbfG und *Sachsen*, Regelung unter Punkt 2.2 zu § 21 KrW-AbfG. Siehe auch Anhang B 3.

413 *Thüringen*, Abschnitt III Nr. 4 zu § 33; *Sachsen*, Abschnitt 2.3 zu § 33, *Saarland*, Nr. 37. Allgemeiner hier Regelung in *Brandenburg*, unter Nr. 2.2.1.

414 Vgl. *Hennecke*, in: Knack, VwVfG, § 40, Rn. 47.

415 Siehe dazu Regelungen in den Katalogen von *Hessen*, *Saarland* und *Thüringen*.

416 Zweite allgemeine Verwaltungsvorschrift zum Abfallgesetz (TA Abfall) vom 12.3.1991, GMBl. S. 139, ber. S. 469.

417 Dritte Allgemeine Verwaltungsvorschrift zum Abfallgesetz (TA Siedlungsabfall) vom 14.5.1993, BAnz. Nr. 99a.

418 Verordnung über Entsorgungsfachbetriebe vom 10.09.1996, zuletzt geändert durch Art. 5 der Verordnung vom 24.06.2002, BGBl. I, S. 2247.

ben die diesbezüglichen Privilegierungen jedoch zwischenzeitlich ihre praktische Bedeutung weitgehend verloren.[419]

4.3 Die wasserrechtlichen Privilegierungen

Bei den EMAS Privilegierungen auf dem Gebiet des Wasserrechts handelt es sich um Vollzugserleichterungen, deren Rechtsgrundlage bis zum Jahr 2009 der § 21 h Satz WHG war.[420]

Die Norm ermächtigte die Bundesländer vor dem Hintergrund der damaligen Rahmengesetzgebungskompetenz des Bundes auf dem Gebiet des Wasserhaushalts, EMAS Unternehmen Erleichterungen auf dem Gebiet des Wasserrechtes zu gewähren. Dazu gehörten Erleichterungen in Bezug auf Genehmigungsunterlagen sowie ordnungsrechtliche Erleichterungen zu Kalibrierungen von Messeinrichtungen, zu Ermittlungen, Prüfungen, Messungen, Messberichten, zu den Aufgaben der Gewässerschutzbeauftragten, zu Mitteilungen zur Betriebsorganisation sowie zur Häufigkeit von Überwachungen. Ermächtigungsgrundlagen für darüber hinausgehende EMAS Privilegierungsvorschriften waren und sind auch in einzelnen Landeswassergesetzen zu finden.[421]

Ebenso wie im Immissionsschutzrecht wurden auf dem Gebiet des Wasserrechts EMAS Privilegierungen dadurch geschaffen, dass gesetzliche Dokumentationspflichten als substitutionsfähig eingestuft wurden,[422] d.h. diese Pflichten erfüllt das EMAS Unternehmen bei Vorlage gleichwertiger EMAS Dokumente.[423] Die Feststellung, ob die EMAS Dokumente gleichwertig sind, d.h. sie funktionale Äquivalenz besitzen, steht im Ermessen der jeweiligen Fachbehörde.

Weitere wasserrechtliche EMAS Privilegierungen, ebenfalls analog zu bereits genannten immissionsschutzrechtlichen Erleichterungen gestaltet, beinhalten u.a. den Verzicht auf Einzelfallanordnungen bei der Bestellung eines Gewässerschutzbeauftragten,[424] den möglichen Verzicht der Fachbehörde auf die Vorlage des Jahresberichtes des Gewässerschutzbeauftragten, dies jedoch nur, soweit der

---

419 Zu geltenden abfallrechtlichen EMAS Privilegierungen *Langerfeldt*, a.a.O., S. 132 ff. sowie unten in Abschnitt 5.

420 Wasserhaushaltsgesetz in der Fassung bis 2009 vom 19.8.2002, BGBl. I. S. 3245, geändert durch Gesetz vom 10.5.2007, BGBl. I S. 666.

421 Vgl. Übersicht zum aktuellen Wasserrecht in Anhang B 2.

422 Siehe *Hessen*, Abschnitt, II 2; *Saarland*, Nr. 60-62; *Sachsen-Anhalt*, Nr. 4.5; *Thüringen*, II 6-8.

423 Zur Substitutionsfähigkeit von Angaben im Abwasserkataster in *Hessen*, Abschnitt II.1; im *Saarland*, Nr. 57; in *Sachsen-Anhalt*; Nr. 4.8; in *Thüringen*, Abschnitt II 12.

424 Siehe *Bremen*, Nr. 4.2; *Nordrhein-Westfalen*, Nr. 6; *Saarland*, Nr. 53; *Sachsen-Anhalt*, Nr. 4.

Bericht durch ein EMAS Dokument substituiert werden kann[425] und die Substitution der Bestallungsanzeige des Gewässerschutzbeauftragten.[426]

Die oben erwähnte, in das neue Wasserhaushaltsgesetz 2009 als § 24 WHG (Erleichterungen für EMAS Standorte) aufgenommene EMAS Ermächtigungsnorm, erlaubt nun dem Bund die entsprechenden Privilegierungen in einer (noch zu erlassenden) zustimmungspflichtigen Rechtsverordnung zusammenzufassen.

Die Tatsache der EMAS Auditierung eines Normadressaten wurde auch in der wasserrechtlichen Überwachung als grundsätzlich geeignet angesehen, die behördliche Überwachungshäufigkeit[427] und die Überwachungstiefe zu reduzieren.[428] Bei Anlagen zum Umgang mit wassergefährdenden Stoffen kann die Eigenüberwachung des auditierten Betreiberunternehmens die Fremdüberwachung sogar ersetzen, jedenfalls dann, wenn die Eigenüberwachungsmaßnahmen des EMAS Unternehmens von der Überwachungsbehörde als gleichwertig bewertet werden.[429] Die im April 2010 in Kraft getretene bundesrechtliche Regelung lässt die ergangenen länderrechtlichen Privilegierungen unberührt.[430]

Im Ergebnis lässt sich feststellen, dass die länderrechtlichen EMAS Privilegierungsvorschriften auf dem Gebiet des Wasserrechts keine systematischen oder gar qualitativen Weiterungen zu EMAS Privilegierungen anderer Rechtsgebiete enthalten. Sie sind letztlich nur fachspezifische Analogien. Im Wesentlichen handelt es sich um Privilegierungen, die eine teilweise Rücknahme behördlicher Fremdüberwachung bei verstärkter Eigenüberwachung des EMAS Unternehmens ermöglichen.[431] Durch die Verpflichtung der Behörden, das EMAS Audit zu berücksichtigen, sollen begünstigende Ermessensentscheidungen ergehen können. Zu Berichtspflichten und Mitteilungspflichten der Betreiber wurden in das vorhandene Ordnungsrecht optimale Öffnungsklauseln aufgenommen, d.h.

425 Siehe für *Hessen*, Abschnitt, II 1., für *Nordrhein-Westfalen*, Nr. 5, für *Sachsen*, Abschnitt 3.1 zu § 21 b WHG a.F.; für *Sachsen-Anhalt*, Nr. 4.2; für Thüringen, Abschnitt II 4.

426 Siehe *Bremen*, Nr. 4.4 (zu § 42 BremWG); *Saarland*, Nr. 56; *Sachsen*, Abschnitt 3.1 zu § 21 c WHG; *Sachsen-Anhalt*; Nr. 4.3; *Thüringen*, Abschnitt II 5.

427 Siehe *Hessen*, Abschnitt II 2, *Nordrhein-Westfalen*, Nr. 3; *Saarland*, Nr. 55; *Sachsen*, Abschnitt 3.2 zu § 21 WHG a.F.; Sachsen-Anhalt,, Nr. 4.1; *Thüringen*, Abschnitt II 3.

428 Siehe *Bayern*, Nr. 5.

429 Siehe *Baden-Württemberg*, Nr. 3.3; *Berlin*, § 19 Abs. 3 Nr. 3 Berliner VAwS; *Hamburg*, §§ 3 Nr. 6 S.4, 23 Abs. 5, 24 Abs. II Hamburgische VAwS, GVBl. 2002, S. 31; *Hessen*, § 23 Abs. 3 Hessische VAwS, GVBl. 1993, S. 409; *Nordrhein-Westfalen*, § 12 Abs. 6 VAwS, GV Nr. 18/2004, S. 274; *Rheinland-Pfalz*, § 11 Abs. 7 und § 23 Abs. 4 VAwS; *Saarland*, §§ 3 Nr. 6, Satz 5, 10 Abs. 6 Satz 4, 20 Abs. 3 Nr. 3 VAwS, ABl. 2005, S. 830; *Sachsen*, Abschnitt 3.2 zu § 21 SächsVAwS; *Thüringen*, § 7 Abs. 2 ThürAbwEKVO, GVBl. Nr. 16/2004, S. 721.

430 Vgl. Verordnung über Anlagen zum Umgang mit wassergefährdenden Stoffen vom 31.3.2010, BGBl. I S. 377; dort § 1.

431 Vgl. hier die Formulierung etwa in Sachsen, Abschnitt 3.3 zu § 12 SächsWG.; ähnlich noch *Sachsen-Anhalt*, Nr. 4.7.

ein (unbedingter) Verzicht auf Berichtspflichten findet sich in den Erleichterungskatalogen für EMAS Unternehmen nicht.

4.4 Die Gebührenermäßigung als Sonderfall der EMAS Privilegierung

Für Amtshandlungen in umweltordnungsrechtlichen Verfahren sowie für Maßnahmen der behördlichen Anlagenüberwachung werden Gebühren auf der Grundlage landesrechtlicher Kostengesetze und der dazu ergangenen Umweltschutzgebührenverordnungen erhoben.

Gebührenermäßigungen stellen einen besonderen EMAS Privilegierungstypus dar: Diese EMAS Privilegien zielen weder auf die Substitution von Ordnungsrecht, noch auf die Deregulierung vorhandenen Ordnungsrechtes und doch bedeuten sie für die EMAS Unternehmen eine konkrete Gegenleistung des Staates. Interessanterweise sind diese staatlichen Gegenleistungen keinem konkreten Auftrag der EMAS Verordnung geschuldet.[432]

Gebührenermäßigungen wurden zunächst in „Umweltpakten“ oder „Umweltallianzen“ den EMAS Teilnehmern in Aussicht gestellt, denen vielfach eine Vorläuferfunktion für folgende gesetzliche EMAS Privilegierungen zukam.[433] Ermäßigungstatbestände zur EMAS Privilegierung sind zwischenzeitlich in fast allen Bundesländern auch gesetzlich verankert worden.[434]

---

432 Der in Art. 11 Abs. 1 Satz 1 EMAS-V genannte finanzielle Anreiz zielt nur auf Ermäßigungen bei den Eintragungsgebühren der Registerstellen.

433 Vgl. *Bayern*, unter Abschnitt C, Verwaltungsvereinfachung, S. 15; *Brandenburg*, „Offene Anlage I“, Gebührenermäßigung von 20-30 Prozent; *Niedersachsen*, 4. Regierungskommission zu „Umweltmanagement und Kreislaufwirtschaft“.

434 Gebührenermäßigungstatbestände finden sich in den (Umwelt-) Gebührenordnungen der Bundesländer *Baden-Württemberg*, Gebührenverordnung Umweltministerium, vom 19. Dezember 2006, GBl. Nr. 15, Seite 415, zuletzt geändert durch Artikel 1 der Verordnung vom 1. Dezember 2009, GBl. Nr. 22, S. 767, dort Nr. I 06; *Bayern*, Verordnung zur Änderung des Kostenverzeichnisses vom 11.05.2010, BayGVBl. 2010, S. 235, dort unter 8.1 Immissionsschutzrecht, Tarifstelle 1.4; *Brandenburg*, Gebührenordnung des Ministeriums für Ländliche Entwicklung, Umwelt und Verbraucherschutz vom 17.07.2007, GVBl. 2007, S. 314, dort Tarifstelle 2.1.5; *Hamburg*, Hamburgische Umweltgebührenordnung vom 5. Dezember 1995, HmbGVBl. S. 365, zuletzt geändert am 15. Dezember 2009, HmbGVBl. S. 453, dort, Nr. 1.4, *Hessen*, Verwaltungskostenordnung für den Geschäftsbereich des Ministeriums für Umwelt, Energie, Landwirtschaft und Verbraucherschutz vom 8.12.2009, GVBl. I 2009, S. 522, dort Tarifstelle 151; *Mecklenburg-Vorpommern*, Immissionsschutzkostenverordnung vom 9.9.2002, GVOBl. 2002, S. 634, zuletzt geändert durch Artikel 14 des Gesetzes vom 23. Februar 2010, GVOBl. 2010, S. 66, 85, sowie Abfallkostenverordnung, vom 9.9.2002, GVOBl. 2002, S. 650, zuletzt geändert durch VO vom 7. Juli 2008, GVOBl. 2008, S. 316, dort Gebührennummer 212.7; *Niedersachsen*, Verordnung über die Gebühren und Auslagen für Amtshandlungen und Leistungen vom 5. Juni 1997, zuletzt geändert durch Verordnung vom 07.12.2009, Nds. GVBl. S. 452, dort Anmerkung zu den Nrn. 44.1 bis 44.1.5, 44.1.7 und 44.1.8; *Nordrhein-Westfalen*, Allgemeine Verwaltungsgebührenordnung vom 3. Juli 2001, GV NRW. 2001, S. 262, zuletzt geändert durch 17. VO vom 5. Juli

Die Regelungen sehen für Amtshandlungen in verschiedenen umweltrechtlichen Verfahren, insbesondere Genehmigungsverfahren gegenüber eingetragenen EMAS Unternehmen, Gebührennachlässe von 10 bis zu 30 % zum allgemeinen Gebührensatz vor.[435]

5. Die bundesrechtlichen EMAS Privilegierungen

Anlass bundeseinheitliche Regelungen zur EMAS Privilegierung zu treffen,[436] bestand mit dem Inkrafttreten der zweiten EMAS Verordnung im Jahr 2001. Die Bundesregierung entwarf in Folge dessen eine „EMAS Privilegierungsverordnung"[437] und begründete diese wie folgt:

Es soll mit der Privilegierungsverordnung *„der Forderung des Art. 10 Abs. 2 EMAS-V* [an die Mitgliedstaaten] *nachgekommen werden...und doppelter Arbeitsaufwand* [von Behörden und EMAS Unternehmen] *vermieden werden. Außerdem müssen Anreizfaktoren für eine Teilnahme* [an EMAS] *geschaffen werden, die die Unternehmen ermutigen, sich hieran weiter in großem Umfang zu engagieren."*[438]

Die Regelungen der EMAS Privilegierungsverordnung gehen auf Vorschläge der von der Umweltministerkonferenz beauftragten „Bund/Länder Kommission zur Untersuchung von Deregulierungs– und Substitutionspotentialen im Zusammenhang mit der Förderung der Teilnahme von Unternehmen am Audit nach EMAS I" vom Mai 1998 zurück.[439] Die Ausschöpfung von Privilegierungsmöglichkeiten einerseits und die rechtliche Zulässigkeit der gewünschten

---

2010, GV NRW 2010, S.403, dort Tarifstellen 15a und 28.2; *Saarland*, Gesetz Nr. 1643 über die Erhebung eines Grundwasserentnahmeentgelts vom 12. März 2008, ADl. 2008, S. 694; dort § 2 Abs. 3 Nr. 2; sowie Zweiundvierzigste Verordnung zur Änderung des Gebührenverzeichnisses vom 11.3.2003, ABl. 2003, S. 1054; dort Nr. 6.19; *Sachsen*, Achte Verordnung des Sächsischen Staatsministeriums der Finanzen über die Bestimmung der Verwaltungsgebühren und Auslagen vom 18.12.2008, SächsGVB 2008, S. 661, dort Tarifstelle 19; *Thüringen*, Verwaltungskostenordnung vom 3.12.2001, GVBl. 2001, S. 456, zuletzt geändert durch Gesetz vom 08. Juli 2009, GVBl. S. 592, dort Tarifstelle 2.1.2.9.

435 *Sachsen* stellt als einziges Bundesland EMAS Unternehmen sogar eine Gebührenermäßigung von bis zu 70% der allgemeinen Gebühr in Aussicht; Fundstelle vorige Fussnote.

436 Eine Übersicht sämtlicher bundesrechtlicher EMAS Privilegierungsnormen findet sich in Anhang B

437 Verordnung über immissionsschutz- und abfallrechtliche Überwachungserleichterungen für nach der Verordnung (EG) Nr. 761/2001 registrierte Standorte und Organisationen (EMAS-Privilegierungs-Verordnung – EMASPrivilegV), verkündet als Art. 1 der VO zum Erlass und zur Änderung immissionsschutzrechtlicher und abfallrechtlicher Verordnungen vom 24.6.2002, BGBl. I. S. 2247, zuletzt geändert am 21.5.2005, BGBl. I S 1666).

438 Begründung im Vorblatt der Verordnung, Buchstabe A, abgedr. bei *Feldhaus*, a.a.O., Bd. 8, M 3.5.

439 UMK-Bericht 1998, a.a.O., M 3.0.0, dort unter Abschnitt V C.

EMAS Privilegierungen andererseits waren Gegenstand einer kontrovers geführten Diskussion,[440] auch zwischen Bundesregierung und Bundesrat.[441]

5.1 Die EMAS Privilegierungsverordnung

Ihre Rechtsgrundlage hat die „EMAS Privilegierungsverordnung" in den Ermächtigungen der §§ 58e BImSchG und 55a Abs. 2 KrW-/AbfG. Wie zuvor bereits erwähnt, übertrug der Bundesgesetzgeber mit der EMAS Privilegierungsverordnung im Wesentlichen bewährte Länderregelungen zur Privilegierung von EMAS Unternehmen in das Bundesrecht.[442] Soweit daneben noch Raum für landesrechtliche EMAS Privilegierungen besteht, gelten diese ausdrücklich weiter.[443] Finanzielle Anreize, soweit diese kompetenzrechtlich möglich gewesen wären, gewährt die EMAS Privilegierungsverordnung nicht.[444]

5.1.1 Anzeige- und Mitteilungspflichten

Nach § 2 EMASPrivilegV können EMAS Unternehmen, die Betreiber genehmigungsbedürftiger Anlagen sind, die Anzeige und Mitteilungspflichten zur Betriebsorganisation, die sie nach § 52a BImSchG und § 53 KrWAbfG zu erfüllen haben, durch Übersendung ihres EMAS Eintragungsbescheides an die zuständige Überwachungsbehörde erfüllen. Die mit der Regelung einhergehende Prämisse des Vorhandenseins funktionaler Äquivalenz ist begründet, da sowohl Ordnungsrecht als auch EMAS den gleichen Zweck verfolgen, nämlich die Sicherstellung einer umweltsichernden Betriebsorganisation im jeweiligen Betreiberunternehmen.[445] Der Erklärungsinhalt der Pflichtmitteilung kann von der Behörde aus einem EMAS Dokument entnommen werden, mithin ist ist die Substitution der immissionsschutzrechtlichen Anzeigepflicht gerechtfertigt.[446]

Der Wortlaut in Satz 1 der Privilegierungsvorschrift („erfüllt") erweckt den Eindruck, dass dem EMAS Eintragungsbescheid eine Beweisfunktion zukommt, nämlich Nachweis einer anlagenadäquaten Betriebsorganisation zu sein. Satz 2 der Vorschrift korrigiert diesen ersten Eindruck, da der zuständigen Behörde dort Ermessen zugebilligt wird, im Einzelfall weitere Unterlagen zur Betriebsor-

---

440 Dazu *Schäfer*, a.a.O., S. 155. Zu Entlastungseffekten für den Anlagenbetreiber *Kloepfer*, Umweltrecht, § 5, Rn. 448.

441 Vgl. dazu auch BR-Drs. 287/02, abgedr. bei *Feldhaus*, a.a.O., M 3.5, S. 1.

442 Dazu *Kloepfer*, Umweltrecht, § 5, Rn. 476.

443 Vgl. Begründung der Bundesregierung, Vorblatt, a.a.O., Buchst. C.

444 Vgl. Ablehnung der Bundesregierung, Vorblatt der Verordnung. a.a.O., Buchstabe C.

445 So auch *Möller*, a.a.O., S. 184 f.

446 Kritisch zum Erklärungswert der EMAS Dokumente *Spindler*, in: Feldhaus, a.a.O., B 1, § 52a, Rn. 63. Nach *Möller*, a.a.O., S. 188, wäre hier keine Substitution anzunehmen, da die staatliche Pflicht nicht ersetzt wird, sondern durch das EMAS Dokument erfüllt wird. Dies unterstreicht die Erkenntnis, dass (je nach Verständnis) mit dem Begriff der Substitution auch ein Unterfall der Deregulierung gemeint sein kann.

ganisation zu verlangen. Mithin handelt es sich hier nur um eine optionale Öffnungsklausel. Dass in der EMAS Verordnung postulierte Ziel, Doppelaufwand zu vermeiden, kann also nicht mit Sicherheit erreicht werden, ein Umstand, der eher für eine symbolische Natur dieser Privilegierungsregelung spricht.[447]

5.1.2 Bestellung von Umweltschutzbeauftragten

Durch § 3 Abs. 1 EMASPrivilegV werden die zuständigen Überwachungsbehörden aufgefordert, bei auditierten Unternehmen, die auf Grund der Beschaffenheit ihrer Anlage nicht verpflichtet sind, einen Betriebsbeauftragten für Umweltschutz zu bestellen, auch keine diesbezügliche Einzelfallbestellung anzuordnen. Des Weiteren soll die Überwachungsbehörde bei ihrem Entscheid über einen Antrag des EMAS Unternehmens zum Verzicht der Pflichtbestellung eines Betriebsbeauftragten, dessen EMAS Auditierung positiv *berücksichtigen.*

Während die erste Privilegierungsalternative eine deregulierende Wirkung ohne Bedingung entfaltet, ist die zweite als optionale Öffnungsklausel gestaltet.[448] Die Ausgestaltung der Privilegierungstatbestände als ermessenslenkende Soll-Vorschriften bedeutet, dass – abgesehen von atypischen Fällen - die Behörden zu Gunsten des jeweiligen Beteiligten zu entscheiden haben.[449] Wer mit seinem betrieblichen Umweltmanagementsystem die EMAS Audit Anforderungen erfüllt hat, dem soll keine (belastende) Organisationsauflage zum betrieblichen Umweltmanagement mehr erteilt werden. Widersprüchlich erscheint daher die zweite Privilegierungsvariante, die den EMAS Unternehmen eine Unterstützung bei der Reduzierung ihres betrieblichen Umweltschutzapparates zusagt. Diese Privilegierung kann nur schwerlich mit dem EMAS Ziel der kontinuierlichen Verbesserung des betrieblichen Umweltschutzes vereinbart werden.

5.1.3 Jahresbericht der Umweltschutzbeauftragten

Nach § 3 Abs. 2 EMASPrivilegV können die Jahresberichte der Betriebsbeauftragten für Immissionsschutz, sowie des Störfall- und des Abfallbeauftragten (nach den Vorschriften aus §§ 54 Abs. 2, 58b Abs.2 BImSchG und 55 Abs.2 KrW-/AbfG) durch einen EMAS Umweltbetriebsprüfungsbericht ersetzt werden, sofern dieser Umweltbetriebsprüfungsbericht gleichwertige Angaben enthält. Die betroffenen Umweltbeauftragten müssen sich jedoch mit dem Verzicht eigene Jahresberichte zu erstellen, einverstanden erklären.

Dieses „Vetorecht der Betriebsbeauftragten" ist vom Gesetzgeber ausdrücklich gewollt worden und wurde mit der Sonderstellung der Betriebsbeauftragten für

---

447 Zu Recht kritisch zur Entlastungswirkung lediglich symbolischer Privilegierungen bereits *Lübbe-Wolff,* a.a.O., (ZUR 1996), S. 177.

448 Vgl. die Amtliche Begründung zu § 3 EMASPrivilegV, abgedr. bei *Feldhaus*, a.a.O., Bd. 8, M 3.5., S. 10.

449 *Wolff/Bachof/Stober/Kluth,* Verwaltungsrecht I, § 31, Rn. 41.

Umweltschutz begründet.[450] Die Privilegierungsvorschrift ist eine „konditionierte Substitution", d.h. die Substitution der Jahresberichte setzt nicht nur der Entscheidung der zuständige Behörde zur Gleichwertigkeit des EMAS Dokuments und der Jahresberichte voraus, sondern weitere Bedingung zum Eintritt eines Privilegierungserfolges ist die Mitwirkung der Betriebsbeauftragten. Doppelter Arbeitsaufwand dürfte sich in der Praxis daher nur vermeiden lassen, wenn die Betriebsbeauftragten an der Abfassung des Umweltbetriebsprüfungsberichtes beteiligt sind.

5.1.4 Anzeigepflicht zu neuen Betriebsbeauftragten

Nach § 3 Abs. 3 EMASPrivilegV kann die Anzeigepflicht des Betreibers bei der Bestellung eines Betriebsbeauftragten (§ 55 Absatz 1 Satz 2 BImSchG) entfallen, wenn ein EMAS Dokument als Substitut der Anzeige in Frage kommt. Eine Eignung als Substitut ist anzunehmen, wenn in den EMAS Unterlagen gleichwertige Angaben enthalten sind. Ob eine Gleichwertigkeit vorliegt, entscheidet die Überwachungsbehörde in Ausübung ihres pflichtgemäßen Ermessens.

Da die Bestellung eines Betriebsbeauftragten für Umweltschutz in den seltensten Fällen erst im Zusammenhang mit einem EMAS Audit erfolgen wird, wird diese Erleichterung in der Praxis wenig Bedeutung haben. Auch bewirkt der Verzicht auf ein gesondertes Bestellungsschreiben keine nachhaltige Aufwandsminderung, weder für die Behörde noch für das EMAS Unternehmen.

5.1.5 Messungen und Funktionsprüfungen

Durch § 4 EMASPrivilegV werden auditierten Betreibern Erleichterungen bei Emissionsmessungen nach den §§ 26 ff. BImSchG (Eigenüberwachung) in Aussicht gestellt.[451]

Zum einen sollen die Überwachungsbehörden den EMAS Unternehmen bei wiederkehrenden Emissionsmessungen (§ 28 Satz 1 Nr. 2 BImSchG) eine Messzeitraumverlängerung über die üblichen drei Jahre hinaus gewähren und überdies eröffnet die Privilegierung die Möglichkeit, diese Messungen durch fachkundiges Betriebspersonal des EMAS Unternehmens ausführen zu lassen, soweit geeignete Messgeräte zum Einsatz gelangen.[452]

---

450 Vgl. Amtliche Begründung zu § 3 EMASPrivilegV, abgedr. bei *Feldhaus*, a.a.O., M 3.5, S. 10.

451 Näher zur behördlichen Überwachung nach den §§ 26 ff. BImSchG, *Hoppe/Beckmann*, Umweltrecht, § 25, Rn. 135 ff..

452 Der Forderung des Bundesrates, die Anordnung wiederkehrender Messungen zu deregulieren, folgte die Bundesregierung nicht; vgl. dazu Amtliche Begründung zu § 4 EMASPrivilegV, bei *Feldhaus*, a.a.O., M.3.5.. Kritisch zur Praxistauglichkeit der Privilegierung *Moormann*, Staatliche Überwachung und Öko-Audit, ZUR 1997, S. 188 ff , (191).

Eine ähnlich gestaltete Erleichterung zu Messintervallen, jedoch nicht für genehmigungsbedürftige Anlagen nach dem BImSchG, sondern nur für Anlagen nach der 2. BImSchV,[453] findet sich in § 8 EMASPrivilegV. Beide Privilegierungsalternativen beinhalten Deregulierungen, die auf der Tatsache des EMAS Audits als solchem beruhen und nicht auf der Verwertbarkeit einzelner EMAS Dokumente, die im Einzelfall nachzuweisen wäre. Daher ist im Regelfall der Eintritt des Privilegierungserfolges anzunehmen.

Durch § 5 Abs. 1 EMASPrivilegV wird im Rahmen wiederkehrender Pflichtmessungen dem EMAS Unternehmen der Einsatz eigenen, qualifizierten Personals in Aussicht gestellt, wenn die zuständige Behörde einen diesbezüglichen Antrag des Betreibers positiv bescheidet. Betriebseigenes Personal kann zudem grundsätzlich nach § 5 Abs. 2 EMASPrivilegV bei bestimmten Funktionsprüfungen an Emissionsmesseinrichtungen eingesetzt werden, sofern es sich bei diesen Prüfungen nicht um erstmalige Funktionsprüfungen handelt.[454] Auch § 6 EMASPrivilegV bietet dem EMAS Unternehmen die Möglichkeit eigenes Personal bei sicherheitstechnischen Prüfungen nach § 29 a Abs. 2 Nr. 1-4 BImSchG einzusetzen, wobei dann aber die Anlagensicherheit ausdrücklich Gegenstand der EMAS Auditierung gewesen sein muss.

Privilegierungserfolge aus den Erleichterungen des§ 5 EMASPrivilegV sind immer dann anzunehmen, wenn die Bedingungen (Fachpersonal mit entsprechenden Geräten) vom EMAS Unternehmen erfüllt werden, der Privilegierungserfolg nach § 6 EMASPrivilegV hängt dagegen vom Inhalt und der Einzelfallbewertung eines EMAS Dokuments (Umweltgutachten) ab.

5.1.6 Ersatz von Berichtspflichten

Soweit nach der Verordnung über Emissionserklärungen (11.BImSchV)[455] Betreiber verpflichtet werden, Emissionserklärungen vorzulegen, kann ein EMAS Unternehmen nach § 7 Abs. 1 Satz 1 EMASPrivilegV diese Pflicht auch durch die Vorlage seiner validierten Umwelterklärung erfüllen.

Die Umwelterklärung kann den Bericht ersetzen, jedoch nicht die Berichtspflicht. Für Betreiber genehmigungsbedürftiger Anlagen nach dem Bundes-

453 Zweite Verordnung zur Durchführung des Bundes-Immissionsschutzgesetzes (Verordnung zur Emissionsbegrenzung von leichtflüchtigen halogenierten organischen Verbindungen - 2. BImSchV -) vom 10. 12. 1990, BGBl. I S. 2694, zuletzt geändert durch Artikel 3 der Verordnung vom 23.12.2004, BGBl. I S. 3758..

454 Die vom Bundesrat gewünschte Zulässigkeit von betreibereigenen Erstmessungen wurde von der Bundesregierung mit der Begründung zurückgewiesen, dass die Tätigkeit des Umweltgutachters im Vergleich zur Tätigkeit der Messstellen nach § 26 BImSchG nicht gleichwertig sei. Siehe die Amtliche Begründung zu § 5 EMASPrivilegV, abgedruckt bei *Feldhaus*, a.a.O., M 3.5.

455 Verordnung über Emissionserklärungen – 11. BImSchV - , Neufassung vom 15.3.2007, BGBl. I S. 290.

Immissionsschutzgesetz kommt diese Privilegierung jedoch wegen § 7 Abs. 1 Satz 3 EMASPrivilegV nicht zum Tragen. Unabhängig davon ist Voraussetzung der Substitution, dass der Inhalt der Umwelterklärung den materiellen Anforderungen des § 27 Abs. 1 BImSchG und den Vorschriften der 11. BImSchV genügt, was die zuständige Behörde zu prüfen hat und damit zum Gegenstand ihrer Ermessensausübung und Entscheidung wird.

Nach § 9 EMASPrivilegV können Betreiber von Abfallverbrennungsanlagen ihre Pflicht zur Unterrichtung der Öffentlichkeit nach § 18 der 17. BImSchV[456] durch Vorlage einer EMAS konformen Umwelterklärung erfüllen, wobei auch hier materielle Voraussetzung zur Substitution der Verpflichtung ist, dass die EMAS Umwelterklärung die dazu erforderlichen Angaben enthält.

Der Gesetzgeber erkennt mit dieser Regelung die funktionale Äquivalenz der EMAS Umwelterklärung als Informationsquelle für die Öffentlichkeit im Grundsatz an, so dass das Gegenteil von der Behörde im Einzelfall darzulegen wäre. Der Eintritt des Privilegierungserfolges ist jedoch auch hier von einer weiteren Sachprüfung der zuständigen Behörde abhängig. In der Praxis wird der Privilegierungserfolg damit insbesondere von der inhaltlichen Qualität des zu verwendenden EMAS Dokuments bestimmt.[457]

5.2 Die Verordnung über das Genehmigungsverfahren

Genehmigungsbedürftige Anlagen nach dem Bundes-Immissionsschutzgesetz bedürfen zu ihrer Errichtung, zu ihrem Betrieb und ihrer Änderung der Genehmigung.[458] Um die erforderlichen Errichtungs- und Änderungsgenehmigungen zu erhalten, bedarf es der Durchführung komplexer Verwaltungsverfahren, in denen neben den Vorschriften des Bundes-Immissionsschutzgesetzes vor allem die Vorschriften der Verordnung über das immissionsschutzrechtliche Genehmigungsverfahren (9. BImSchV) Gegenstand des Vefahrens sind.[459]

---

456 Vgl. § 18 der 17. BImSchV (Pflicht des Betreibers zur jährlichen Unterrichtung der Öffentlichkeit über die Beurteilung der Emissionen und der Verbrennungsbedingungen der Anlage) der Verordnung über die Verbrennung und Mitverbrennung von Abfällen - 17. BImSchV -, vom 14.08.2003, BGBl. I. S. 1633, zuletzt geändert durch Artikel 2 der Verordnung vom 27. 1. 2009, BGBl. I S. 129. Kritisch zu der Frage, ob Umwelterklärungen [überhaupt] den notwendigen Informationsgehalt vermitteln, *Lübbe-Wolff*, a.a.O., S. 175.

457 Gewichtige Zweifel an der inhaltlichen Tauglichkeit von Umwelterklärungen zur Substitution von Berichtspflichten hat auch *Moormann*, a.a.O., S. 192.

458 *Jarass*, BImSchG, § 4, Rn. 12.

459 Verordnung über das Genehmigungsverfahren, - 9. BImSchV - , vom 29.5.1992, BGBl. I S. 1001, zuletzt geändert durch Artikel 4 des Gesetzes vom 23.10.2007, BGBl. I S. 2470.

Der Gesetzgeber hat in den Jahren 1996 und 2005 in die 9. BImSchV EMAS Privilegierungsvorschriften eingefügt.[460]

5.2.1 Berücksichtigung von EMAS beim Genehmigungsantrag

Nach § 4 Abs. 1 Satz 1 der 9. BImSchV hat der Antragsteller im immissionsschutzrechtlichen Genehmigungsverfahren seinem Genehmigungsantrag *„die Unterlagen beizufügen, die zur Prüfung der Genehmigungsvoraussetzungen erforderlich sind"*.

Die Genehmigungsbehörden haben daher zunächst zu prüfen und zu entscheiden, ob ein Antragsteller sämtliche Unterlagen beigebracht hat (Vollständigkeitsuntersuchung). EMAS Unternehmen sollen durch die Regelung des § 4 Abs. 1 Satz 2 der 9. BImSchV bessergestellt (privilegiert) werden.[461] Die Genehmigungsbehörde soll bei ihrer Vollständigkeitsprüfung *berücksichtigen*, ob sich der Antrag auf eine Anlage bezieht, die Teil eines EMAS Standortes ist und darüber hinaus, ob vor diesem Hintergrund prüfungsrelevante Angaben einer vorliegenden EMAS Umwelterklärung oder einem EMAS Umweltprüfungsbericht entnommen werden können. Aus dem Wortlaut der Privilegierungsvorschrift ergeben sich zunächst zwei Fragen:

1. Sind EMAS Leistungen generell positiv im Genehmigungsverfahren zu berücksichtigen oder nur Leistungen, die den ausdrücklich genannten EMAS Dokumenten (Umwelterklärung und Umweltbetriebsprüfungsbericht) entnommen werden können?
2. Welche prüfungsrelevanten Angaben für das Genehmigungsverfahren können EMAS Dokumenten entnommen werden, bzw. haben die Behörden diesen zu entnehmen?

Die Gesetzesmaterialien geben zu beiden Fragen keinerlei Aufschlüsse und obwohl schon im Gesetzgebungsverfahren wegen der angesprochenen Unklarheiten Kritik erhoben wurde,[462] blieben Antworten dazu bislang aus.[463]

Die EMAS Privilegierung des § 4 der 9. BImSchV wurde deshalb auch zum Gegenstand einer Diskussion in der Literatur. Das Ziel des Gesetzgebers, eine Verringerung bei den Anforderungen an beizubringende Genehmigungsunterlagen herbeizuführen, wird dabei allgemein positiv anerkannt.[464] Unterschiedlich sind

---

460 Zur Gesetzesbegründung siehe *Feldhaus*, a.a.O., Bd. 2, B 2.9, 9. BImSchV, Rn. 5 und 5a.

461 Neufassung von § 4 Abs. 1 Satz 2 durch Art. 2 der VO zum Erlass und zur Änderung immissionsschutzrechtlicher und abfallrechtlicher Verordnungen vom 24.6.2002, BGBl. I S. 2247.

462 Siehe dazu die Stellungnahme der Fraktion von *Bündnis 90/Die Grünen* in der BT-Drs. 13/5100 zur Version der Vorschrift von 1996; abgedruckt bei *Feldhaus*, a.a.O., Bd. 2, B.2.9, § 4, Rn. 5.

463 *Czajka*, in: Feldhaus, a.a.O., Bd. 2, B 2.9, Rn. 5.

464 So *Czajka*, in: Feldhaus, a.a.O., Bd. 2, B 2.9, Rn. 16.

allerdings die Meinungen, wie und ob das Ziel der Begünstigung der EMAS Unternehmen erreicht werden kann.

Lübbe-Wolf bezeichnet die Vorschrift im Hinblick auf ihre praktische Anwendbarkeit als Privilegierung als „höchst rätselhaft“.[465]

Czajka konstatiert, im Tenor gleich, dass sich die Vorschrift dem Leser nur unvollkommen erschließe und den Rechtsanwender vor kaum lösbare Probleme stelle.[466]

Hansmann interpretiert die Vorschrift dahingehend, dass sie der Genehmigungsbehörde aufgebe, die Inhalte der EMAS Dokumente als grundsätzlich geeignet anzusehen notwendige, aber noch fehlende Angaben in den Antragsunterlagen zu substituieren.[467]

Feldhaus meint, dass diese EMAS Privilegierung zu einer Reduzierung des Ermittlungsermessens der Genehmigungsbehörden führe. Deshalb habe die Genehmigungsbehörde zunächst in den vorliegenden EMAS Unterlagen nach fehlenden (Pflicht-) Informationen Ausschau zu halten, bevor sie den Antragsteller auffordern dürfe, weitere Informationen nachzureichen.[468]

Die Meinungen stimmen darin überein, dass ohne wohlwollende Auslegung der Vorschrift, besser noch ohne wohlwollende Anwendung der Vorschrift durch die Behörden, ein konkreter Privilegierungserfolg im Verfahren ausbleiben wird. Da mit der EMAS Verordnung das Ziel der Vermeidung von Doppelaufwand verfolgt wird, ist die Annahme von *Hansmann* berechtigt, dass die Privilegierung so zu verstehen ist, dass sie auf die konkrete Substitution von Antragsunterlagen durch Inhalte von EMAS Dokumenten abzielt. Vor dem Hintergrund eines anzustrebenden größtmöglichen Privilegierungserfolges erscheint es dann auch folgerichtig, wenn *Feldhaus* den Behörden eine Ermittlungspflicht zur Verwertbarkeit vorliegender EMAS Dokumente abverlangt.

Da der Gesetzgeber die Privilegierung des EMAS Unternehmens im Genehmigungsverfahren nicht als Deregulierung hat ausgestalten können, da auch der auditierte Antragsteller vollständige Antragsunterlagen zu erbringen hat, die der Prüfungshoheit der Genehmigungsbehörde unterliegen,[469] bezieht sich die mögliche Privilegierung auf den Umfang und den Detaillierungsgrad der im Genehmigungsverfahren einzureichenden Antragsunterlagen.[470] Vorgebrachte Tatsachen aus EMAS Dokumenten sind geeignet, Darlegungspflichten des Antragstellers zu substituieren.

---

465 So *Lübbe-Wolff,* a.a.O., (ZUR 1996), S. 178.

466 *Czajka*, in: Feldhaus, a.a.O., Bd. 2, B 2.9, § 4 Rn. 14. Zustimmend *Kutscheidt/Dietlein,* in: Landmann/Rohmer, Bd. 2, 9. BImSchV, § 4, Rn. 10.

467 *Hansmann*, Beschleunigung und Vereinfachung immissionsschutzrechtlicher Genehmigungsverfahren?, NVwZ 1997, S. 105 ff., (107).

468 *Feldhaus*, Umweltaudit und Entlastungschancen im Vollzug des Immissionsschutzrechts, UPR 1997, S. 341 ff., (347).

469 *Czajka*, in: Feldhaus, a.a.O., Bd. 2, B 2.9, § 4, Rn. 16.

470 *Czajka*, in: Feldhaus, a.a.O., Bd. 2, B 2.9, § 4, Rn. 15.

Deshalb ist die Privilegierungsnorm dahingehend zu interpretieren, dass sie den Genehmigungsbehörden aufgibt, in Verfahren, in denen EMAS Unternehmen beteiligt sind, Substitutionsspielräume aufzuspüren und auszunutzen. So verstanden, kann doppelter Arbeitsaufwand im Sinn von Art. 10 Abs. 2 EMAS-V vermieden werden. Wie unter Berücksichtigung dieses Verständnisses der EMAS Privilegierung die oben aufgeworfenen Fragen zu beantworten sind und die Genehmigungsbehörden die EMAS Leistungen eines Antragstellers im Verfahren konkret berücksichtigen können bzw. zu berücksichtigen haben, ist Gegenstand weiterer Ausführungen, unten in Kapitel 4.

5.2.2 Überprüfung von Genehmigungsunterlagen

Wie oben erwähnt, fügte der Gesetzgeber im Jahr 2005in die 9. BImSchV eine weitere EMAS Privilegierungsvorschrift ein.[471]

Nach § 13 Abs. 1a (9. BImSchV) hat eine Genehmigungsbehörde bei ihrer Entscheidung, ob vorgelegte Antragsunterlagen durch externe Sachverständige zu überprüfen sind, zu *berücksichtigen*, ob der Antrag bzw. das Verfahren einen eingetragenen EMAS Standort berührt.

Auch diese Privilegierungsnorm enthält keine konkreten Handlungsanweisungen an die Behörden, wie ein EMAS Unternehmen im Verfahren konkret begünstigt werden soll und bedarf daher ebenfalls der Auslegung.

Nach § 13 Abs. 1 Satz 1 der 9. BImSchV kann die Behörde die Antragsunterlagen durch einen Sachverständigen begutachten lassen, wenn sie dies für eine Entscheidung als notwendig erachtet. Mit anderen Worten hat eine Behörde im Einzelfall eine Ermessensentscheidung über die Notwendigkeit eines Sachverständigengutachtens zu treffen. Dem Wort „berücksichtigen" in der Privilegierungsvorschrift des § 13 Abs. 1a ist zu entnehmen, dass der Gesetzgeber EMAS Tatsachen als geeignet ansieht, die Behördenentscheidung zur Sachverständigenbeauftragung positiv zu beeinflussen.

Die Behörden haben deshalb bei einer Verfahrensbeteiligung von EMAS Unternehmen vor ihrer Entscheidung über die Einholung von Sachverständigengutachten zu ermitteln, ob die Einholung derartiger Gutachten sich vermeiden lässt. Das ist jedenfalls dann der Fall, wenn die Fragen an den Sachverständigen sich auch durch den Rückgriff auf den Inhalt von EMAS Dokumenten beantworten lassen. Sofern es sich bei den Inhalten der EMAS Dokumente um solche handelt, die ein Umweltgutachter im EMAS Auditverfahren bestätigt hat, besteht ein sachlicher Grund für die Berücksichtigung dieser Fakten, denn der Umweltgutachter entspricht in seiner Stellung dem eines Sachverständigen.[472]

---

471 § 13 Abs. 1 a in die 9. BImSchV eingefügt durch Art. 5 des Deregulierungsgesetzes vom 21.6.2005, BGBl. I S. 1666.

472 Zur Unparteilichkeit als Grundpflicht des Umweltgutachters *Ewer*, in: Umweltaudit, Abschnitt E, Rn. 43.

Für die Entscheidung, ein Sachverständigengutachten einzuholen, ist daher bei richtiger Anwendung der Privilegierungsnorm des § 13 Abs. 1a der 9. BImSchV nur Platz, wenn der Behörde keine verwertbaren EMAS Angaben vorliegen oder sie ernstliche Zweifel an den Angaben des Umweltgutachters hegt.[473]

5.3 Die abfallrechtlichen Privilegierungen

Weitere EMAS Privilegierungstatbestände finden sich auf dem Gebiet des Abfallrechts,[474] insbesondere Nachweisverordnung (NachwV).[475]

Nach § 7 Abs. 1 Nr. 3 NachwV können Betreiber von Abfallentsorgungsanlagen, die zu einem EMAS auditierten Standort gehören, von den Pflichten nach den §§ 4 und 5 NachwV befreit werden.[476]

Die Vorschrift des § 4 NachwV betrifft dabei die obligatorische Eingangsbestätigung der zuständigen Abfallentsorgungsbehörde auf den vom Abfallentsorger einzureichenden Nachweiserklärungen. § 5 NachwV betrifft die notwendige Bestätigung einer beabsichtigten Entsorgung durch die Abfallbehörde.

Nach § 7 Abs. 2 Satz 3 NachwV kommt eine Befreiung von den genannten Pflichten für den Betreiber einer EMAS auditierten Abfallentsorgungsanlage in Frage, wenn die validierte Umwelterklärung Angaben zur Abfallentsorgungsanlage selbst und zu den Abfallschlüsseln der in der Anlage entsorgten Abfälle enthält und diese Angaben mit den Angaben, die in Nachweiserklärungen gefordert sind, übereinstimmen (Deregulierung).

Der Privilegierungserfolg ist demnach auch hier von der Umwelterklärung und deren Inhaltstiefe abhängig, d.h. es besteht eine unmittelbare Wechselwirkung zwischen der Qualität der Umwelterklärung und dem möglichen Privilegie-

---

473 So im Ergebnis auch *Czajka*, in Feldhaus, a.a.O., Bd. 2, B 2.9, § 13, Rn. 31.

474 Der Bundesgesetzgeber hat das Kreislaufwirtschafts- und Abfallgesetz (KrW- /AbfG) durch Art. 8 des Gesetzes vom 11.8.2010, BGBl. I S. 1163, novelliert. Das KrW- /AbfG enthält nun in § 55a eine umfangreiche Ermächtigungsnorm für den Erlass abfallrechtlicher EMAS Privilegierungen. Der Bundesgesetzgeber ist damit ermächtigt, auf folgenden Gebieten EMAS Erleichterungsregelungen zu erlassen: Kalibrierungen, Ermittlungen, Prüfungen und Messungen, Messberichten sowie sonstige Berichte und Mitteilungen von Ermittlungsergebnissen, Aufgaben des Abfallbeauftragten, Mitteilungspflichten zur Betriebsorganisation und zur Häufigkeit der behördlichen Überwachung. Auf diesen Gebieten hatten die Bundesländer bereits früher entsprechende Erleichterungen erlassen. Eine Erweiterung des Umfangs der Privilegierung ist daher nicht zu erwarten, sondern lediglich eine bundeseinheitliche Geltung der Privilegierungen für EMAS Unternehmen.

475 Verordnung über die Nachweisführung bei der Entsorgung von Abfällen (Nachweisverordnung - NachwV) vom 20.10 2006, BGBl. I S. 2298, zuletzt geändert durch Artikel 4 des Gesetzes vom 19. 7.2007, BGBl. I S. 1462.

476 Zum Begriff der Abfallentsorgungsanlage *Hoppe/Beckmann,* Umweltrecht, § 28, Rn. 43.

rungserfolg.[477] Enthalten die EMAS Dokumente dagegen die erforderlichen Angaben, ist kein Raum für behördliches Ermessen, d.h. die Privilegierung des EMAS Unternehmens hat dann zu erfolgen.

Ist das EMAS Unternehmen „Entsorgungsfachbetrieb“, gewährt § 13 Abs. 4 Nr. 1 EfbV[478] das Privileg, dass die technische Überwachungsorganisation bei der Überprüfung der in der Verordnung festgelegten Anforderungen die Ergebnisse von Prüfungen zu *berücksichtigen* hat, die im Rahmen einer EMAS Auditierung durchgeführt wurden. Der Gesetzgeber lies bei der Abfassung der Privilegierungsvorschrift allerdings offen, welche Prüfungsergebnisse er meint.

Für Betreiber einer biologischen Abfallbehandlungsanlage enthält § 15 der 30. BImschV[479] das Privileg, auf eine gesonderte Unterrichtung der Öffentlichkeit über Emissionsergebnisse verzichten zu dürfen, wenn diese Angaben EMAS Unterlagen entnommen werden können. Sofern die der Öffentlichkeit bekanntgemachten EMAS Unterlagen aktuelle Emissionsdaten enthalten, lassen sich in Folge dieser Privilegierung sowohl Doppelarbeiten, als auch Kosten für die technische Überwachung vermeiden bzw. vermindern.

6. Das Projekt Umweltgesetzbuch und EMAS

Das Projekt zu einem deutschen Umweltgesetzbuch („UGB 2009“) hatte im Verlauf des Jahres 2008, also während des Zeitraums der vorliegenden Untersuchung, das Stadium der parlamentarischen Befassung schon erreicht,[480] doch schien schon damals die tatsächliche Umsetzung des UGB Entwurfes, in Folge der deutlich erkennbaren politischen Differenzen mehr als fraglich.[481]

Ungeachtet der Tatsache, dass der umfangreiche Entwurf zu einem UGB keine Rechtskraft erlangte,[482] erscheint ein Eingehen auf diesen Entwurf, insbesondere wegen der dort vorgesehenen EMAS Privilegierungen sinnvoll, stellen diese

477 Zum Problem der Inhaltstiefe der Umwelterklärung *Möller*, a.a.O., S. 226; dazu auch *Feldhaus*, a.a.O.,(UPR 1997), S. 345.

478 Verordnung über Entsorgungsfachbetriebe vom 10.09.1996, zuletzt geändert durch Art. 5 der Verordnung vom 24.06.2002, BGBl. I, S. 2247.

479 Verordnung über Anlagen zur biologischen Behandlung von Abfällen (30. BImSchV) vom 20. Februar 2001, BGBl. I S. 317, zuletzt geändert durch Art. 3 der Verordnung vom 27.4.2009, BGBl. I, S. 900.

480 Das parlamentarische Anhörungsverfahren wurde am 23.5.2008 eingeleitet.

481 Instruktiv hier die parlamentarische Auseinandersetzung mit der Thematik UGB in der Bundestagsdebatte vom 5. 06.2008. Gegenstand war der Antrag der FDP Fraktion „Verfahren vereinfachen, Bürger entlasten, Rechtssicherheit schaffen –Notwendige Bedingungen für die Sinnhaftigkeit eines Projekts „Umweltgesetzbuch““, in: BT-Drs. 16/9113.

482 Am 1. Februar 2009 erklärte der damalige Bundesumweltminister *Gabriel* das „Projekt UGB“ insbesondere wegen des Widerstandes des Bundeslandes Bayern als gescheitert. Zur Chronologie des Scheiterns im Internet unter www.bmu.de, Stichwort: Umweltgesetzbuch/ Chronologie.

Vorschriftenentwürfe doch die aktuellste Auseinandersetzung des deutschen Gesetzgebers mit dem Thema der EMAS Privilegierung dar.

Das Projekt UGB 2009 scheiterte, obwohl der politische Wille zur Kodifizierung des deutschen Umweltrechts bereits in der Koalitionsvereinbarung der Regierungskoalition („Großen Koalition“) vom Jahr 2005 formuliert worden war.[483] Ein Gesetzgebungsprojekt mit gleicher Zielrichtung war bereits früher, insbesondere auf Grund verfassungsrechtlicher Bedenken, gescheitert.[484]

Ermöglicht wurde eine erneute Befassung mit dem Vorhaben eines Umweltgesetzbuches durch die so genannte „Föderalismusreform“, deren erste Stufe im Sommer 2006 die parlamentarischen Hürden nahm.[485] Im Rahmen der Reform wurde das Grundgesetz geändert, was dem Bundesgesetzgeber eine zeitlich begrenzte[486] Gesetzgebungskompetenz zur Schaffung eines Umweltgesetzbuches sicherte.[487]

Das Regelungspaket des „UGB 2009“ sollte aus fünf Büchern und einem Einführungsgesetz bestehen.[488] Das erste Buch sollte die allgemeinen Vorschriften und das vorhabenbezogene Umweltrecht beinhalten (UGB I), das zweite Buch das Recht der Wasserwirtschaft (UGB II), das dritte Buch das Naturschutzrecht (UGB III), das vierte Buch alle rechtlichen Regelungen zur nichtionisierenden Strahlung (UGB IV) und das fünfte Buch den Rechtsrahmen für den Emissionshandel (UGB V).

Geplant war zudem der Erlass einer neuen Verordnung über Vorhaben nach dem Umweltgesetzbuch („Vorhaben-Verordnung“) sowie eine Verordnung über Umweltbeauftragte („Umweltbeauftragtenverordnung“).[489]

---

483 Grundlage der Erarbeitung eines neuen Umweltgesetzbuches bildet der CDU/SPD Koalitionsvertrag vom 11.11.2005, dort Punkt 7.3. „Neuordnung des Umweltrechts“. Der Text des Koalitionsvertrags kann im Internet unter www.cdu.de bezogen werden.

484 Umfassend zur Entstehungsgeschichte des UGB *Kloepfer*, Bedeutung des Umweltgesetzbuchs aus Sicht der Rechtswissenschaft, Tagungsbeitrag zur UGB Tagung des BMU vom 16.2.2007, Abschnitt B., S. 3 ff.; im Internet unter www.bmu.de.

485 Die Föderalismusreform trat am 1.9.2006 in Kraft. Näher dazu *Papier*, Aktuelle Fragen der bundesstaatlichen Ordnung, NJW 2007, S. 2145 ff.

486 Zum Zweck der Suspendierung des „Abweichungsrechtes“ bis 2010 im Zusammenhang mit der Schaffung des UGB, *Papier*, a.a.O., (2148).

487 Zur Bedeutung der Föderalismusreform für das neue UGB *Kotulla*, Umweltschutzgesetzgebungskompetenzen und „Föderalismusreform“, NVwZ 2007, S. 489 ff., (495).

488 Ursprünglich waren (im Referentenentwurf) sechs Bücher eines Umweltgesetzbuchs vorgesehen. Die Aufnahme der Thematik „Erneuerbare Energien“ wurde jedoch von der Bundesregierung, nach Kritik aus der Wirtschaft, wieder zurückgezogen.

489 Einen bewertenden Überblick über die Entwürfe liefert *Winter*, Das Umweltgesetzbuch – Überblick und Bewertung, ZUR 2008, S. 337 ff. Sein überzeugender Vorschlag, bestehende Anwendungsprobleme zwischen originärem Europarecht und deutschem Umweltrecht durch Regelungen (im UGB) zu beseitigen (S. 340), bleibt rechtspolitisch trotz des Scheiterns des UGB aktuell; vgl. dazu die Ausführungen oben in Kapitel 1, Abschnitt 3.

Nach den UGB Entwürfen[490] sollten die bestehenden bundesrechtlichen EMAS Privilegierungsvorschriften durch Regelungen im UGB I, im UGB V sowie in der Verordnung über Umweltbeauftragte ersetzt werden.

6.1 EMAS Privilegierungen im Entwurf des UGB I

Nach § 19 Abs. 3 UGB I[491] sollten die Mitteilungspflichten nach § 19 Abs. 1 und 2 UGB I bei EMAS Standorten[492] durch die Bereitstellung des Bescheides zur Standort- oder Organisationseintragung erfüllt werden können.[493] Der zuständigen Behörde sollte es überlassen bleiben, im Einzelfall die Vorlage weitergehender Unterlagen zu verlangen. Die vorgesehene Privilegierung im UGB wäre bestand in der Übernahme der Regelung des § 2 EMASPrivilegV, ohne eine formelle oder materielle Erweiterung des vorhandenen Regelungsinhalts. Zum Regelungsinhalt dieser Norm wird auf die Ausführungen oben verwiesen.[494]

In § 20 Abs. 2 Satz 2 UGB I sollte die Pflicht zur Bestellung von Umweltbeauftragten geregelt werden. Die zuständige Überwachungsbehörde sollte bei EMAS Unternehmen auf die Anordnung der Bestellung eines Umweltbeauftragten verzichten können. § 20 Abs. 2 Satz 2 UGB I war daher als Ersatz der gleichlautenden Privilegierung des § 3 Abs. 1 Satz 1 EMAS PrivilegV vorgesehen, ohne neu hinzutretende Regelungsinhalte, so dass auch hier auf die Ausführungen zu § 3 EMASPrivilegV verwiesen werden kann.[495]

Die Regelung des § 24 UGB I, „Erleichterung für auditierte Unternehmensstandorte", sollte die Funktion einer generellen Ermächtigungsnorm zum Erlass weiterer EMAS Privilegierungen erfüllen.[496] Nach der entsprechenden Geset-

490 Die Referentenentwürfe zum UGB nebst Begründungen können auf der Internetseite des Umweltministeriums (www.bmu.de) bezogen werden.

491 Abschnitt 3, Betrieblicher Umweltschutz, Erleichterungen für auditierte Unternehmensstandorte, Mitteilungspflichten zur Betriebsorganisation.

492 Die Definition des EMAS Standorts enthält § 4 Nr. 12 UGB I.

493 In Abs. 1 der Vorschrift ist die Pflicht der Unternehmensleitung zur Mitteilung zur Umweltverantwortlichkeit an die zuständige Überwachungsbehörde geregelt, in Abs. 2 die Verpflichtung zur Mitteilung der umweltsichernden Betriebsorganisation.

494 Siehe oben unter Kapitel 2, Abschnitt 5.1.1.

495 Siehe oben unter Kapitel 2, Abschnitt 5.1.2.

496 Der Entwurf des § 24 UGB I (Erleichterung für auditierte Unternehmensstandorte) hatte folgenden Wortlaut: *Die Bundesregierung wird ermächtigt, zur Förderung der privaten Eigenverantwortung für EMAS Standorte durch Rechtsverordnung mit Zustimmung des Bundesrates, Erleichterungen zum Inhalt der Antragsunterlagen im Genehmigungsverfahren sowie überwachungsrechtliche Erleichterungen vorzusehen, soweit die diesbezüglichen Anforderungen [der EMASV] gleichwertig mit den Anforderungen sind, die zur Überwachung und zu den Antragsunterlagen nach dem UGB erlassenen Rechtsverordnungen vorgesehen sind oder soweit die Gleichwertigkeit durch die Rechtsverordnung nach dieser Vorschrift sichergestellt wird. Ordnungsrechtliche Erleichterungen können gewährt werden, wenn der Umweltgutachter die Einhaltung der Umweltvor-*

zesbegründung[497] sollte sich diese Ermächtigungsnorm an den vorhandenen Regelungen des Fachrechts in den §§ 58e BImSchG, 21h WHG (a.F.) und 55a KrW-/AbfG orientieren. Wie auch schon in den geltenden Vorschriften wurde das „Prinzip der funktionalen Äquivalenz" (Gleichwertigkeit) zur Grundvoraussetzung der EMAS Privilegierung erklärt.[498]

Satz 2 dieser Vorschrift sollte der Klarstellung dienen, dass ordnungsrechtliche Erleichterungen nur in Frage kommen, wenn ein Umweltgutachter die Bescheinigung erteilt, dass das geltende Umweltrecht eingehalten wurde. Satz 3 zählt einige Erleichterungsbeispiele auf. Es bleibt festzuhalten, dass auch Normvorschlag sich in die Reihe der vorgesehenen „Eins-zu-Eins" Übernahmen bestehender EMAS Privilegierungen eingefügt hätte. Neue EMAS Privilegierungen bzw. erforderliche Konkretisierungen vorhandener Privilegierungsvorschriften waren nicht vorgesehen, was vor dem Hintergrund des vom Gesetzgeber mit dem Gesetzesvorhaben angestrebten Ansatzes einer „Kodifizierung des Umweltrechtes" verwundert.

Nach § 84 Abs. 3 Satz 2 UGB I[499] war vorgesehen, dass die Genehmigungsbehörde bei Vorhaben, die auf einem EMAS Standort verwirklicht werden sollen, dem Vorhabenträger mitzuteilen hat, ob und inwieweit Antragsunterlagen durch Angaben aus der Umwelterklärung oder einem Umweltprüfungsbericht ersetzt werden können. Laut der Gesetzesbegründung[500] war es Ziel der Vorschrift, den Vorhabenträger bei der Antragsvorbereitung von unnötigem Aufwand zu entlasten. Der Vorschriftenentwurf entsprach materiell der Kombination der geltenden EMAS Privilegierungen aus § 2 (Antragstellung- und beratung) und § 4 (Antragsunterlagen) der 9. BImSchV. Die Vorschrift hätte Klarheit verschafft, dass Genehmigungsbehörden zu Substitutionszwecken allenfalls Inhalte bestimmter EMAS Dokumente, namentlich dem Umweltprüfungsbericht und der Umwelterklärung, zu berücksichtigen haben.[501]

Nach der in § 88 Abs. 3 Nr. 1 UGB I vorgesehenen Regelung sollte die Genehmigungsbehörde bei EMAS Standorten auf die Einholung von Sachverständigengutachten verzichten, wenn sich Genehmigungsvoraussetzungen auch durch Inhalte aus der Umwelterklärung oder einem Umweltprüfungsbericht nachweisen lassen. Laut der Gesetzesbegründung[502] ging der Gesetzgeber davon aus,

---

schriften geprüft hat, keine Abweichungen festgestellt hat und dies in der Gültigkeitsbescheinigung bescheinigt. Dabei können insbesondere Erleichterungen zu Kalibrierungen, Ermittlungen, Prüfungen und Messungen, Messberichte sowie sonstigen Berichten und Mitteilungen von Ermittlungsergebnissen, Aufgaben des Umweltschutzbeauftragten und zur Häufigkeit der behördlichen Überwachung vorgesehen werden.

497 Gesetzesbegründung vom 20.5.2008, S. 158; zu beziehen im Internet unter www.umweltgesetzbuch.de.

498 Zum Prinzip der funktionalen Äquivalenz siehe oben Kapitel 2, Abschnitt 2.

499 Fünfter Abschnitt „Verfahren", Unterabschnitt 1, Antrag Antragsberatung; Festlegung des Untersuchungsrahmens.

500 Gesetzesbegründung vom 20.5.2008, a.a.O., S. 229.

501 Vgl. oben Abschnitt 5.2.

502 Gesetzesbegründung vom 20.5.2008, a.a.O., S. 235.

dass entscheidungserhebliche Fragen in der Umwelterklärung oder dem Umweltprüfungsbericht des Umweltgutachters bereits hinreichend geklärt sein konnten. Die geplante Regelung entspricht weitestgehend der Privilegierung des § 13 der 9. BImSchV enthält jedoch, trotz der positiven Grundannahmen des Gesetzgebers, keine weiterführenden Hinweise bezüglich der Art und Weise der tatsächlich erforderlichen behördlichen Prüfungstätigkeit. Daher wären auch mit dieser Vorschrift bestehende praktische Probleme bei der Herbeiführung eines Privilegierungserfolges für EMAS Unternehmen nicht ausgeräumt worden. Insofern ist hier auf die bereits zu § 13 der 9. BImSchV gemachten Ausführungen zu verweisen.[503]

Nach § 125Abs. 2 UGB I sollte die zuständige Behörde immissionsschutzrechtliche Messungen bei einem EMAS Standort erst nach Ablauf eines Zeitraums von mehr als drei Jahren anordnen dürfen. Darüber hinaus sollte die zuständige Behörde dem auditierten Vorhabenträger (Betreiber)[504] gestatten, Messungen mit eigenem Personal durchzuführen, wenn der Träger des Vorhabens, der Umweltbeauftragte oder ein sonstiger geeigneter Betriebsangehöriger die hierfür erforderliche Fachkunde und Zuverlässigkeit besitzt und es sichergestellt wird, dass geeignete Geräte und Einrichtungen zum Einsatz kommen. Die geplante Vorschrift entspricht umfänglich dem § 4 EMASPrivilegV. Laut der Gesetzesbegründung[505] sollte die Aufnahme der Regelung in das Umweltgesetzbuch zu einer höheren „Transparenz" der Überwachungsvorschriften beitragen. Diese Einschätzung verwundert vor dem Hintergrund der vorgesehenen Eins-zu-Eins Übernahme bereits geltenden Rechts. Hinsichtlich des weiteren Regelungsinhaltes der vorgesehenen EMAS Privilegierung wird auf die Ausführungen zu § 4 EMASPrivilegV verwiesen.[506]

Nach § 126 Abs. 2 Satz 3 UGB I sollte die zuständige Behörde EMAS Unternehmen auf deren Antrag hin gestatten, sicherheitstechnische Prüfungen mit eigenem Personal durchzuführen.[507] Voraussetzung für den Eintritt des Privilegierungserfolges sollte sein, dass die Belange der Anlagensicherheit Gegenstand des EMAS Audits und der Überprüfung eines fachkundigen Umweltgutachters gewesen sind und dabei sichergestellt wurde, dass der Vorhabenträger, der Umweltbeauftragte oder ein sonstiger geeigneter Betriebsanghöriger die erforderliche Fachkunde und Zuverlässigkeit zum Geräteeinsatz besitzt. Des Weiteren sollten nur geeignete Geräte und Einrichtungen zum Einsatz zugelassen werden. Die Regelung sollte die bisherige und inhaltsgleiche Vorschrift des § 6 Abs. 1

503 Siehe Kapitel 2, Abschnitt 5.2.2.

504 Das UGB verwendet die Terminologie „Vorhabenträger" statt Betreiber. Es handelt sich dabei lediglich um einen anderen Begriff, materielle Bedeutungsunterschiede waren nicht vorgesehen.

505 Gesetzesbegründung vom 20.5.2008, a.a.O., S. 277.

506 Siehe oben unter Kapitel 2, Abschnitt 5.1.5.

507 Prüfungen nach § 126 Abs. 2 Satz 1 UGB I, mit Ausnahme der Prüfungen bei Änderungen im Sinne des § 60 oder des § 61 UGB I.

EMASPrivilegV ersetzen,[508] die Privilegierungsregelung in § 126 Abs. 3 Satz 2 UGB I die gleichlautende Regelung aus § 6 Abs. 2 EMASPrivilegV.[509] Es war demnach nicht vorgesehen, dass die Regelungen den Umfang bereits bestehender Privilegierungen von EMAS Unternehmen erweitern sollten. Hinsichtlich des Regelungsinhalts der Privilegierung kann daher auf die Ausführungen zu § 6 Abs. 2 EMASPrivilegV verwiesen werden.[510]

6.2 EMAS Privilegierungen im Entwurf des UGB V

Im fünften Buch des Umweltgesetzbuches, mit dem Titel „Vorschriften zum Handel mit Berechtigungen zur Emission von Treibhausgasen", war nach der Regelung des § 5 Abs. 3 vorgesehen, dass der (Treibhausgas-) Emissionsbericht vor seiner Abgabe von einer durch die zuständige Behörde bekannt gegebenen sachverständigen Stelle (nach den Maßgaben der Anlage 2 zum UGB V) geprüft werden muss. In der betreffenden Anlage 2 (Kriterien für die Prüfung nach § 5 Abs. 3 Satz 1 UGB V) war die eigentliche Privilegierung der EMAS Unternehmen enthalten. Danach sollte die sachverständige Stelle[511] verpflichtet sein, im Rahmen ihres Prüfungsauftrages zu *berücksichtigen*, dass die emissionshandelspflichtige Anlage nach den EMAS Vorschriften auditiert wurde.

Die Privilegierungsvorschrift war als Ersatz der bisherigen und inhaltsgleichen Regelung aus Anhang 3 des TEHG, dort unter Nr. 5, gedacht.[512] Auch hier muss festgestellt werden, dass die beabsichtigte Neuregelung im UGB V keine inhaltlichen Verbesserungen für EMAS Unternehmen erbracht hätte, noch hätte sie sich des bestehenden Problems gewidmet, dass der Gesetzgeber den Eintritt des Privilegierungserfolges allein einer privaten Institution überantwortet hat.[513]

6.3 EMAS Privilegierungen im Entwurf der UBV

Der Entwurf einer „Verordnung über Umweltbeauftragte" (UBV) sah in § 2 Abs. 1 Satz 4 vor, dass die Pflicht zur Anzeige eines bestellten Umweltbeauftragten erfüllt ist, wenn die zuständige Behörde den Informationsgehalt der Anzeige einem EMAS Dokument entnehmen kann. Die Vorschrift sollte die gleich-

---

508 Das UGB nutzte den neuen Begriff „Umweltbeauftragter", eine Bezeichnung, die umgangssprachlich für Betriebsbeauftragte für Umweltschutz in Verwendung ist. Rechtsfolgen wurden mit dem Austausch der Begriffe nicht verknüpft.

509 Gesetzesbegründung vom 20.5.2008, a.a.O., S. 279.

510 Siehe oben Kapitel 2, Abschnitt 5.1.5.

511 Zu sachverständigen Stellen im System des Emissionshandelsrechts siehe *Adam/Hentschke /Kopp-Assenmacher,* a.a.O., S. 106 f.

512 Dazu unten in Kapitel 4, Abschnitt 6.2.

513 Die Gesetzesbegründung vom 20.5.2008, a.a.O., S. 13, stellt sich dem Problem nicht, sondern sieht die geplante Vorschrift lediglich als Konsequenz der Einführung neuer Begriffe im UGB, mithin als „redaktionelle Klarstellung, dass auch ein Umweltgutachter den Emissionsbericht prüfen darf.

lautende Vorschrift des § 3 Abs. 3 EMASPrivilegV ersetzen und keine sonstigen Begünstigungen/Erleichterungen für EMAS Unternehmen vermitteln.[514] Interessant ist hier lediglich, dass nach dem Wortlaut des Entwurfs der Behörde auferlegt war, die erforderlichen Fakten selbständig aus EMAS Dokumenten zu ermitteln. Ob der Gesetzgeber hier eine bewusste Klarstellung beabsichtigte, kann den vorliegenden Dokumenten zum UBV Entwurf nicht entnommen werden.

Nach § 9 Abs. 4 Satz 3 UBV sollte der Jahresbericht des Umweltbeauftragten bei EMAS Standorten dann nicht erforderlich sein, wenn gleichwertige Angaben aus dem Umweltbetriebsprüfungsbericht entnommen werden können, der Umweltbeauftragte diesen Bericht mitzeichnet und sich mit dem Verzicht auf die Erstellung seines gesonderten Jahresberichts einverstanden erklärt. Damit hätte diese Regelung nur eine Übernahme der Privilegierung aus § 3 Abs. 2 EMASPrivilegV dargestellt.[515] Es kann auf die Ausführungen zu dieser Norm verwiesen werden.[516]

6.4 Bewertung der im UGB und der UBV geplanten EMAS Privilegierungen

Der Blick auf die geplanten EMAS Regelungen im Entwurf des UGB machte deutlich, dass der Gesetzgeber dem Thema der EMAS Privilegierung im Zusammenhang mit der Kodifikation des deutschen Umweltrechtes keine besondere Bedeutung beigemessen hat. Festzustellen ist der regulatorische Ansatz, die vorhandenen EMAS Privilegierungen, vor allem die der EMAS Privilegierungsverordnung, mit wenigen redaktionellen Veränderungen versehen, möglichst „Eins zu Eins" in das UGB zu übernehmen. Dies kann allenfalls vor dem Hintergrund der politischen Möglichkeiten nachvollziehbar sein, da vor allem seitens der Wirtschaft die Forderung erhoben wurde, den Bestand des Umweltrechts bei der Schaffung des UGB möglichst unangetastet zu lassen.[517] Andererseits wäre es wünschenswert gewesen, wenn einige Präzisierungen zu EMAS Privilegierungsvorschriften Aufnahme gefunden hätten. Jedenfalls sind unter dem Aspekt der weiteren Entwicklung von EMAS Privilegierungen „de lege ferenda" dem UGB Entwurf keine Anregungen zu entnehmen.[518]

---

514 Verordnungsbegründung vom 20.5.2008, a.a.O., S. 5.

515 Verordnungsbegründung vom 20.5.2008, a.a.O., S. 9.

516 Siehe oben unter Kapitel 2, Abschnitt.5.1.4.

517 Vgl. dazu die Stellungnahme des Bundesverbandes der Deutschen Industrie (BDI) zum UGB I vom 27.2.2008, S.1, im Internet unter www.bdi-online.de.

518 Zu (nicht realisierten) Erwartungen hinsichtlich einer Weiterentwicklung der EMAS Privilegierung in einem deutschen Umweltgesetzbuch siehe *Kahl*, Umweltrechtliche Instrumente im Umweltgesetzbuch, S. 12, in: UBA (Hrsg.), Forum Umweltgesetzbuch, Heft 4.

7. Die Systematisierung der EMAS Privilegierungstatbestände

Auf der Grundlage des nun geschaffenen Überblicks über die geltenden EMAS Privilegierungen lassen sich drei Privilegierungskategorien definieren:

1. Die erste Kategorie bilden EMAS Privilegierungen, die auf eine Minderung von Überwachungspflichten und auf die Übertragung von Überwachungsaufgaben in die Eigenverantwortung der Betreibers abzielen. Sie gehen einher mit der Rücknahme staatlicher Überwachung zu Gunsten einer verstärkten Eigenüberwachung. In diesen Privilegierungen manifestiert sich das Vertrauen des Staates in die besonderen Leistungen und die besondere Leistungsfähigkeit von EMAS Unternehmen.[519]
2. Zur zweiten Kategorie gehören EMAS Privilegierungen, die darauf abzielen, dass bestimmte EMAS Inhalte begünstigend in Verwaltungsverfahren berücksichtigt werden. Der Auftrag an die Behörden ist bei diesen Vorschriften klar umrissen, der Privilegierungserfolg hängt im Einzelfall vom Umfang und der Aussagekraft vorhandener EMAS Dokumente ab.
3. Die dritte Kategorie bilden EMAS Privilegierungsvorschriften, die eine begünstigende Berücksichtigung der Auditierung im Verwaltungsvollzug generell und abstrakt verlangen. Klar ist bei diesen Vorschriften nur die Intention des Normgebers, die auf eine Besserstellung des EMAS Unternehmens abzielt. Unklar und damit auslegungsbedürftig ist, wie der Privilegierungserfolg im Einzelfall herbeigeführt werden kann bzw. herzuführen ist. Ohne eine zufriedenstellende Beantwortung dieser Frage, muss sich diese Kategorie der EMAS Privilegierungen dem möglichen Verdikt des „frommen Wunsches" oder mit anderen Worten der Unbrauchbarkeit ausgesetzt sehen. [520]

Gemeinsam ist den EMAS Privilegierungen, dass der Eintritt eines Privilegierungserfolgs letztlich immer von der Entscheidung einer Behörde abhängig ist. Behördenentscheidungen wiederum sind das Ergebnis behördlichen Handelns im Rechtsrahmen der staatlichen Verfahrensvorschriften. Die Richtigkeit einer behördlichen Entscheidung wird maßgeblich von der richtigen Anwendung des Verfahrensrechts bestimmt. Für die EMAS Privilegierung bedeutet dies, dass der angestrebte Privilegierungserfolg nur bei richtiger Anwendung von Verfahrensvorschriften durch eine Behörde erwartet werden kann.

Aus diesem Grund wird im nächsten Kapitel der Blick auf die verfahrensrechtlichen Grundlagen des Verwaltungshandelns gerichtet, insbesondere auf die Wechselwirkungen von Untersuchungsgrundsatz, Beteiligtenmitwirkung und Beweisrecht. Anhand der Ergebnisse werden dann die verfahrensrechtlichen

---

519 Zum Vertrauensaspekt *Schäfer*, a.a.O., S. 231 (unter Bezugnahme auf die EMAS Privilegierung in Thüringen).

520 So die Meinung von *Czajka*, in: Feldhaus, a.a.O., B 2.9, Rn. 18, zu jener Kategorie der EMAS Privilegierungen, die er als „Versprechen des Gesetzgebers bezeichnet, die die Verwaltung nicht einhalten kann".

Spielräume der Behörden zur Privilegierung von EMAS Unternehmen aufgezeigt werden.

Kapitel 3 Die EMAS Privilegierung durch Verwaltungshandeln

Die bisherige Auseinandersetzung mit den EMAS Privilegierungsvorschriften zeigte, dass die staatliche Absicht einer Besserstellung des EMAS Unternehmens in der Normengestaltung durchgängig erkennbar ist, der Eintritt des Privilegierungserfolgs jedoch von den handelnden Behörden abhängig ist. Dies weil der Weg zum Privilegierungserfolg in vielen Privilegierungsnormen nur „skizziert" wird, d.h. der Erfolgseintritt von der im Einzelfall fraglichen Verwertbarkeit von EMAS Leistungen abhängt oder von der einzelfallabhängigen Ausübung behördlichen Ermessens. Vor dem Hintergrund der im vorigen Kapitel erfolgten Kategorisierung der Privilegisierungsvorschriften könnte dies den Befund stützen, dass es „brauchbare" Privilegierungsvorschriften gibt, also solche, die durch Angabe einer konkreten Maßnahme zur Besserstellung von EMAS Unternehmen einen bestimmten Privilegierungserfolg im Normalfall erwarten lassen und eher „unbrauchbare" Privilegierungsvorschriften, also solchen, die über eine Absichtserklärung des Staates zur Gewährung einer Gegenleistung nicht hinausgehen.[521]

Im Folgenden wird der Blick auf das Verwaltungsverfahren[522], dem Rechtsrahmen des Verwaltungshandelns, gerichtet werden. Die zur Privilegierung von EMAS Unternehmen notwendigen Behördenentscheidungen sind hier zu treffen, mithin kommt dem Verwaltungsverfahren eine entscheidende Funktion in der EMAS Privilegierung zu.

1. Die Sachverhaltsermittlung im Verwaltungsverfahren

Das Verwaltungsverfahren wird durch das Verwaltungsverfahrensrecht geregelt. Den normativen Rahmen bilden die Verwaltungsverfahrensgesetze von Bund und Ländern.[523]

Unter den Begriff des Verwaltungsverfahrens werden alle planvoll geordneten Vorgänge der Informationsgewinnung und –verarbeitung, Interessenabwägung und rechtliche Bewertung, die in der Verantwortung eines Trägers der öffentlichen Verwaltung ablaufen und der Hervorbringung administrativer Entscheidungen dienen, subsumiert.[524] Nach der gesetzlichen Definition des § 9 Abs. 1

521 Vgl. *Czajka*, in: Feldhaus, a.a.O., Bd. 2, 2.9, § 4, Rn. 18.

522 Zum Begriff und den Typen des Verwaltungsverfahrens *Hoppe/Beckmann,* Umweltrecht, § 12, Rn. 2 ff.

523 *Wolff/Bachof/Stuber/Kluth*, Verwaltungsrecht I, § 58, Rn. 3.

524 *Wolff/Bachof/Stuber/Kluth,* a.a.O., § 58, Rn. 1.

VwVfG[525] ist das Verwaltungsverfahren die nach außen wirkende Tätigkeit einer Behörde, die auf die Prüfung der Voraussetzungen, die Vorbereitung und den Erlass eines Verwaltungsaktes oder auf den Abschluss eines öffentlich-rechtlichen Vertrages gerichtet ist. Nach § 1 Abs. 4 VwVfG ist Behörde die Institution, die Aufgaben der öffentlichen Verwaltung wahrnimmt.[526] Mit Verwaltungstätigkeit ist der Teil des Verwaltungshandelns von Behörden gemeint, in dem über Sachverhalte entschieden wird, die von der gesetzlichen Ordnung öffentlich-rechtlich geregelt wurden.[527] Eine öffentlich-rechtliche Regelung liegt vor, wenn die Behörde Rechtsätze anwendet, die wenigstens einseitig ausschließlich den Staat oder einen Träger hoheitlicher Gewalt berechtigen.[528]

Die Verfahrensherrschaft im Verwaltungsverfahren liegt bei der jeweils zuständigen Behörde.[529] Der Bürger tritt als Beteiligter in das Verwaltungsverfahren ein, wobei der Bürger damit nicht zum bloßen Objekt behördlicher Tätigkeit wird, sondern ein mit eigenen Rechten ausgestatteter Teilnehmer am Verfahren ist, dessen Stellung entweder aktiv oder passiv sein kann.[530]

So kann beispielsweise ein EMAS Unternehmen eine Genehmigung für eine Anlage beanspruchen, ist also in diesem Fall Antragsteller eines Verwaltungsverfahrens, woraus die Pflicht resultiert, die erforderlichen Unterlagen bei der zuständigen Genehmigungsbehörde einzureichen. Im Gegenzug erlangt der Antragsteller den Anspruch auf eine schnellstmögliche, also effiziente und gesetzmäßige Bearbeitung seines Antrages.[531]

In einem anderen Fall kann das EMAS Unternehmen am Verfahren als Subjekt der öffentlich-rechtlichen Anlagenüberwachung beteiligt sein, etwa wenn die Behörde Nachweise zur Tätigkeit des Unternehmens oder zu aktuellen Emissionsdaten verlangt. Schließlich können auch andere Beteiligte die Beteiligtenstellung beeinflussen, etwa indem sie Drittwidersprüche erheben, um eine den Antragsteller begünstigende Entscheidung zu verhindern oder indem Dritte durch eine Anzeige an die Überwachungsbehörde ein Verwaltungsverfahren gegen einen (ggf. auditierten) Anlagenbetreiber in Gang setzen.

Ungeachtet dieser verschiedenen Konstellationen der Beteiligtenstellung im Verfahren und auch der daraus resultierenden unterschiedlichen Motivationen der Beteiligten gilt es das vom Gesetzgeber vorgegebene Ziel des Verwaltungs-

---

525 Verwaltungsverfahrensgesetz (VwVfG) in der Fassung der Bekanntmachung vom 23.1.2003, BGBl. I S. 102, zuletzt geändert durch Art. 2 Abs. 1 des Gesetzes vom 14.8.2009, BGBl. I 2827.

526 Zum Behördenbegriff *Kopp/Ramsauer*, VwVfG, § 1, Rn. 51 ff..

527 *Meyer,* in: Knack, VwVfG, § 1 Rn. 56.

528 So genannte „modifizierende Subjektstheorie"; dazu *Meyer*, in: Knack, a.a.O., § 1, Rn. 58.

529 *Wolff/Bachof/Stuber/Kluth*, a.a.O., § 59, Rn. 3.

530 *Clausen,* in: Knack, a.a.O., § 13, Rn. 3.

531 *Wolff/Bachof/Stuber/Kluth,* a.a.O., § 59, Rn. 8.

verfahrens zu erreichen, d.h. am Ende eines Verfahrens hat die handelnde Behörde immer eine rechtsstaatlich vertretbare Entscheidung zu treffen.[532]

1.1 Der Untersuchungsgrundsatz

Jeder Verwaltungsentscheidung liegt ein Lebenssachverhalt zu Grunde. Der Lebenssachverhalt bildet die Grundlage der rechtlichen Bewertung durch die Behörde und bedingt im Ergebnis die zutreffende Entscheidung der Behörde. Der verfassungsrechtlich verankerte Grundsatz der Gesetzmäßigkeit der Verwaltung[533] verpflichtet die Behörde ein Gesetz nur dann anzuwenden, wenn die tatsächlichen Voraussetzungen dazu erfüllt sind. Der Zwang zur materiellen Gesetzmäßigkeit schließt zugleich die förmliche Bindung einer Behörde an die Sachverhaltsdarstellung eines Beteiligten aus.[534] Anders als in einem auf der Basis des Privatrechts betriebenen Verfahren, hat im Verwaltungsverfahren die zuständige Behörde den Sachverhalt von Amts wegen zu ermitteln.[535]

Die Sachverhaltsermittlung im Verwaltungsverfahren wird von dem in § 24 VwVfG verankerten Untersuchungsgrundsatz (die so genannte „Inquisitionsmaxime") bestimmt, denn der Untersuchungsgrundsatz entspricht den rechtsstaatlichen Erfordernissen, insbesondere dem Grundsatz der Gesetzesbindung der Verwaltung am besten, da die richtige Entscheidung eine möglichst vollständige Aufklärung des Sachverhalts voraussetzt.[536] Die Ermittlung des Sachverhaltes und die anschließende Subsumtion des Sachverhaltes unter einen Rechtssatz stehen im Verwaltungsverfahren zudem unter dem Ideal der objektiven Richtigkeit.[537]

Art und Umfang der Ermittlungen bestimmt die Behörde im Rahmen ihres Verfahrensermessens zunächst selbst.[538] Idealtypisch muss eine Behörde bei der Ermittlung des Sachverhalts alle ihr zur Verfügung stehenden Möglichkeiten der Aufklärung ausschöpfen, die geeignet erscheinen, die für die Entscheidung notwendige Überzeugung zu gewinnen.[539] Allerdings zeigt sich in der Praxis, dass die Intensität der Untersuchungen, mithin der Umfang des behördlichen Ermitt-

---

532 Zur Gesetzesgebundenheit der Verwaltung *Wolff/Bachof/Stuber/Kluth,* a.a.O., § 31, Rn. 1 ff.. Zum Grundrechtsschutz durch Verwaltungsverfahren bereits *Ule/Laubinger,* Verwaltungsverfahrensrecht, § 1 III., S. 7.

533 Dazu *Wolff/Bachof/Stober/Kluth*, a.a.O., § 5, Rn. 12.

534 *Berg,* Zur Untersuchungsmaxime im Verwaltungsverfahren, Die Verwaltung 1976, S. 161 ff., (165).

535 *Kopp/Ramsauer,* VwVfG, § 24, Rn. 6.

536 *Clausen,* in: Knack, a.a.O., § 24, Rn. 2, m.w.N..

537 *Wolff/Bachof/Stuber/Kluth,* Verwaltungsrecht I, § 31, Rn. 6.

538 *Kopp/Ramsauer,* VwVfG, § 24, Rn. 11.

539 *Clausen,* in: Knack, a.a.o., § 24, Rn. 9.

lungsaufwandes, auch vom materiellen Gewicht der jeweiligen Verwaltungsziele (mit-)bestimmt wird.[540]

1.2 Das Ermittlungsverfahren

Um einen Sachverhalt aufklären zu können, muss eine Behörde zunächst die dazugehörigen Tatsachen ermitteln, denn Sachverhalte setzen sich aus einzelnen Tatsachen zusammen.[541] Die Tatsachenermittlung im Verwaltungsverfahren bildet das funktionale Gegenstück zur Beweisaufnahme im Verwaltungsprozess. Der Hauptunterschied zum Verwaltungsprozess liegt allerdings darin, dass im Verwaltungsverfahren der Grundsatz der Nichtförmlichkeit der Tatsachenermittlung gilt.[542]

Die Beweiserhebung im Verwaltungsverfahren ist Teil der Amtsermittlung.[543] Beweise haben die Bedeutung, den Behörden die Überzeugung vom Vorliegen oder Nichtvorliegen derjenigen Tatsachen und Umstände zu vermitteln, die den Sachverhalt für die zu treffende Entscheidung bilden.[544]

1.2.1 Der Tatsachenbegriff

Gegenstand des Beweises sind nur Tatsachen, nicht dagegen die Bewertung von Tatsachen oder etwa rechtliche Schlussfolgerungen. Der Bundesgerichtshof[545] hat Tatsachen als konkrete, nach Raum und Zeit bestimmte, vergangene und gegenwärtige Geschehnisse der Außenwelt und des Seelenlebens definiert. Anders ausgedrückt, sind die dem Beweis zugänglichen Tatsachen diejenigen Fakten, die als tatbestandliche Voraussetzungen für die begehrte Rechtsfolge vorliegen müssen.[546]

Dabei wird zwischen inneren und äußeren Tatsachen unterschieden, wobei die inneren Tatsachen solche sind, die nicht unmittelbar erhoben werden können (z.B. das Wissen einer Person zu bestimmten Umständen). Sie können aber durch den Einsatz allgemeiner Erfahrungssätze erschlossen werden.[547]

---

540 *Berg,* a.a.O., (174), sieht hierin den funktionalen Unterschied zwischen dem gerichtlichem und dem behördlichem Ermittlungsverfahren.

541 *Wolff/Bachof/Stuber/Kluth,* a.a.O., § 36, Rn. 1.

542 *Kopp/Ramsauer,* VwVfG, § 26, Rn. 3.

543 *Clausen,* in: Knack, a.a.O., § 26, Rn. 2.

544 *Clausen,* in: Knack, a.a.O., § 26, Rn. 3.

545 BGH, NJW 1981, S. 1562.

546 Zum Tatsachenbegriff *Nierhaus,* Beweismaß und Beweislast, S. 28, ff.

547 *Wolff/Bachof/Stuber/Kluth,* a.a.O., § 36, Rn. 5/6; *Clausen,* in: Knack, a.a.O., § 26, Rn. 3. Zum Tatsachenbegriff im Zivilprozess siehe *Reichold,* in: Thomas/Putzo, ZPO, Vorbemerkung zu § 284, Rn. 13 ff.

1.2.2 Die Tatsachenermittlungen

Die Beweiserhebung ist im Verwaltungsverfahren kein besonderer Verfahrensabschnitt, der wie im Prozessverfahren durch einen Beweisbeschluss eingeleitet wird, sondern, wie bereits erwähnt, Teil der Amtsermittlung.[548]

Das Ziel der behördlichen Tatsachenermittlung ist dagegen identisch mit dem Ziel einer gerichtlichen Beweiserhebung. Es soll vermieden werden, dass als Ergebnis der Tatsachenermittlungen ein rechtsrelevanter Lebenssachverhalt nicht ermittelt wird, weil eine rechtserhebliche Tatsache nicht erwiesen werden konnte.[549] Positiv ausgedrückt, soll durch das Ermittlungsverfahren jede Tatsache ermittelt werden, die für das Ergebnis des Verfahrens von Bedeutung ist. Der Untersuchungsgrundsatz wird im Verwaltungsverfahren gerade deshalb eingesetzt, damit die aus dem Zivilprozess bekannte Situation eines „non liquet" nicht eintreten kann, also die Beendung eines Verfahrens nur wegen der Nichterweislichkeit einer erheblichen Tatsache erfolgt.[550]

Der Gegenstand der behördlichen Tatsachenermittlungen wird durch den Inhalt der maßgeblichen materiellrechtlichen oder verfahrensrechtlichen Rechtssätze mit ihren einzelnen Voraussetzungen bestimmt, die erfüllt sein müssen, damit eine von der Behörde beabsichtigte oder von einem Beteiligten beantragte Entscheidung ergehen kann.[551] Die Ermittlung der Tatsachen im Verwaltungsverfahren gilt all denjenigen Fakten, die als tatbestandliche Voraussetzungen für eine von einem Beteiligten begehrte Rechtsfolge vorliegen müssen.[552]

Ein Tatbestand ist der in einem Rechtssatz zum Ausdruck kommende, begrifflich schematisierte Typus eines Lebenssachverhalts.[553] Entscheidungserheblich ist eine Tatsache nur dann, wenn sich aus ihr allein oder in Verbindung mit anderen Tatsachen unmittelbar ein Tatbestandsmerkmal einer anzuwendenden Norm ergibt oder daraus mittelbar auf das Vorliegen oder Nichtvorliegen einer unmittelbar erheblichen Tatsache geschlossen werden kann.[554] Unterschieden wird insofern zwischen Tatbestandstatsachen und Rechtsfolgetatsachen, wobei Unklarheiten über den rechtserheblichen Sachverhalt sich meistens, aber nicht ausschließlich auf Tatsachen beziehen, die für die Tatbestandsseite des anzuwendenden Rechtssatzes von Bedeutung sind.[555]

---

548 *Clausen,* in: Knack, § 26 Rn. 2.; *Wolff/Bachof/Stuber/Kluth,* a.a.O., § 60, Rn. 46.
549 *Nierhaus,* a.a.O., S. 45.
550 Zum Begriff des „non liquet" siehe *Nierhaus,* a.a.O., S. 33, Fn. 50, m.w.N.
551 BVerwG, DVBl. 1990, S. 1170.
552 *Nierhaus,* a.a.O., S. 28 f..
553 *Wolff/Bachof/Stuber/Kluth,* a.a.O., § 36, Rn. 16.
554 BVerwG vom 12.12.1974, in: Buchholz 310, § 86 Abs. 1 VwGO Nr. 98.
555 *Nierhaus,* a.a.O., S. 30.

1.2.3 Die Grenzen behördlicher Tatsachenermittlungspflichten

Von einer Behörde nicht zu ermitteln sind Sachverhaltsumstände, die selbst keine Tatsachen sind. So sind Vermutungen oder Verdachtsmomente, soweit sie nicht belegt werden können, keine Tatsachen.[556] Auch Tatsachen, die nach Überzeugung der handelnden Behörde feststehen, sowie behördenkundige und offenkundige Tatsachen bedürfen keiner Ermittlung.[557]

Ebenfalls besteht keine Ermittlungspflicht bei so genannten „typischen Abläufen", wo bereits der Tatbestand nach der allgemeinen Lebenserfahrung auf bestimmte Ursachen hinweist und infolgedessen die konkreten Umstände des Einzelfalls ohne Belang sind.[558] In diesen Fällen soll der „Anscheinsbeweis" die Tatsachenermittlungspflicht ersetzen, wobei zwar die Verortung des Anscheinsbeweises im Beweisrecht umstritten ist, dessen Zulässigkeit jedoch nicht.[559]

Eine weitere Begrenzung in der Ermittlungspflicht der Behörden ergibt sich aus dem Grundsatz der Verhältnismäßigkeit. Das bedeutet nicht, dass eine Tatsachenermittlung dann unterbleiben darf, wenn sie sich als schwierig gestaltet, doch kann die Behörde im Rahmen ihres Aufklärungsermessens auf die Aufklärung von Tatsachen verzichten, die sie als nicht geeignet betrachtet, das Ergebnis des Verwaltungsverfahrens, mithin ihre Entscheidung zu beeinflussen.[560]. Eine Behörde hat, wie *Berg*[561] zutreffend ausführt, den notwendigen und zulässigen Ermittlungsbedarf im Einzelfall durch Abwägungsentscheidung zu bestimmen.

2. Die Mitwirkungspflicht

Die Mitwirkungspflicht von Beteiligten im Verwaltungsverfahren kann ein wichtiges Mittel in der Sachverhaltsaufklärung sein, denn ohne Mitwirkung, d.h. ohne die Unterstützung durch einen Beteiligten, kann eine Behörde im Einzelfall ihrer Amtsermittlungspflicht nicht genügen.[562]

Im Verwaltungsprozess läuft ein Prozessbeteiligter Gefahr, dass die Ungewissheit über eine Tatsache, die nach Erschöpfen der dem Gericht bekannten Erkenntnismöglichkeiten verbleibt, zu seinen Lasten geht. Deshalb ist er verpflichtet, die nur ihm bekannten Tatsachen und Erkenntnismöglichkeiten dem Gericht mitzuteilen.[563]

---

556 *Wolff/Bachof/Stuber/Kluth*, a.a.O., § 36, Rn. 4.
557 *Clausen,* in: Knack, a.a.O., § 24, Rn. 8.
558 *Clausen*, in: Knack, a.a.O., § 26, Rn. 5.
559 Eingehend auf die Funktion des „Anscheinsbeweises" *Nierhaus*, a.a.O., S. 12.
560 *Wolff/Bachof/Stuber/Kluth*, a.a.O., § 60, Rn. 45.
561 *Berg*, a.a.O., S. 187.
562 *Nierhaus*, a.a.O, S. 279.
563 BVerwGE 19, 87 (94) E 26, 30 (31).

Auch im allgemeinen Verwaltungsverfahren haben nach § 26 Abs. 2 VwVfG die Betroffenen die ihnen bekannten Tatsachen- und Beweismittel anzugeben.[564] Weitergehende Mitwirkungspflichten bestehen jedoch nur, soweit sie spezialgesetzlich vorgesehen sind (§ 26 Abs. 2 Satz 3 VwVfG).[565] Auf der Grundlage gesetzlicher Mitwirkungspflichten können einen Beteiligten Auskunfts-, Nachweis- und Duldungs- und sogar Ermittlungspflichten („Mitwirkungslasten") treffen.[566] Mitwirkungspflichten bedeuten damit auch immer eine Gefahr der Aushöhlung des Untersuchungsgrundsatzes.[567]

3. Die Beweismittel im Verwaltungsverfahren

Die einer Behörde im Zusammenhang mit ihrer Amtsermittlung zur Verfügung stehenden Beweismittel können § 26 Abs. 1 VwVfG entnommen werden. Dabei handelt es sich um die so genannten „klassischen Beweismittel", die auch die Zivilprozess- und die Strafprozessordnung kennen.[568]

Als Beweismittel in Verwaltungsverfahren kommen Auskünfte, die Anhörung der Beteiligten, die Anhörung von Zeugen, von Sachverständigen, die Verwertung von Urkunden (und Akten) und die Inaugenscheinnahme in Frage. Die Aufzählung der Beweismittel in § 26 VwVfG ist jedoch nicht abschließend.[569]

Es gilt im Verwaltungsverfahren der Grundsatz des „Freibeweises".[570] Das bedeutet, dass sich die Behörden grundsätzlich aller (zulässigen) Beweismittel bedienen dürfen, die sie für die Ermittlung eines Sachverhaltes für erforderlich halten.[571] Die Entscheidung für oder gegen ein Beweismittel, mithin die Auswahl und Heranziehung einzelner Beweismittel unterliegt lediglich den allgemeinen Anforderungen an eine pflichtgemäße Ermessensausübung.[572]

Nicht zu den klassischen Beweismitteln zählen etwa die Inhalte der als allgemeine Verwaltungsvorschriften erlassenen technischen Regelwerke, wie etwa

---

564 Anders im förmlichen Verwaltungsverfahren, vgl. dazu §§ 65, 66 VwVfG. Näher hierzu *Kopp/Ramsauer,* VwVfG, § 26, Rn. 5.

565 Eine Aufzählung (bereits) spezialgesetzlich normierter Mitwirkungspflichten findet sich bei *Clausen,* in: Knack, a.a.O., § 26, Rn. 39 sowie bei *Kopp/Ramsauer,* VwVfG, § 26, Rn. 44a.

566 Zu verschiedenen Konstellationen der Mitwirkungspflicht eines Beteiligten *Nierhaus,* a.a.O., S. 296.

567 Zur Mitwirkungslast siehe *Kopp/Ramsauer*, VwVfG, § 26, Rn. 40. Kritisch zur „Mitwirkungslast" *Nierhaus*, a.a.O., S. 262 ff..

568 Zu den Beweismitteln der ZPO siehe *Reichold*, in: Thomas/Putzo, a.a.O., Vorbemerkung zu § 284, Rn. 12. Zu den Beweismitteln im Strafprozess *Kleinknecht/Meyer,* StPO, Einleitung, Rn. 49.

569 *Clausen,* in: Knack, a.a.O., § 26, Rn. 17.

570 *Kopp/Ramsauer,* VwVfG, § 26 Rn. 9.

571 Zu unzulässigen Beweismitteln *Clausen,* in: Knack, a.a.O., § 26, Rn. 16.

572 BVerwG, NVwZ 1999, S. 535, (536).

im Umweltrecht die „Technische Anleitung Luft".[573] Obwohl die Einhaltung dort enthaltener Anforderungen und Grenzwerte geeignet ist, einen ordnungsgemäßen immissionsschutzrechtlichen Betrieb einer Anlage zu belegen, einem Umstand, der vor allem im Umwelthaftungsrecht Bedeutung zukommt,[574] kommt den technischen Regelwerken im Verwaltungsverfahren nur die Funktion von Indizien oder Orientierungshilfen bei der Sachverhaltswürdigung zu.[575]

3.1 Die Beweiswürdigung

Im Verwaltungsverfahren gilt, genau wie im Verwaltungs- und auch Zivilprozess, der „Grundsatz der freien Beweiswürdigung".[576] Für das förmliche Verwaltungsverfahren ist dies in § 69 Abs. 1 VwVfG ausdrücklich festgeschrieben worden.[577] Dies bedeutet, dass die Behörden bei der Würdigung der ermittelten Tatsachen nicht an Beweisregeln gebunden sind, sondern in der Bewertung und der Abwägung aller maßgeblichen Tatsachen und den daraus gezogenen Schlussfolgerungen frei sind.[578]

Einigkeit besteht, dass die Beweiswürdigungsfreiheit keine völlige Ungebundenheit bei der Sachverhaltsfeststellung bedeutet, also weder Willkür noch Ermessen zulässt.[579] Die Beweiswürdigung muss rational nachvollziehbar sein, darf nicht gegen Denk- und Naturgesetze verstoßen, muss mit allgemeinen Erfahrungstatsachen und unumstrittenen Geschichtstatsachen in Einklang stehen, darf nicht einen Teil des ermittelten Stoffes ausklammern und sich nicht in Spekulationen ergehen.[580]

3.2 Das Beweismaß

Die auf die (freien) Beweis – bzw. Tatsachenwürdigung folgende Behördenentscheidung hat grundsätzlich denselben Anforderungen zu genügen, wie eine den Verwaltungsprozess beendende Entscheidung.[581] Am Ende des Verwaltungsprozesses steht das Urteil als richterliche Entscheidung. Richterliche Entscheidung heißt Sachverhaltsermittlung und Rechtsgewinnung.[582] Das Verwaltungsgericht entscheidet nach seiner freien, aus dem Gesamtergebnis des Verfahrens gewon-

---

573 Erste allgemeine Verwaltungsvorschrift zum Bundes-Immissionsschutzgesetz (Technische Anleitung zur Reinhaltung der Luft – TA Luft) vom 24.07.2002, GMBl. S. 511.

574 Dazu *Dombert*, in: Umweltaudit, Abschnitt L, Rn. 41.

575 *Wolff/Bachof/Stuber/Kluth*, a.a.O., § 60, Rn. 53.

576 Die freie Beweiswürdigung im Verwaltungsverfahren ist ein „ungeschriebener Grundsatz"; siehe *Wolff/Bachof/Stuber/Kluth*, a.a.O., § 60, Rn. 47, m.w.N..

577 *Clausen,* in Knack, a.a.O., § 24, Rn. 21.

578 *Clausen*, in: Knack, a.a.O., § 24, Rn. 21.

579 *Nierhaus*, a.a.O., S. 47.

580 *Wolff/Bachof/Stuber/Kluth*, a.a.O., § 60, Rn. 48.

581 *Berg*, Beweismaß und Beweislast, S. 71.

582 *Peschau*, Die Beweislast im Verwaltungsverfahren, S. 11.

nenen Überzeugung (§ 108 Abs. 1 VwGO).Dieses gesetzlich normierte Regelbeweismaß gilt auch für die Entscheidung der Behörden im Verwaltungsverfahren.[583]

Das Beweismaß ist die Überzeugung, ihr Bezugspunkt ist die Wahrheit und nicht die Wahrscheinlichkeit.[584] Für die Überzeugung von der Wahrheit eines Sachverhalts genügt nicht jede Wahrscheinlichkeit; vielmehr ist ein so hoher Grad von Wahrscheinlichkeit erforderlich, dass er nach der Lebenserfahrung praktisch der Gewissheit gleichkommt.[585] Die Überzeugungsbildung ist abgeschlossen, wenn ein so hoher Wahrscheinlichkeitsgrad erreicht ist, dass kein vernünftiger, die Lebensverhältnisse klar überschauender Mensch noch daran Zweifel hegt, dass eine bestimmte Tatbestandsvoraussetzung vorliegt.[586]

3.2.1 Die Beweismaßreduktion

Das gesetzliche Regelbeweismaß kann spezialgesetzlich modifiziert werden, etwa wenn im einstweiligen Rechtsschutzverfahren (Eilverfahren) eine Glaubhaftmachung von Tatsachen als ausreichend angesehen wird, mithin das Beweismaß reduziert wird. Ebenso gelangt man im Gefahrenabwehrrecht zu einer Beweismaßreduktion, wenn bei der Feststellung einer Gefahrensituation auch Wahrscheinlichkeiten als ausreichend angesehen werden.[587]

Neben diesen Beweismaßreduktionen durch ausdrückliche gesetzliche Ermächtigungen kann das Regelbeweismaß nur durch so genannte „Beweiserleichterungen" reduziert werden, die zumeist richterrechtlich durch Auslegung und Fortbildung des materiellen Rechts entwickelt worden sind oder werden.[588]

Anlass für die Zubilligung einer Beweiserleichterung gibt meist eine unverschuldete Beweisnot einer Seite eines Verfahrens. So werden Beweiserleichterungen im Rahmen der steuer– und sozialrechtlichen Massenverwaltung zu Gunsten von Behörden für zulässig erachtet, weil diese auf Grund ihrer Kapazitätsprobleme in Beweisnot geraten können.[589]. Beteiligten eines Verwaltungsverfahrens werden Beweiserleichterungen eingeräumt, wenn deren Beweisnot evident und nachvollziehbar ist.[590].

Im Zivilrecht ist anerkannt, dass Beweiserleichterungen die Darlegungs- und Beweislast ändern können, das Beweismaß senken oder die Beweiswürdigung

---

583 Zum Regelbeweismaß im Verwaltungsverfahren *Wolff/Bachof/Stuber/Kluth*, a.a.O., § 60, Rn. 49.

584 *Nierhaus*, a.a.O., S. 50.

585 *Kopp/Ramsauer,* VwVfG, § 24, Rn. 33.

586 *Berg*, a.a.O., S. 72, m.w.N. in Fn. 3.

587 *Nierhaus*, a.a.O., S. 71.; ebso. *Clausen*, in Knack, a.a.O., § 24, Rn. 21.

588 *Nierhaus*, a.a.O., S. 79.

589 *Nierhaus*, a.a.O., S. 80.

590 *Nierhaus*, a.a.O., S. 82, führt beispielhaft das Entschädigungs-, Wiedergutmachungs- , Flüchtlings- , Vertriebenen- und Dienstunfallrecht an. Dort wurden auf Grund behördlicher Beweisnot Beweiserleichterungen durch die Gerichte für zulässig erklärt.

beeinflussen können.[591] So ist beispielsweise im (zivilrechtlichen) Umwelthaftungsrecht in § 6 Abs. 2 UmweltHG vorgesehen, das ein Anlagenbetreiber die gegen ihn gerichtete gesetzliche Verursachungsvermutung im Rahmen der Ermittlung eines Umweltschadens schon dadurch abwenden kann, dass er darlegt, dass er ausreichende Kontrollen durchgeführt hat, was wiederum die Annahme eines bestimmungsgemäßen Betriebs seiner Anlage zulässt. Ein EMAS Unternehmen kann beispielsweise seiner so begrenzten Darlegungslast durch die Vorlage beweisrelevanter Aussagen aus EMAS Dokumenten genügen.[592]

Die Beweismaßreduktion in einem Verwaltungsverfahren bedeutet allerdings keinen Verzicht auf den (immer noch) notwendigen Beweis einer Tatsache, führt aber zur Verringerung der Anforderungen an die Beweisführung.

3.4 Die Beweislast

Das Instrument der „Beweislast“ greift nur und erst dann ein, wenn trotz Ausschöpfung aller Beweis- und Aufklärungsmöglichkeiten weder eine fragliche Tatsache noch ihr Gegenteil bewiesen werden konnte.[593] Die Frage der Beweislast geht einher mit der Frage, wer die Folgen einer Nichterweislichkeit einer maßgeblichen Tatsache zu tragen hat. Beweislast und Beweismaß stehen in einem Wechselwirkungsverhältnis: Jede Reduktion in den Beweismaßanforderungen kann die Folge haben, dass eine Tatsache als erwiesen angesehen werden kann, womit die Notwendigkeit einer Auseinandersetzung mit der Beweislast entfällt.

Der im Verwaltungsverfahren geltende Untersuchungsgrundsatz schließt die Belastung eines Beteiligten mit der „subjektiven“ Beweislast aus, denn der Untersuchungsgrundsatz besagt, dass die Behörde und nicht etwa die Beteiligten den Sachverhalt zu ermitteln haben.[594] Daraus folgt, dass ein Beteiligter eines Verwaltungsverfahrens keine Beweismittel zu bezeichnen braucht und er auch keinen Beweis führen muss. Andererseits ist ein Beteiligter nicht gehindert, Beweismittel oder Beweisergebnisse der Behörde freiwillig an die Hand zu geben.[595]

Eine Beweislast besteht im Verwaltungsverfahren nur insoweit, als ein Beteiligter keine für ihn günstige Tatsache in Anspruch nehmen kann, sofern sich die Tatsache nicht im Wege der Amtsermittlung als wahr erweist. Das Verwaltungsverfahren kennt insofern nur eine materielle Beweislast.

---

591 *Klimeck*, Beweiserleichterungen im Umwelthaftungsrecht, S. 41.

592 *Dombert*, in: Umweltaudit, Abschnitt L, Rn. 56.

593 *Nierhaus*, a.a.O., S. 38. Der gleiche Grundsatz gilt auch im Zivilprozeß; dazu *Reichold*, in: Thomas/Putzo, a.a.O., Vorbemerkung zu § 284, Rn. 18.

594 Umfangreiche Nachweise zur herrschenden Meinung in Literatur und Rechtsprechung bei *Nierhaus*, a.a.O., S. 251, Fn. 722.

595 *Clausen*, in: Knack, a.a.O., § 24, Rn. 5.

Die Verteilung der materiellen Beweislast wird durch verschiedene Prinzipien bestimmt: So ist es für die (materielle) Beweislastverteilung relevant, wer durch eine Norm begünstigt wird, in wessen Verfügungs- und Verantwortungssphäre eine unbewiesene Tatsache fällt und wem unter Berücksichtigung des materiellen Rechts das Risiko der Verwaltungsentscheidung im Falle eines „non liquet" zuzuweisen ist.[596]

Aus der materiellen Beweislast folgt, dass die Unerweislichkeit einer anspruchsbegründenden Tatsache im Bereich der Leistungsverwaltung zu Lasten des Antragstellers geht und die Nichtbeweisbarkeit einer ermächtigungsbegründenden Tatsache im Bereich der Eingriffsverwaltung zu Lasten der Behörde. Der Gesetzgeber entscheidet daher mit jeder Formulierung einer anspruchsbegründenden oder eingriffsermächtigenden Norm erneut, wer Last die Nichterweislichkeit von Tatsachen zu tragen hat.[597]

4. Die Bedeutung des Verfahrensrechts bei der EMAS Privilegierung

Die Darstellung der verwaltungsverfahrensrechtlichen Anforderungen an den Prozess der behördlichen Entscheidungsfindung fand vor dem Hintergrund der oben getroffenen Feststellung statt, dass eine Behörde, die ein EMAS Unternehmen durch die Berücksichtigung von EMAS privilegieren soll, die *richtige* Entscheidung treffen muss, damit sich der vom Gesetzgeber beabsichtigte Privilegierungserfolg realisiert.

Die Tatsachenermittlung und die sich daran anschließende Tatsachenwürdigung haben auch bei der Privilegierung von EMAS Unternehmen nach den im Verwaltungsverfahrensrecht aufgestellten Regeln zu erfolgen. Sofern EMAS Privilegierungsvorschriften lapidar eine *Berücksichtigung* des EMAS Audits und seiner Ergebnisse anordnen, ist mit Blick auf die allgemeinen Regeln des Verwaltungsrechts daher zunächst festzuhalten, dass die mit dem EMAS Audit dokumentierten Leistungen auf dem Gebiet des Umweltschutzes, einschließlich der damit zusammenhängenden Feststellungen des Umweltgutachters, dass die einschlägigen Umweltvorschriften vom EMAS Unternehmen eingehalten werden, allesamt berücksichtigungsfähige Tatsachen in einem Verwaltungsverfahren sind. Sie bilden eine eigenständige Erkenntnisquelle,[598] die die Behörde im Zuge ihrer Ermittlungstätigkeit zu berücksichtigen hat.

Mit Rücksicht auf die eindeutige Intention des Gesetzgebers zur Herbeiführung eines Privilegierungserfolges ergibt sich zudem, dass im Rahmen der Tatsa-

596 *Wolff/Bachof/Stuber/Kluth*, a.a.O., § 60, Rn. 51. Zu einzelnen Fallgruppen im Zusammenhang mit dem Normbegünstigungsprinzip *Peschau*, Die Beweislast im Verwaltungsrecht, S. 21 ff..

597 *Clausen*, in: Knack, a.a.O., § 24, Rn. 17.

598 Dazu *Kopp/Ramsauer,* VwVfG, § 26, Rn. 13.

chenwürdigung die EMAS Tatsachen auch zutreffend respektiert werden müssen.

Der Blick auf die verwaltungsverfahrensrechtlichen Grundsätze hat im Übrigen gezeigt, dass trotz des das Verwaltungsverfahren bestimmenden Untersuchungsgrundsatzes auch in Verwaltungsverfahren Beweisprobleme Bedeutung erlangen können. Kann ein Antragsteller für ihn günstige und zugleich entscheidungserhebliche Tatsachen nicht selbst nachweisen, muss er im Normalfall mit der Ablehnung seines Antrages rechnen.

Für den Fall von Beweisschwierigkeiten eines EMAS Unternehmens liefert die eindeutige Intention des Gesetzgebers zur Privilegierung des EMAS Teilnehmers eine Begründung für Beweiserleichterungen zu Gunsten von EMAS Unternehmen, wobei die Einräumung von Beweiserleichterungen nur als Folge einer umsichtigen Prüfung der Behörden in Frage kommt.[599] Sind Beweiserleichterungen möglich, kann die Behörde eigene Angaben des auditierten Betreibers als ausreichenden Nachweis einer entscheidungserheblichen Tatsache ansehen und auf weitere Ermittlungen oder Sachverständigengutachten verzichten. [600] Denkbar ist es aber auch, wegen der engen Verknüpfung der Fragen von Beweismaß, Beweiswürdigung und Beweislast, [601] die Tatsache der EMAS Auditierung als Begründung einer Beweislastentscheidung zu Gunsten des auditierten Verfahrensbeteiligten heranzuziehen.

Nachdem damit die verfahrensrechtlich deteminierten Spielräume einer positiven Berücksichtigung von EMAS Leistungen im Verwaltungsverfahren umrissen sind, wird im Folgenden die konkrete Anwendungsmöglichkeit der erkannten Spielräume in Verwaltungsverfahren betrachtet.

---

599 Zur potentiellen Gefahr einer Verletzung des Rechtsstaatsprinzips durch die Herabsetzung des Regelbeweismaßes *Nierhaus*, a.a.O., S. 115.

600 Dies sieht die Privilegierung des § 13 Abs. 1a der 9. BImSchV gerade vor.

601 Zur engen Verknüpfung dieser beweisrechtlichen Themen siehe *Nierhaus*, a.a.O., S. 4. *Nierhaus* spricht sich in diesem Zusammenhang auch für eine Zurückdrängung der Beweismaßreduktion zu Gunsten von Beweislastentscheidungen aus (S. 116).

Kapitel 4 Zur Berücksichtigung der EMAS Auditierung in Genehmigungsverfahren

1. EMAS Auditierung und immissionsschutzrechtliches Genehmigungsverfahren

Anlagen, die auf Grund ihrer Beschaffenheit oder ihres Betriebes in besonderem Maße geeignet sind, schädliche Umwelteinwirkungen hervorzurufen bedürfen nach § 4 Abs. 1 BImSchG einer immissionsschutzrechtlichen Genehmigung.[602] Genehmigungsbedürftigen Anlagen wohnt nach Auffassung des Gesetzgebers ein besonderes „Beeinträchtigungspotential" inne.[603] Welche Anlagen im Einzelnen unter den Genehmigungsvorbehalt des Immissionsschutzrechts fallen, ist anhand der Regelungen der Vierten Verordnung zum Bundes-Immissionsschutzgesetz (4. BImSchV) und dort nach den Anforderungen im Anhang zu dieser Verordnung zu bestimmen.[604]

Eine Folge der immissionsschutzrechtlichen Genehmigungsbedürftigkeit ist, dass die Errichtung solcher Anlagen nicht nur beim Vorliegen einer Genehmigung erlaubt ist sondern das wegen der Unbefristetheit der Erstgenehmigung auch bei jeder wesentlichen Änderung der Anlage weitere Genehmigungen notwendig werden.[605]

Der § 4 Abs. 1 Satz 2 der 9. BImSchV soll EMAS Unternehmen im immissionsschutzrechtlichen Genehmigungsverfahren privilegieren. Auf die in der Literatur zu dieser Privilegierung geäußerten Bedenken wurde schon oben eingegangen.[606] Im Folgenden soll der Frage nachgegangen werden, ob bzw. wie diesen Bedenken, unter Berücksichtigung der bisherigen Ergebnisse, entgegengetreten werden kann.

1.1 Förmliches und vereinfachtes Genehmigungsverfahren

Die wichtigsten Regelungen zum immissionsschutzrechtlichen Genehmigungsverfahren enthält die erwähnte neunte Verordnung zum Bundes-Immissionsschutzgesetz (9. BImSchV). Weitere subsidiäre Verfahrensvorschriften, so zur Erteilung von Genehmigungen, Teilgenehmigungen und Änderungs-

602 Näher zum immissionsschutzrechtlichen Anlagenbegriff *Dietlein*, in: Landmann/Rohmer, Bd. 1, BImSchG , § 4, Rn. 23.

603 *Dietlein*, in: Landmann/Rohmer, a.a.O., § 4, Rn. 24.

604 *Dietlein*, in: Landmann/Rohmer, a.a.O., § 4, Rn. 7.

605 *Kutscheidt*, Die wesentliche Änderung industrieller Anlagen, NVwZ 1997, S. 111 ff. (112).

606 Siehe oben Kapitel 2, Abschnitt 5.2.

genehmigungen, zu Vorbescheiden, zur Zulassung des vorzeitigen Baubeginns und zu nachträglichen Anordnungen finden sich im Bundes Immissionsschutzgesetz.[607]

Der Gesetzgeber hat das immissionsschutzrechtliche Genehmigungsverfahren im Grundsatz als förmliches Verfahren ausgestaltet. Das heißt, ein Genehmigungsverfahren (§ 4 BImSchG) hat unter Einbeziehung der Öffentlichkeit stattzufinden.[608] Das „vereinfachte Verfahren" nach § 19 BImSchG in Verbindung mit § 24 der 9. BImSchV – ein Verfahren ohne Öffentlichkeitsbeteiligung - bildet die Ausnahme.[609]

Anlagen, deren Errichtung oder deren Änderung in einem vereinfachten Verfahren genehmigt werden, sind in Spalte 2 des Anhangs zur 4. BImSchV aufgeführt, alle in der Spalte 1 dieses Anhangs aufgeführten Anlagen bedürfen zu ihrer Errichtung oder ihrer Änderung der in einem förmlichen Verfahren erteilten Genehmigung. Eine Ausnahme dieses Grundsatzes besteht für Anlagen der Spalte 2, wenn eine „Allgemeine Vorprüfung des Einzelfalls nach dem Umweltverträglichkeitsgesetz (UVPG)"[610] ergeben sollte, dass eine Pflicht zur Durchführung einer Umweltverträglichkeitsprüfung besteht (§ 3a UVPG). In diesem Fall sind auch Anlagen der Spalte 2 in einem förmlichen Genehmigungsverfahren zu genehmigen (§ 2 Abs. 1 Nr. 1 Buchst. c).[611] Anlagen der Spalte 2 können auf Betreiben des Vorhabenträgers auch im förmlichen Verfahren geändert werden, wenn der Vorhabenträger es beantragt.[612] Ein solcher Antrag macht Sinn, wenn der Antragsteller eine Präklusionswirkung für verspätete Einwendungen Dritter[613] erreichen, mithin seine Investitionssicherheit durch einen im förmlichen Verfahren ergangenen Genehmigungsbescheid erhöhen möchte.[614]

Bei der Genehmigung zur Änderung einer genehmigungsbedürftigen Anlage (Änderungsgenehmigung nach § 16 Abs. 1 BImSchG), hat diese im Regelfall im förmlichen Verfahren mit Öffentlichkeitsbeteiligung zu ergehen. Auch hier besteht die Möglichkeit zum Ausschluss der Öffentlichkeit, wenn die Voraussetzungen des § 16 Abs. 2 BImSchG vorliegen. Wird die Öffentlichkeit nicht am

607 Siehe *Czajka*, in: Feldhaus, Band 2, B 2.9, § 1, Rn. 10.; *Jarass*, BImSchG, § 10, Rn. 6.

608 Zu den Publizitätsbestimmungen *Sellner/Reidt/Ohms,* Immissionsschutzrecht und Industrieanlagen, Teil 2, Rn. 44.

609 Zum Regel/Ausnahmeverhältnis der Verfahrensarten *Jarass*, BImSchG, § 19, Rn. 1.

610 Gesetz zur Umweltverträglichkeitsprüfung (UVPG) in der Fassung der Bekanntmachung vom 25. Juni 2005, BGBl. I S. 1757, zuletzt geändert durch Art. 11 des Gesetzes vom 11.8.2010, BGBl. I 1163.

611 *Jarass*, BImSchG, § 19, Rn. 5.

612 *Jarass*, BImSchG, § 19, Rn. 9.

613 Dazu *Hoppe/Beckmann,* Umweltrecht, § 12, Rn. 24 f.

614 *Kutscheidt/Dietlein,* in: Landmann/Rohmer, , Bd. 2, 9. BImSchV, § 3, Rn. 18.; siehe auch *Czajka*, in: Feldhaus, a.a.O., B1, Rn. 62.

Verfahren beteiligt, hat die Änderungsgenehmigung die Rechtswirkung einer im vereinfachten Verfahren erteilten Genehmigung.[615]

1.2 Privilegierung des EMAS Unternehmens in der Antragsberatung?

Die immissionsschutzrechtlichen Genehmigungsverfahren werden gemäß § 2 Abs. 1 Satz 1 der 9. BImSchV durch einen schriftlichen Antrag des Vorhabensträgers bei der zuständigen Genehmigungsbehörde in Gang gesetzt.[616]

§ 2 Abs. 2 Satz 1 der 9. BImSchV gibt der Genehmigungsbehörde im Vorfeld der Antragstellung auf, den Antragsteller zu den Erfordernissen des (kommenden) Genehmigungsverfahrens zu beraten. Die Verpflichtung der Behörde zur Beratung entsteht, wenn der potentielle Antragsteller die Behörde über sein Vorhaben erstmalig unterrichtet.[617] Aus der Unterrichtung folgt, von atypischen Fällen abgesehen, ein Beratungsanspruch des Vorhabensträgers gegenüber der zuständigen Genehmigungsbehörde.[618]

In der Antragsberatung soll die Behörde die im Genehmigungsverfahren beizubringenden Unterlagen sowie auch die Frage notwendiger Sachverständigengutachten mit dem Vorhabenträger erörtern.[619] Die Antragsberatung ist Ausdruck des das immissionsschutzrechtliche Verfahren prägenden „Kooperationsprinzips".[620]

Ziel der Antragsberatung ist es, dass der Träger des Vorhabens bereits in der Phase der Planung seiner Anlage alle Gesichtspunkte beachtet, die für die rechtliche Beurteilung seines Vorhabens von Bedeutung sein können und dass hierdurch eine möglichst zügige Durchführung des Genehmigungsverfahrens möglich wird. Die Beratung liegt daher nicht nur im Interesse des Vorhabenträgers, sondern auch in dem der Allgemeinheit.[621]

Soweit ein Vorhaben der Durchführung einer Umweltverträglichkeitsprüfung bedarf, wird die Beratungspflicht der Behörde durch § 2 a der 9. BImSchV erweitert.[622] Die Behörde hat in diesen Fällen in einem „Scoping-Verfahren"[623] gemeinsam mit weiteren zu beteiligenden Behörden Art und Umfang der einzu-

---

615 *Jarass*, BImSchG, § 16, Rn. 45a.

616 *Czajka*, in: Feldhaus, a.a.O., Bd. 2, B 2.9, § 2, Rn. 5; *Jarass*, BImSchG, § 10, Rn. 25.

617 *Jarass*, BImSchG, § 10, Rn. 20.

618 *Kutscheidt/Dietlein*, in: Landmann/Rohmer, a.a.O., § 2, Rn. 8.

619 Siehe § 2 Abs. 2 Satz 3 der 9. BImSchV.

620 *Czajka*, in: Feldhaus, a.a.O., B 2.9, § 2, Rn. 16. Zum Kooperationsprinzip im Umweltschutz siehe *Hoppe/Beckmann*, § 1, Rn. 53. Zur Stärkung des Kooperationsprinzips durch eine Privatisierung der Betreiberüberwachung *Langerfeldt*, Privatisierung der Betreiberüberwachung, S. 619.

621 *Kutscheidt/Dietlein*, in: Landmann/Rohmer, a.a.O., § 2, Rn. 9.

622 *Jarass*, BImSchG, § 10, Rn. 24. Näher dazu *Czajka* in: Feldhaus, a.a.O., B 2.9, § 2, Rn. 45.

623 Näher zum Gegenstand des so genannten Scopingverfahrens, *Sellner/Reidt/Ohms*, a.a.O., Rn. 53 f..

reichenden Unterlagen, sowie den Gegenstand, den Umfang und die Methoden der Umweltverträglichkeitsprüfung des Vorhabens zu erörtern.

1.2.1 Die Berücksichtung von EMAS Tatsachen in der Beratungsphase

Der EMAS Privilegierungsanspruch aus § 4 Abs. 1 Satz 2 der 9. BImSchV knüpft an den Beginn des eigentlichen Genehmigungsverfahrens (Einreichen des Genehmigungsantrags) an. Fraglich ist daher, ob in der dem Genehmigungsverfahren vorgelagerten Phase der Antragsberatung eine Privilegierung des EMAS Unternehmens stattfinden darf und wenn, wie dessen Privilegierung aussehen könnte.

Für die Annahme einer Privilegierung der EMAS Unternehmen bereits in der Phase der Antragsberatung spricht, dass eine Privilegierungsverpflichtung für das Genehmigungsverfahren existiert und das Antragsberatung und Genehmigungsantrag so miteinander verknüpft sind, dass eine Nichtberücksichtigung der EMAS Auditierung im Stadium der Antragsberatung als systemwidrig zu bewerten wäre, denn die Antragsunterlagen werden nach Umfang und Inhalt im Wesentlichen durch die Antragsberatung bestimmt.

Die Erörterungspunkte, die Gegenstand der Antragsberatung sind, benennt § 2 Abs. 2 der 9. BImSchV, jedoch ist der Tatbestand nicht abschließend gefasst.[624] Ausdrücklich zur Erörterung benannt sind dort die Fragen der vorzulegenden Antragsunterlagen, der voraussichtlichen Umweltauswirkungen des Vorhabens und die der voraussichtlich erforderlichen Gutachten.[625] Des Weiteren ist Gegenstand der Antragsberatung die Befassung mit Fragen zur zeitlichen Planung des Genehmigungsverfahrens, zu Möglichkeiten einer Verfahrensbeschleunigung sowie zur gegebenenfalls erforderlichen Beteiligung weiterer Behörden.[626]

1.2.2 Der erforderliche Bezug von Vorhaben und Audit

Soll eine Behörde auf der Grundlage des in Rede stehenden Privilegierungsauftrages EMAS Tatsachen in eine Erörterung einbeziehen, dann müssen diese Tatsachen auch objektiv geeignet sein, einen konstruktiven Beitrag für die Erörterung der anstehenden Fragen liefern zu können. Das bedeutet, dass zwischen einem Erörterungsgegenstand und einem Auditgegenstand ein tatsächlicher Bezugspunkt bestehen muss.

Ist Gegenstand des zu erörternden Vorhabens eine wesentliche Anlagenänderung nach § 16 Abs. 1 BImSchG und die zu ändernde Anlage bereits auditiert, kann die Möglichkeit der Verknüpfung von Vorhaben und Audit nicht ausge-

---

624 *Kutscheidt/Dietlein,* in: Landmann/Rohmer, a.a.O., § 2, Rn. 9.
625 *Kutscheidt/Dietlein,* in: Landmann/Rohmer, a.a.O., § 2, Rn. 15.
626 *Kutscheidt/Dietlein*, in: Landmann/Rohmer, a.a.O., § 2, Rn. 17. Zum Problem der Einbeziehung von Umweltverbänden in die Antragsberatung *Czajka*, in: Feldhaus, a.a.O., B 2.9, § 2, Rn. 43.

schlossen werden. Anders liegt der Fall, wenn das Vorhaben in keinem Zusammenhang mit einer früheren Auditierung steht, also im Fall von genehmigungsbedürftigen Neubauvorhaben. Neuanlagen können (noch) nicht EMAS auditiert sein. Mithin ist im Fall des Neubauvorhabens die Berücksichtigung von EMAS Tatsachen in der Erörterung objektiv nicht möglich und scheidet demnach aus.

Soweit EMAS Tatsachen objektiv geeignet sind, Gegenstand der Erörterung eines Vorhabens zu sein (z.B. können die durch ein Audit festgestellten Vorbelastungen für die Bewertung der erwarteten Zusatzbelastungen des Vorhabens Auskunft geben)[627] erscheint es systemgerecht, den Behörden abzuverlangen, solche Tatsachen in der Phase der Antragsberatung bereits zu berücksichtigen. Allerdings wird durch die Verpflichtung, Tatsachen im Verfahren zu berücksichtigen, noch nicht beantwortet, wie hierdurch konkrete Begünstigungen des EMAS Unternehmens erreicht werden. Daher schließt sich die Frage nach der Verwertung der EMAS Ergebnisse (Tatsachenwürdigung) An.

1.2.3 Die EMAS Tatsachenwürdigung in der Antragsberatung

Bieten sich verwertungsfähige EMAS Tatsachen als Gegenstand der Erörterung an oder haben die Behörden solche Tatsachen aus den vorliegenden EMAS Dokumenten ermittelt, sind diese Tatsachen im Verfahren zu würdigen. Eine positive Würdigung von EMAS Tatsachen ist Voraussetzung für den Eintritt eines konkreten EMAS Privilegierungserfolges.

Allerdings ist es fraglich, wie die Behörden diesen Erfolg herbeiführen können, schon deshalb, weil den Behörden rechtliche Grenzen bei der Tatsachenwürdigung in der Phase der Antragsberatung gesetzt sind. So ist es den Behörden in der Antragsberatungsphase verwehrt, materielle Absprachen zu treffen oder dem Antragsteller Zusicherungen zu geben.[628] Gegenstand der Antragsberatung sind ausschließlich Verfahrensfragen,[629] wenngleich in der Praxis Überschneidungen zwischen reinen Vorgesprächen und einer inhaltlichen Befassung mit der Materie nicht ausgeschlossen sind.[630]

Beachten die Behörde diese Grenzen, so ist der mögliche Erkenntniswert aus EMAS Tatsachen gering. Behörden werden infolge ihres Wissenszuwachses zwar zur Auffassung gelangen dürfen, dass das EMAS Unternehmen besondere Fähigkeiten im betrieblichen Umweltschutz erlangt hat und damit nach aller Wahrscheinlichkeit ein kompetenter Partner bei der Erörterung von Umweltfragen ist, Entscheidungen zu Gunsten des EMAS Unternehmens kann eine Behörde auf der Basis dieser Erkenntnisse in der Antragsberatung jedoch nicht treffen. Folglich ist die aufgeworfene Frage nach der Möglichkeit einer Privilegierung

627 Zur Frage von Vorbelastung und Zusatzbelastung siehe *Sellner/Reidt/Ohms*, a.a.O., Teil 1, Rn. 76.

628 *Kutscheidt/Dietlein,* in: Landmann/Rohmer, a.a.O., § 2, Rn. 20.

629 *Czajka*, in: Feldhaus, a.a.O., B 2.9, Rn. 40.

630 Kritisch *Kutscheidt/Dietlein*, in: Landmann/Rohmer, a.a.O., § 2, Rn. 20.

des EMAS Unternehmens bereits in der Antragsberatung zu einem immissionsschutzrechtlichen Genehmigungsverfahren im Ergebnis zu verneinen.

1.3 EMAS Privilegierung im immissionsschutzrechtlichen Genehmigungsverfahren

Nach § 4 Abs. 1 Satz 1 der 9. BImSchV hat die Genehmigungsbehörde ihre Entscheidung über einen Genehmigungsantrag auf Antragsunterlagen zu stützen, die der Antragsteller beizubringen hat. Der Antragsteller hat dem Antrag diejenigen Unterlagen beizufügen, die zur Prüfung der Genehmigungsvoraussetzungen erforderlich sind.[631] Erforderlich bedeutet in diesem Zusammenhang, dass die Unterlagen so vollständig sind, dass sie der Unterrichtung der Allgemeinheit und der Nachbarschaft über die Umweltauswirkungen der Anlage dienen können und zugleich der Genehmigungsbehörde die Prüfung aller Genehmigungsvoraussetzungen ermöglichen.[632]

1.3.1 Der Gegenstand der Privilegierung

Nach § 4 Abs. 1 Satz 2 Nr. 1 und Nr. 2 der 9. BImSchV hat die Behörde bei ihrer Prüfung zu *berücksichtigen*, ob das Vorhaben zu einem EMAS auditierten Standort gehört (Nr. 1) oder ob der Antragsteller ein EMAS Unternehmen ist (Nr. 2) und der Behörde Angaben aus einer der Genehmigungsbehörde vorliegenden Umwelterklärung oder einem der Umwelterklärung zu Grunde liegenden Umweltbetriebsprüfungsbericht vorliegen. Die Formulierung der Vorschrift wirft folgende Fragen auf:

1. Hat die Behörde im Rahmen ihrer Prüfung allgemein die Tatsache zu berücksichtigen, dass ein EMAS Unternehmen Antragsteller ist und nennt der Gesetzgeber mit den EMAS Dokumenten Beispiele, aus denen fehlende Tatsachen gegebenenfalls zu ermitteln sind?
2. Oder sind nur die ausdrücklich genannten EMAS Dokumente zu berücksichtigen und Gegenstand der Ermittlungspflicht der Behörden?
3. Sofern dem so ist: Dürfen die Behörden andere EMAS Tatsachen, die nicht den genannten Quellen entstammen, in ihrer Prüfung (noch) berücksichtigen?
4. Wie muss die Berücksichtigung konkret erfolgen, damit der EMAS Privilegierungserfolg sich einstellt?

---

631 *Hoppe/Beckmann,* Umweltrecht, § 25, Rn. 66.

632 *Kutscheidt/Dietlein,* in: Landmann/Rohmer, a.a.O., § 4, Rn. 3. Zur gerichtlichen Nachprüfbarkeit des unbestimmten Rechtsbegriffs der Erforderlichkeit und zur Annahme eines Beurteilungsspielraums der Behörde siehe *Czajka*, in: Feldhaus, a.a.O., B 2.9, § 4, Rn. 11.

Die pure Erkenntnis, dass der Antragsteller ein EMAS Unternehmen ist, hat, wie bereits ausgeführt, für das behördliche Verfahren und die zu treffende Entscheidung einen nur geringen Wert.[633] Es bedarf einer konkreten Berücksichtigung bestimmter Tatsachen, aus der sich dann für das EMAS Unternehmen ein Vorteil, d.h. eine Begünstigung ergeben kann.

Für eine Einengung des Gegenstands der behördlichen Ermittlungen auf die genannten EMAS Dokumente und deren Inhalt spricht, dass nur diese EMAS Dokumente eine Prüfbestätigung eines externen Umweltgutachters aufweisen, mithin ihrem Inhalt eine besondere Beweiskraft gegenüber Dritten zukommt. Die explizite Nennung dieser Dokumente durch die Privilegierungsvorschrift bedeutet, dass ihr Inhalt Gegenstand des behördlichen Verfahrens und der behördlichen Ermittlungspflicht sind, d.h. die Behörde hat sie im Fall fehlenden Tatsachenvortrags auf die Möglichkeit hin zu untersuchen, ob diese Dokumente die gesuchten oder benötigten Tatsachen enthalten. Damit ist der Schluss zulässig, dass die Privilegierungsvorschrift den Behörden nicht abverlangt, sonstige EMAS Tatsachen selbständig zu ermitteln, um auch sie im Verfahren zu berücksichtigen.

Andererseits ergibt sich aus dieser Schlussfolgerung nicht, dass andere, ebenfalls dokumentierte EMAS Tatsachen nicht verwertet werden dürfen. Weder lässt sich ein solches Ergebnis aus dem Wortlaut der Privilegierungsvorschrift ableiten, noch spricht die Gesetzesbegründung für diese Einengung, denn die Vorschrift hebt auf die allgemeine Verwertbarkeit von Erklärungen aus dem EMAS Audit ab.[634] Darüber hinaus ist aus der Intention des Gesetzgebers und der Formulierung „ist zu berücksichtigen“ zu folgern, dass die Behörde ihr bekannte EMAS Tatsachen, die im Verfahrens verwertet werden können, auch dann zu berücksichtigen (verwerten) hat, wenn diese nicht den betreffenden Dokumenten entstammen.

1.3.2 Das Verständnis des Begriffs „Berücksichtigung“

Obwohl einige der oben aufgeworfenen Fragen damit beantwortet sind, ist die Frage (Nr. 4), wie die Behörden die EMAS Tatsachen im Verfahren zu berücksichtigen haben und welche begünstigenden Ergebnisse sich für den auditierten Antragsteller erzielen lassen, noch offen. Folgende Alternativen bieten sich an:

1. Unter „Berücksichtigung“ der EMAS Auditierung ist zu verstehen, dass die Behörde antragsrelevante Tatsachen den EMAS Dokumenten entnimmt und den Tatsacheninhalt als „wahr“ zu bewerten hat und diese Bewertung nicht mehr durch eigene Ermittlungen in Frage zu stellen hat. Diese Ansicht ist insofern mit dem Untersuchungsgrundsatz kompatibel,

---

633 Dazu im vorhergehenden Abschnitt 1.2.3.

634 Begründung bei der Einführung der Privilegierung im Jahr 1996. Vgl. dazu Auszug aus der Gesetzesbegründung zum Gesetz vom 9.10.1996, BT-Drs. 13/3996, S. 11, abgedr. bei *Feldhaus*, a.a.O., Bd. 2, 2.9, Rn. 5.

da dieser nicht verlangt, dass eine Behörde zu bereits bekannten Tatsachen weitere Ermittlungen anstellt. Die Privilegierung würde daher als-*Beweiserleichterung* zu Gunsten des auditierten Antragstellers wirken.

2. Hält die Behörde die Unterlagen des auditierten Antragstellers nach einer ersten Sichtung für nicht vollständig, so hat sie von Amts wegen (weiter) zu ermitteln und zwar dergestalt, dass sie die erkannten Lücken im Antrag durch Angaben aus EMAS Dokumenten - sofern objektiv möglich - selbst zu schließen hat. Die Privilegierung bewirkt in diesem Fall die Reduktion der im Genehmigungsverfahren bestehenden Mitwirkungspflicht des auditierten Antragstellers.
3. Da auch ein auditierter Antragsteller nicht von der Verpflichtung befreit werden kann, vollständige Antragsunterlagen beizubringen,[635] ist unter „Berücksichtigung" im Sinne von § 4 Abs. 1 Satz 2 der 9. BImSchV zu verstehen, dass eine Genehmigungsbehörde auch im Fall festgestellter Unvollständigkeit der Antragsunterlagen zu Gunsten eines auditierten Antragstellers zu unterstellen hat, dass dieser in der Lage sein wird, die notwendigen Angaben in geeigneter Form nachzureichen. Die Behörde hat trotz der bestehenden Unzulänglichkeiten das Genehmigungsverfahren zum Vorhaben des EMAS Unternehmens zu eröffnen. Die EMAS Privilegierung wirkt sich in diesem Fall als Ermessenslenkung zu Gunsten des auditierten Antragstellers aus, auf Grund derer die Behörden die Entscheidung nach § 7 Abs. 1 Satz 5 der 9. BImSchV zu treffen hat, was im Ergebnis eine Zeitersparnis zu Gunsten des EMAS Unternehmens bewirkt.[636]

Vor der Bewertung der aufgezeigten Alternativen und einer Festlegung auf eine der genannten Alternativen muss noch der Frage nachgegangen werden, welche EMAS Ergebnisse sich in einem Genehmigungsverfahren als Tatsachen objektiv verwerten lassen, denn alle aufgezeigten Alternativen setzen die objektive Verwertungsmöglichkeit von EMAS Leistungen im Genehmigungsantragsverfahren voraus.

1.3 Die Substitution von Antragsunterlagen durch EMAS Dokumente

Nach § 4 Abs. 1 Satz 3 der 9. BImSchV müssen die Antragsunterlagen nach Satz 1 Angaben enthalten, die zu den Angaben in den Antragsunterlagen entsprechend der §§ 4 a ff. der 9. BImSchV zu rechnen sind. Damit bezieht sich Satz 3 der Vorschrift nicht auf Satz 2, wobei allerdings der Wortlaut von Satz 2

635 *Czajka,* in: Feldhaus, a.a.O., Bd. 2, B 2.9, § 4, Rn. 16.

636 Die Vorschrift besagt, dass „Teilprüfungen auch vor Vorlage der vollständigen Unterlagen vorzunehmen sind, sobald dies nach den bereits vorliegenden Unterlagen möglich ist."

nicht als Ausnahme zu Satz 1 zu verstehen ist. Wäre dem so, bestünde für einen auditierten Antragsteller nicht die Verpflichtung, die zur Prüfung der Genehmigungsfähigkeit seines Vorhabens erforderlichen Unterlagen beizubringen. Ein solches Ergebnis widerspräche der klaren Intention des Gesetzgebers: Der Wegfall des Genehmigungsvorbehalts bei bestimmten Vorhaben auditierter Antragsteller war zwar etwa seitens der Wirtschaft als Gegenstand der EMAS Privilegierung gefordert worden.[637] Diese Forderung wurde aber mit guten Gründen, vor allem wegen der bereits oben erwähnten Gewährleistungsverantwortung des Staates für den Umweltschutz,[638] durch den Gesetzgeber zurückgewiesen.[639]

Daher ist auch der auditierte Antragsteller nicht von der Pflicht befreit, vollständige Antragsunterlagen beizubringen, es gelten für ihn jedoch besondere Maßstäbe bei der Beibringung der Antragsunterlagen, die aus seinem Privilegierungsanspruch begründet sind. Bei auditierten Antragstellern sind Möglichkeiten zur Substitution von Antragsunterlagen zu prüfen sowie auch verfahrenstechnische Begünstigungen. Um die tatsächlich bestehenden Möglichkeiten bewerten zu können, werden im Folgenden die einzureichenden Antragsunterlagen näher betrachtet. Die Regelungen in §§ 4 a bis 4e der 9. BImSchV ergänzen und präzisieren § 4 Abs. 1 der 9. BImSchV,[640] der in seinem Satz 3 auf diese Bestimmungen verweist.[641] Die Vorschriften enthalten die Angaben, welche Unterlagen der Antragsteller zur Prüfung der Genehmigungsvoraussetzungen seines Vorhabens einzureichen hat.[642]

1.3.1 Die Anlagenbeschreibung und die Betriebsweise

Einem Antragsteller wird durch § 4 a Abs. 1 Nr. 1 der 9. BImSchV aufgegeben, sein Vorhaben, also die zu errichtende oder zu ändernde Anlage sowie den Anlagenbetrieb genau zu beschreiben. Es ist üblich, die Anlage und deren Betriebsweise durch Pläne und Zeichnungen, Fahrdiagramme sowie durch textliche Erläuterungen zu beschreiben. Zu einer Beschreibung des Betriebsablaufs gehören auch Angaben zur Art und zum Umfang der benötigten Einsatzstoffe, zu Produkten und Nebenprodukten sowie zu Abfällen und Reststoffen.[643]

Fraglich ist, welche dieser Angaben EMAS Dokumenten, etwa einer Umwelterklärung, entnommen werden könnten. Bezieht sich der Genehmigungsantrag auf eine wesentliche Änderung einer auditierten Anlage (§ 16 Abs. 1 BImSchG), so ist die Annahme nahe liegend, dass im Rahmen des früheren EMAS Audits eine Beschreibung der Anlage erfolgte. Es dürfte aber zu bezweifeln sein, ob dabei

---

637 *Schäfer*, a.a.O., S. 116.

638 Siehe dazu oben Kapitel 2, Abschnitt 3.5.

639 *Moormann*, a.a.O. (ZUR 1997), S. 193; *Schäfer*, a.a.O., S. 227.

640 Obwohl die Vorschriften der §§ 4 a ff. bereits umfangreiche Vorgaben enthalten, sind diese doch nicht abschließend; *Czajka*, in: Feldhaus, a.a.O., Bd. 2, B 2.9, § 4, Rn. 7.

641 *Kutscheidt/Dietlein,* in: Landmann/Rohmer, a.a.O., § 4a, Rn. 1.

642 *Czajka*, in: Feldhaus, a.a.O., Bd. 2, B 2.9, § 4a, Rn. 8.

643 *Kutscheidt/Dietlein,* in: Landmann/Rohmer, a.a.O., § 4a, Rn. 6.

detaillierte Zeichnungen und Pläne Aufnahme in die EMAS Dokumentation gefunden haben. Üblicherweise werden Anlagen in Umwelterklärungen durch Text beschrieben und diese textlichen Beschreibungen werden entweder durch Fotos oder durch schematische Zeichnungen untersetzt.[644] Technische Zeichnungen, die für die erforderliche, etwa bauordnungsrechtliche Beurteilung eines Vorhabens unerlässlich sind, finden sich in keiner Umwelterklärung. Dazu besteht auch kein Grund: Zur Unterrichtung der so genannten „interessierten Öffentlichkeit" mittels einer Umwelterklärung bedarf es keines solchen Detaillierungsgrades.[645] Der Umweltgutachter kann im Rahmen seiner Begutachtung, soweit er es für nötig hält, alle am Standort aufzubewahrenden Genehmigungsunterlagen einsehen und bewerten, der Betreiber muss keine gleichartigen neu erstellen und in die Umwelterklärung aufnehmen.[646]

Es spricht daher alles für die Annahme, dass EMAS Dokumente nicht geeignet sind, die Anlagenbeschreibung in einem Genehmigungsantrag zu ersetzen und zwar ungeachtet der weiteren Problematik, dass beabsichtigte wesentliche Änderungen einer Anlage überhaupt noch nicht in der Beschreibung eines zeitlich früheren EMAS Audits Berücksichtigung haben finden können.

Ein anderes Ergebnis kann sich einstellen, wenn es um Angaben zur Betriebsweise einer Anlage geht, die Gegenstand des Änderungsgenehmigungsverfahrens ist. In Umwelterklärungen sind genaue Angaben zu Brenn- und Einsatzstoffen der auditierten Anlage unerlässlich.[647] Dort finden sich auch detaillierte Angaben zur Entstehung von Abfällen, sowie zu deren Verwertungs- und Entsorgungswegen.[648] Soweit eine Änderung einer auditierten Anlage Gegenstand eines Genehmigungsverfahrens ist, sind diese Daten für die Beurteilung des Genehmigungsweges von nicht unerheblicher Bedeutung: So kann der Vergleich der EMAS Daten und der Daten der erwarteten Umweltauswirkungen des Vorhabens die Genehmigungsbehörde in die Lage versetzen Rückschlüsse auf das „richtige" Genehmigungsverfahren zu ziehen: Sind die zusätzlichen Umweltauswirkungen des Änderungsvorhabens als eher gering zu bewerten, kommt statt eines förmlichen Genehmigungsverfahrens ein vereinfachtes Genehmigungsverfahren in Frage. Für den Antragsteller ist das vereinfachte Verfahren nicht nur mit geringeren Kosten verbunden, es wird im Allgemeinen auch in kürzerer Zeit durchzuführen sein. Die Berücksichtigung entsprechender EMAS Informationen durch die Genehmigungsbehörde kann somit einen Privilegierungserfolg bewirken.

---

644 Als Beleg wird auf die Umwelterklärung des HKW Mitte in Berlin von 2001 verwiesen, wo lediglich ein schematischer Aufstellungsplan die Standortbeschreibung illustriert (a.a.O., S. 6 f.). Vgl. auch *Wohlfarth/Signon,* in: Umweltaudit, Abschnitt D, Rn. 19 ff.

645 *Wohlfarth/Signon,* in: Umweltaudit, Abschnitt D, Rn. 14.

646 Zum Gegenstand der Plausibilitätsprüfungen hinsichtlich der Angaben des Unternehmens durch den Umweltgutachter *Wohlfarth/Signon,* in: Umweltaudit, Abschnitt D, Rn. 101.

647 Beispiel bei *Wohlfarth/Signon,* in: Umweltaudit, Abschnitt D, Rn. 49. Siehe dazu auch die Umwelterklärung des HKW Mitte in Berlin von 2001, a.a.O., S. 18 ff..

648 Vgl. Umwelterklärung des HKW Mitte in Berlin von 2001, a.a.O., S. 24 f..

1.3.2 Die Beschaffenheit von Grund und Boden

Aussagen zum Bedarf eines Vorhabens an Grund und Boden sowie eine Beschreibung des Zustandes des Anlagengeländes gehören nach § 4 a Abs. 1 Nr. 2 der 9. BImSchV zu den weiteren erforderlichen Angaben in den Antragsunterlagen.

Damit sind insbesondere Angaben zur Beschaffenheit des in Aussicht genommenen Standortes gemeint. Die dazu erforderlichen Angaben hat der Antragsteller durch das Einreichen von Plänen und Karten zu erbringen.[649] Auch an dieser Stelle ist es denkbar, dass die Genehmigungsbehörde bereits vorliegende EMAS Daten nutzen kann, insbesondere da die Vorschrift sehr allgemein gehalten ist und daher allzu detaillierte Angaben nicht notwendig sind.[650] Ob jedoch geeignete EMAS Daten zur Substitution zur Verfügung stehen, ist eine Frage der Dokumentationstiefe des EMAS Audits, die von Einzelfall zu Einzelfall sehr unterschiedlich ausfallen kann.[651]

1.3.3 Die Angaben zu Einsatzstoffen und Produktionsverfahren

Ein Genehmigungsantrag hat nach § 4 a Abs. 1 Nr. 3 der 9. BImSchV ferner Angaben zu Mengen und zur Beschaffenheit von Einsatzstoffen bzw. Einsatzstoffgruppen zu enthalten. Auch sind Zwischen-, Neben-, und Endprodukte bzw. Endproduktgruppen zu beschreiben. Da diese Angaben sich ausschließlich auf das beabsichtigte Vorhaben und seine Auswirkungen beziehen, ist es eher unwahrscheinlich, dass Angaben aus einem früheren EMAS Audit nutzbar gemacht werden können. Sofern sich die Produkte der Anlage durch das genehmigungsrelevante Vorhaben nicht ändern, so z.B. bei einer reinen Kapazitätserweiterung eines Kraftwerkes, könnten jedoch die Beschreibungen zu den Einsatzstoffen und zu den Produkten sowie zu Entsorgungsfragen einer vorhandenen Umwelterklärung entnommen werden.

1.3.4 Die Angaben zur Beherrschbarkeit von Störfällen

Um die Genehmigungsbehörde in die Lage zu versetzen, das von einer Anlage ausgehende Gefährdungspotential bewerten zu können, muss der Genehmigungsantrag Informationen dazu enthalten, wie der Vorhabenträger Störungen im Betriebsablauf vermeiden will, bzw. wie er eintretenden Störungen begegnen wird.[652]

---

649 *Kutscheidt/Dietlein,* in: Landmann/Rohmer, a.a.O., § 4a, Rn. 9.

650 *Kutscheidt/Dietlein,* in: Landmann/Rohmer, a.a.O., § 4a, Rn. 10.

651 Das Problem der unterschiedlichen „Dokumentationstiefe" wurde bereits im Rahmen der parlamentarischen Behandlung der Aufnahme der EMAS Privilegierung des § 4 Abs. 1 erkannt; vgl. BT-Drs. 13/5100, S. 33, abgedr. bei *Feldhaus*, a.a.O., B 2.9, Rn. 5.

652 *Kutscheidt/Dietlein,* in: Landmann/Rohmer, a.a.O., § 4 a, Rn. 15.

Zu diesem Themenbereich sollten Daten und Fakten in der EMAS Dokumentation eines auditierten Standorts enthalten sein. Ein geprüftes Umweltmanagementsystem umfasst umfangreiche organisatorische Vorsorgemaßnahmen zur Vermeidung von Störfällen, etwa Richtlinien, Gefahrenabwehrpläne mit gegebenenfalls ergänzenden Regelungen in einem Umweltmanagementhandbuch. Eine funktionierende umweltsichernde Betriebsorganisation eines EMAS Unternehmens ist in der Lage, Störfällen vorzubeugen und bei eingetretenen Störfällen die notwendige Gefahrenabwehr zu leisten.[653] Eine umweltsichernde Betriebsorganisation verfügt über geschultes Personal und im Einzelfall über einen ausgebildeten Störfallbeauftragten.[654] Berücksichtigt die Behörde diese Fakten, so verkürzt dies einerseits ihren Prüfungsumfang und andererseits verringert sich durch die Verwertung der EMAS Angaben der Aufwand des Antragstellers. Mithin kann hier ein Privilegierungspotential (Vermeidung des Doppelaufwandes) angenommen werden.

1.3.5 Die Angaben zu Emissionserwartungen

Nach § 4 a Abs. 1 Nr. 6 der 9. BImSchV hat der Antragsteller hinsichtlich seines Vorhabens Angaben zu Emissionserwartungen zu machen. Diese Angaben beziehen sich auf die Art und das Ausmaß der erwarteten Emissionen der zu errichtenden oder zu ändernden Anlage. Es müssen Emissionsquellen und die räumliche und zeitliche Verteilung der erwarteten Emissionen genauso beschrieben werden, wie die Austrittsbedingungen dieser Emissionen. Bei der Erwartung schädlicher Umweltauswirkungen hat der Antragsteller zusätzlich eine Immissionsprognose zu erstellen,[655] wenn die erwarteten Emissionen die so genannte „Bagatellgrenze" überschreiten werden.[656] Die Immissionsprognose stellt einen Vergleich der erwarteten Immissionen zu den Immissionswerten aus Verwaltungsnormen an.[657]

Für die Erstellung von Emissionsprognosen zu einer neuen oder wesentlich geänderten Anlage können EMAS Daten, die sich auf die frühere Anlagenkonstellation beziehen, keine Aufschlüsse geben. Allerdings können die EMAS Emissionsdaten der Altanlage, sofern sie einer aktuellen Umwelterklärung entnommen werden können, bei der Ermittlung der Immissionsgesamtbelastung nutzbar gemacht werden. Zur Beurteilung schädlicher Umwelteinwirkungen muss ein Belastungswert aus der Addition der Vorbelastungen anderer Emittenten – unter Ausschluss der Altanlage - mit der Zusatzbelastung der zu errichtenden Anlage oder der wesentlichen Änderung errechnet werden.[658] Die mögliche Berücksichtigung von EMAS Emissionsdaten erleichtert der Behörde die Fest-

653 Näher dazu *Feldhaus*, a.a.O., (NVwZ 1991), S. 932.
654 Zur Bestellungspflicht des Störfallbeauftragten *Jarass*, BImSchG, § 58a, Rn. 7 ff.
655 Zur Immissionsprognose *Sellner/Reidt/Ohms*, a.a.O., Teil 1, Rn. 88 ff.
656 *Kutscheidt/Dietlein*, in: Landmann/Rohmer, a.a.O., § 4 a, Rn. 17.
657 Dazu *Czajka*, in: Feldhaus, a.a.O., Bd. 2, B 2.9, § 4a, Rn. 53b.
658 Dazu näher *Sellner/Reidt/Ohms,* a.a.O., Teil 1, Rn. 76.

stellung der Gesamtbelastung im maßgeblichen Beurteilungsgebiet,[659] was wiederum für den Antragsteller die Erleichterung mit sich bringt, dass er entsprechende Daten nicht erneut zu erheben braucht.

1.3.6 Die Angaben zu Umweltschutzmaßnahmen

§ 4 b der 9. BImSchV verpflichtet den Antragsteller Angaben zu vorgesehenen Umweltschutzmaßnahmen im Zusammenhang mit seinem Vorhaben zu machen. Es handelt sich dabei um Maßnahmen zur Verminderung von Emissionen, Maßnahmen zur Messung und Überwachung von Emissionen, weiteren technischen und organisatorischen Maßnahmen zur Verhinderung von Störungen des bestimmungsgemäßen Betriebs sowie Maßnahmen zur Begrenzung von Störfällen.

EMAS Dokumente enthalten eine Vielzahl wichtiger Angaben zu umweltsichernden Maßnahmen, die der auditierte Antragsteller in der auditierten Anlage bzw. im gesamten Unternehmen bereits durchgeführt hat. Maßnahmen zu Emissionsminderungen folgen dem EMAS Ziel der kontinuierlichen Verbesserung des Umweltschutzes und sind durch das EMAS Unternehmen zu dokumentieren. Wie bereits oben dargelegt, gehören Privilegierungen bei der Emissionsmessung und bei der Überwachung von Emissionen zu den konkreten Besserstellungen, die der Staat dem auditierten Betreiber im Rahmen von Privilegierungsvorschriften zubilligt (verstärkte Eigenkontrolle).[660] Bei einer wesentlichen Änderung einer auditierten Anlage wird der Antragsteller demnach auf den von ihm erreichten EMAS auditierten Umweltschutzstandard verweisen können, der in der Umwelterklärung dokumentiert ist und sich weiterer Angaben enthalten dürfen. Soweit die vom auditierten Antragsteller ergriffenen Umweltschutzmaßnahmen (z.B. die Einrichtung einer Umweltbeauftragtenorganisation) objektiv geeignet sind, gleiche Wirkung in Bezug auf ein Neubauvorhaben zu entfalten, können die EMAS Tatsachen auch bei der Prüfung des Genehmigungsantrages eines Neubauvorhabens berücksichtigt werden.

1.3.7 Weitere Angaben mit Bezug zu EMAS

Weitere Bezugspunkte für eine mögliche Verwertung von EMAS Daten im Rahmen der Antragstellung finden sich in den §§ 4 c, 4 d und 4 e der 9. BImSchV. Nach § 4 c der 9. BImSchV hat der Antragsteller im Genehmigungsantrag Angaben zur vorgesehenen Behandlung von Abfällen zu machen, die durch die zu errichtende oder zu ändernde Anlage verursacht werden. Dabei sind Angaben zur möglichen Vermeidung und zur Verwertung von Abfällen sowie zur ordnungsgemäßen Abfallentsorgung in allen Betriebszuständen erforderlich. Der Antragsteller hat dazu die Art und die Menge der nicht zu vermeidenden Abfälle

---

659 Zur Bestimmung eines so genannten Beurteilungsgebietes *Sellner/Reidt/Ohms,* a.a.O., Teil 1, Rn. 126 ff..

660 Siehe Kapitel 2, Abschnitt 5.1.5.

mit der Bezeichnung des Europäischen Abfallverzeichnisses und unter Verwendung der entsprechenden Schlüsselnummern anzugeben und die vorgesehenen Verwertungswege zu beschreiben.[661]

Die entsprechenden Daten könnten bei einem auditierten Antragsteller vorliegen, wenn der Antragsteller die Voraussetzungen der EMAS Privilegierungen zum abfallrechtlichen Nachweisverfahren erfüllt.[662] Diese Privilegierungen setzen voraus, dass abfallspezifische Kenndaten im EMAS Audit oder aber im Zuge der Einführung des Umweltmanagementsystems erhoben wurden.[663] Diese abfallspezifischen Daten müssen der Genehmigungsbehörde auch bekannt sein. Liegen diese Daten einer anderen als der Genehmigungsbehörde vor,[664] so kann von der Genehmigungsbehörde nicht verlangt werden, den Tatsacheninhalt selbständig zu ermitteln. Daher muss der auditierte Antragsteller im Einzelfall der Behörde die zu berücksichtigenden Daten vorlegen.

Nach § 4 d der 9. BImSchV gehören zu den Antragsunterlagen auch Angaben zur Energieeffizienz der genehmigungsrelevanten Anlage.[665] Das Merkmal der Effizienz erfasst insbesondere auch die in § 4 d der 9. BImSchV ausdrücklich genannten Ziele zur Erreichung eines hohen energetischen Wirkungs- und Nutzungsgrades, der Vermeidung von Energieverlusten und der Nutzung anfallender Energie.[666] Der Antragsteller hat dabei anzugeben, welche Anlagenteile voraussichtlich welche Energiemengen verbrauchen und welche Maßnahmen zur Reduzierung des Energieverbrauchs, zur Erhöhung des Wirkungsgrades und zur Vermeidung von Energieverlusten getroffen werden.[667]

Soweit mit dem Genehmigungsantrag eine wesentliche Änderung einer auditierten Anlage in Rede steht, kann angenommen werden, dass im EMAS Audit die entsprechenden Angaben zur Bestandsanlage erfasst und geprüft wurden. Ob die Angaben im Änderungsgenehmigungsverfahren (objektiv) verwertbar sind, ist vom Einzelfall abhängig.

§ 4 e der 9. BImSchV regelt den Umfang und den Gegenstand zusätzlicher Unterlagen bei Anlagenvorhaben, die der Pflicht zur Umweltverträglichkeitsprü-

661 Vgl. *Kutscheidt/Dietlein*, in: Landmann/Rohmer, Bd. 2, 9. BImSchV, § 4 c, Rn. 7.
662 Vgl. dazu Kapitel 2, Abschnitt 4.2.
663 Zur EMAS Privilegierung im Abfallrecht bereits oben Kapitel 2, Abschnitt 3.3.
664 Eine unterschiedliche Zuständigkeit besteht z.B. im Land Berlin, wo eine genehmigungsbedürftige Anlage nach dem BImSchG durch das Landesamt für Arbeitsschutz, Gesundheitsschutz und technische Sicherheit zu genehmigen ist, andererseits die Senatsumweltverwaltung die zuständige Abfallbehörde ist. Vgl. Allgemeines Sicherheits- und Ordnungsgesetz Berlin, i. d. F. vom 11.10.2006, GVBl. S. 930, 1045, Zuständigkeitskatalog zu § 2, dort Nr. 10.
665 Dazu *Czajka*, in: Feldhaus, a.a.O., Bd. 2, B 2.9, § 4 d, Rn. 13 ff..
666 *Dietlein*, in: Landmann/Rohmer, Bd. 2, 9. BImSchV, § 4 d, Rn. 4.
667 *Dietlein*, in: Landmann/Rohmer, a.a.O., § 4 d, Rn. 5.

fung unterliegen. Bedeutung hat hier insbesondere die vorzunehmende Beschreibung der Umwelt im Einwirkungsbereich der genehmigungsbedürftigen Anlage.[668] Zu beschreiben ist dabei der Zustand der Umwelt im Einwirkungsbereich der Anlage vor Errichtung derselben und zwar im Sinne einer Analyse des „ökologischen Status Quo".[669] Für die Beschreibung des Status Quo kann die Behörde EMAS Daten, etwa aus einem Umweltbetriebsprüfungsbericht nutzen, da die Umweltprüfung eine Untersuchung der Umweltfragen, der Umweltauswirkungen und der Umweltleistungen im Einwirkungsbereich der auditierten Anlage zum Inhalt hat.[670]

1.4 Zwischenergebnis

Als Zwischenergebnis bleibt festzuhalten, dass eine Reihe von EMAS Tatsachen im Genehmigungsantrag verwertet werden können und damit zur Vervollständigung eines Genehmigungsantrages beitragen können. Soweit eine objektive Verwertungsmöglichkeit von EMAS Tatsachen besteht und diese Tatsachen von der Genehmigungsbehörde erkannt werden, hat die Behörde wegen des ihr gegebenen EMAS Privilegierungsauftrages die Verwertungsmöglichkeit auszuschöpfen.

Im Fall der anfänglichen Unvollständigkeit eines Genehmigungsantrages hat die Genehmigungsbehörde zu ermitteln, ob die Lücken im Antrag im Wege der Substitution durch EMAS Inhalte geschlossen werden können. Der Privilegierungsauftrag verlangt von der Behörde jedoch nur, ihr vorliegende oder vorgelegte EMAS Dokumente auf verwertbare Inhalte zu prüfen. Entscheidet eine Behörde ohne Prüfung der EMAS Inhalte, ist die getroffene Entscheidung als fehlerhaft zu bewerten.

Zusammengefasst bedeutet dies:

1. Die der Genehmigungsbehörde bekannten EMAS Tatsachen sind von ihr bei der Entscheidungsfindung im Rahmen eines Genehmigungsantrags zu nutzen bzw. zu verwerten und zwar immer, soweit dies objektiv möglich ist. Die Genehmigungsbehörde hat die zu verwertenden EMAS Tatsachen als wahr zu bewerten, soweit sie von einem Umweltgutachter validiert wurden. Die Behörde hat dann keine weiteren Ermittlungen dazu anzustellen und auch keine Sachverständige hinzuzuziehen

2. Fehlen im Antrag entscheidungserhebliche Tatsachenangaben, hat die Genehmigungsbehörde die EMAS Auditierung in der Weise zu berücksichtigen, dass sie von Amts wegen ermittelt, ob Informationslücken durch ihr zugängliche EMAS Tatsachen geschlossen werden können. Soweit diese „Ersatztatsachen" durch einen Umweltgutachter verifiziert

---

668 *Czajka*, in: Feldhaus, Band 2, B 2.9, § 4 e, Rn. 16 ff..
669 *Dietlein*, in: Landmann/Rohmer, a.a.O., § 4 e, Rn. 5.
670 Vgl. Art. 2 Buchst. e) EMAS-V.

sind, hat die Behörde die Lücke im Antrag als geschlossen zu betrachten und hat unverzüglich über den Antrag zu entscheiden.[671]

3. Sollten der Genehmigungsbehörde EMAS Tatsachen bekannt sein, die für eine Substitution genehmigungsentscheidungsrelevanter Tatsachen geeignet sind, sind diese Tatsachen jedoch nicht explizit validiert, so steht es der Behörde frei, mit diesen Erkenntnissen nach dem Grundsatz der freien Beweiswürdigung zu verfahren.[672] Allerdings spricht die mit der EMAS Auditierung nachgewiesene Zuverlässigkeit des Antragstellers für eine begünstigende Entscheidung. Daher gehört zum richtigen Verständnis des Privilegierungsauftrages zu Gunsten eines EMAS Unternehmens, dass die Behörde ihre Entscheidung im Genehmigungsverfahren auf der Grundlage reduzierter Anforderungen an die Darlegungslast des auditierten Antragstellers trifft (Beweiserleichterung).

2. Die Berücksichtigung des EMAS Audits bei einer Entscheidung zur Öffentlichkeitsbeteiligung

Nach der Klärung in welchem Umfang objektiv verwertbare EMAS Tatsachen in Genehmigungsantragsverfahren zu berücksichtigen sind und wie die Entscheidungsfindung der Behörden damit vorangebracht werden kann, bleibt der Frage nach weiteren Berücksichtungsmöglichkeiten eines EMAS Audits in Genehmigungsverfahren nachzugehen.

Möglich erscheint die Anwendung der EMAS Privilegierung aus § 4 Abs. 1 Satz 2 der 9. BImSchV auch im Rahmen einer Entscheidung über einen Antrag nach § 16 Abs. 2 BImSchG, der mit der Absicht gestellt wird, von einer Öffentlichkeitsbeteiligung im Genehmigungsverfahren abzusehen. Die dazu erforderliche Ermessensentscheidung der Genehmigungsbehörde nach § 16 Abs. 1 und 2 BImSchG hängt wesentlich von den eingereichten Antragsunterlagen ab.[673]

Da zuvor eine Verwertungsmöglichkeit von EMAS Tatsachen bei der behördlichen Prüfung von Antragsunterlagen und deren Vollständigkeit bejaht wurde, besteht Anlass auch an dieser Stelle die Möglichkeit zu prüfen, ob EMAS Tatsachen geeignet sind, die Entscheidung nach § 16 Abs. 2 BImSchG zu Gunsten des auditierten Antragstellers zu beeinflussen.

---

671 D.h. der Tatbestand des § 20 Abs. 1 Satz 1 der 9. BImSchV gilt als erfüllt.

672 Zum Grundsatz der freien Beweiswürdigung im Verwaltungsverfahren *Clausen*, in: Knack, a.a.O., § 24, Rn. 21.

673. *Czajka*, in: Feldhaus, a.a.O., Bd. 1, § 16, Rn. 64.

2.1 Die materiell-rechtlichen Voraussetzungen der Öffentlichkeitsbeteiligung

Liegen die Tatbestandsvoraussetzungen einer wesentlichen Änderung einer Anlage nach der Legaldefinition in § 16 Abs. 1 Satz 1 BImSchG vor,[674] ist das Änderungsgenehmigungsverfahren im Regelfall unter Einbeziehung der Öffentlichkeit durchzuführen.[675]

Eine Ausnahme vom Erfordernis der Öffentlichkeitsbeteiligung eröffnet die Vorschrift des § 16 Abs. 2 BImSchG. Der Antragsteller kann danach ein Absehen von der Öffentlichkeitsbeteiligung bei der Genehmigungsbehörde beantragen. Gelangt die Genehmigungsbehörde im Rahmen ihrer Prüfung des Antrags zur Auffassung, dass die Voraussetzungen des § 16 Abs. 2 Satz 1 und Satz 2 BImSchG vorliegen, soll die Behörde im Regelfall von einer Öffentlichkeitsbeteiligung absehen.[676] Nicht von einer Öffentlichkeitsbeteiligung absehen darf die Behörde, wenn das Vorhaben eine Umweltverträglichkeitsprüfung erfordert, da die Wertung des Umweltverträglichkeitsgesetzes für die Annahme erheblicher nachteiliger Umweltauswirkungen des Vorhabens spricht.[677]

2.2 Die Ermessensentscheidung zu Gunsten des EMAS Unternehmens

Die behördliche Entscheidung von der Öffentlichkeitsbeteiligung abzusehen, ist abhängig von der Einschätzung der Behörde zur Erheblichkeit möglicher nachteiliger Umweltbeeinträchtigungen durch das gegenständliche Vorhaben . Bei ihrer Einschätzung stützt die Behörde sich im Normalfall auf die vom Antragsteller eingereichten Antragsunterlagen.[678]

Wie ausgeführt, verpflichtet § 4 Abs. 1 der 9. BImSchV die Genehmigungsbehörde, bei einem Genehmigungsantrag EMAS Leistungen des Antragstellers so weit als objektiv möglich als Tatsachenvortrag positiv zu berücksichtigen. Der Antrag auf Ausschluss der Öffentlichkeit ist im Normalfall Teil des Genehmigungsantrages.[679]

Fraglich ist, ob EMAS Tatsachen, die sich nur auf den nicht zu ändernden Teil der Bestandsanlage beziehen können, zur Einschätzung der Umweltauswirkun-

674 Zur Bedeutung des Tatbestandsmerkmals „wesentlich" *Jarass*, BImSchG, § 16, Rn. 8 ff..

675 *Sellner*, in: Landmann/Rohmer, Bd. 1, BImSchG, § 16, Rn. 121; *Czajka*, in: Feldhaus, a.a.O., Bd. 1, § 16, Rn. 59.

676 *Sellner*, in: Landmann/Rohmer, a.a.O., § 16, Rn. 124; *Czajka*, in: Feldhaus, a.a.O., Bd. 1, § 16, Rn. 61, insbesondere auch zur vom Gesetzgeber (eigentlich) beabsichtigten Beschleunigungswirkung der „Soll-Regelung".

677 *Jarass*, BImSchG, § 16, Rn. 37.

678 *Jarass*, BImSchG § 16, Rn. 40; Zur Begründungspflicht *Sellner*, in: Landmann/Rohmer, a.a.O., § 16, Rn. 123.

679 *Sellner* in: Landmann/Rohmer, a.a.O., § 16, Rn. 122.

gen einer wesentlichen Änderung der auditierten Anlage herangezogen, d.h. berücksichtigt werden können.

Bei der von der Behörde zu treffenden Einschätzung der Erheblichkeit von Umweltauswirkungen hat die Behörde nur die durch die Änderung bedingten zusätzlichen Auswirkungen näher zu betrachten, da für die unverändert bleibenden Anlagenteile im Normalfall die Öffentlichkeitsbeteiligung bereits beim Erlass der Vorgenehmigung stattgefunden hat.[680]

EMAS Tatsachen, obwohl auf die Bestandsanlage bezogen, könnten ein Beleg von Schutzmaßnahmen im Sinne von § 16 Abs. 2 Satz 2 1. Alternative BImSchG sein, mithin für die Beurteilung der Erheblichkeit Entscheidungsrelevanz haben.[681]

Auch die Frage der Vorbelastungen im Einwirkungsbereich des Vorhabens hat eine gewichtige Bedeutung im Rahmen der Bewertung der Erheblichkeit der durch eine Änderung einer Anlage hinzutretenden Auswirkungen.[682] Ist die Vorbelastung der Umwelt im Einwirkungsbereich der zu ändernden Anlage bereits hoch, können auch kleinere hinzutretende Umweltauswirkungen erheblich sein.[683]

Mithin sind Erkenntnisse (Tatsachen) zur Vorbelastung der Umwelt für die Entscheidung der Behörde über das Absehen der Öffentlichkeitsbeteiligung entscheidungserheblich.[684] Wurden derartige für die zu treffende Entscheidung erhebliche Tatsachen im Rahmen eines EMAS Audits der Bestandsanlage dokumentiert, hat die Genehmigungsbehörde diese Tatsachen, wie beim oben erörterten Genehmigungsantrag auch, in ihrer Entscheidung über den Ausschluss der Öffentlichkeit mit zu berücksichtigen, anderenfalls ist die ergehende Ermessensentscheidung fehlerbehaftet.

3. Die Berücksichtigung der EMAS Auditierung beim Erlass einer nachträglichen Anordnung

Das Instrument der nachträglichen Anordnung in § 17 BImSchG versetzt eine Genehmigungsbehörde in die Lage, auch nach Erteilung einer Genehmigung weitere notwendige Maßnahmen zum Immissionsschutz anordnen zu können. Die Vorschrift dient der Realisierung eines dynamischen Immissionsschutzes.[685] Eine nachträgliche Anordnung eignet sich einerseits, um gegenüber dem Betreiber genehmigungsbedürftiger Anlagen immissionsschutzrechtliche Pflichten

---

680 *Jarass*, BImSchG, § 16, Rn. 40.
681 *Sellner*, in: Landmann/Rohmer, a.a.O., § 16, Rn. 129.
682 *Jarass*, Neue (und alte) Probleme bei der Änderung immissionsschutzrechtlicher Anlagen, NJW 1998, S. 1097 ff., (1102).
683 *Sellner*, in: Landmann/Rohmer, a.a.O., § 16, Rn. 126.
684 *Jarass*, BImSchG, § 16, Rn. 41.
685 *Czajka*, in: Feldhaus, a.a.O., Bd. 1, B 1, § 17, Rn. 10.

durchzusetzen, andererseits aber auch zur Konkretisierung dieser Betreiberpflichten.[686]

Fraglich ist, ob Tatsachen, die aus einem EMAS Audit stammen, sich im Fall einer nachträglichen Anordnung privilegierend auswirken können und zwar dergestalt, dass die Behörde gegenüber einem EMAS Unternehmen auf eine nachträgliche Anordnung verzichten kann oder gar zu verzichten hat.

3.1 Voraussetzungen einer nachträglichen Anordnung

Im Fall nachträglicher Anordnungen wird in „Vorsorgeanordnungen" nach § 17 Abs. 1 Satz 1 BImSchG und in „Gefahrenanordnungen" (bzw. „Schutzanordnungen") nach § 17 Abs. 1 Satz 2 BImSchG unterschieden.

Der Erlass von Vorsorgeanordnungen steht im (freien) Ermessen der Behörde, im der Gefahrenanordnung ist das Ermessen der Behörde dahingehend beschränkt, dass die Behörde die Schutzanordnung im Regelfall treffen soll.[687]

Tatbestandliche Voraussetzung einer nachträglichen Anordnung ist, dass ein Anlagenbetreiber eine ihn treffende immissionsschutzrechtliche Rechtspflicht bereits verletzt oder eine solche Rechtsverletzung droht.[688] Eine drohende Rechtsverletzung ist insbesondere dann anzunehmen, wenn von einem Betreiber eine Anlagenänderung angezeigt wurde und diese Anzeige der Behörde die Verletzung immissionsschutzrechtlicher Pflichten erkennbar macht.[689]

Die bloße Möglichkeit eines Pflichtenverstoßes reicht für den Erlass einer nachträglichen Anordnung dagegen nicht aus.[690] Liegt eine Rechtsverletzung bereits vor oder droht eine solche, ist eine nachträgliche Anordnung zu erlassen, allerdings nur, wenn der Erlass der nachträglichen Anordnung im Einzelfall auch verhältnismäßig ist (§ 17 Abs. 2 BImSchG). Die Grenze der Verhältnismäßigkeit ist gewahrt, wenn die Umsetzung des Regelungsgehaltes der nachträglichen Anordnung für einen „Durchschnittsbetreiber" wirtschaftlich vertretbar ist.[691]

3.2 Die Ermessenserheblichkeit der EMAS Selbstverpflichtung

Während im immissionsschutzrechtlichen Genehmigungsverfahren die Behörde die EMAS Auditierung des Beteiligten, etwa nach § 4 Abs. 1 Satz 2 der 9. BImSchV zu berücksichtigen hat, existiert keine Privilegierungsvorschrift, die den Behörden eine andere Behandlung eines auditierten Betreibers im Verfahren vor

686 *Jarass*, BImSchG, § 17, Rn. 2.
687 *Jarass*, BImSchG, § 17, Rn. 50.
688 *Jarass*, BImSchG, § 17, Rn. 12. Siehe auch *Vallendar*, in: Feldhaus, a.a.O., 1.2, § 17 , Nr. 9.
689 *Jarass*, BImSchG, § 17, Rn. 12.
690 *Vallendar*, in: Feldhaus, a.a.O., Bd.1.2, § 17 , Nr. 9.
691 *Jarass*, BImSchG, § 17, Rn. 37a.

oder beim Erlass einer nachträglichen Anordnung auferlegt. Eine konkrete Privilegierung dieser Art widerspräche der besonderen „Compliance“ Verpflichtung, die der auditierte Betreiber im Rahmen des EMAS Prozesses freiwillig eingegangen ist.[692]

EMAS Unternehmen haben sich der Einhaltung des Umweltrechts besonders verschrieben; die EMAS Privilegien als staatliche Gegenleistungen beruhen im Wesentlichen auf dieser freiwilligen Selbstverpflichtung. Wenngleich die Selbstverpflichtung nicht die Annahme belegt, der auditierte Betreiber werde allzeit das Umweltrecht einhalten, sollten vor diesem Hintergrund grob fahrlässige und vorsätzliche Handlungen gegen geschützte Umweltgüter in einem EMAS Unternehmen ausgeschlossen sein.

Für den Erhalt des mit viel Aufwand erworbenen EMAS Status ist es notwendig, dass das EMAS Unternehmen erkannte Rechtsverletzungen umgehend beendet und zum Status der „Legal Compliance“ zurückkehrt.[693]

Vorsorgeanordnungen nach § 17 Abs. 1 Satz 1 BImSchG dürften gegenüber einem EMAS Unternehmen nicht notwendig sein, weil dieses in seinem EMAS Umweltprogramm selbst Vorsorgemaßnahmen aufzustellen hat und diese Maßnahmen im Rahmen des kontinuierlichen Verbesserungsprozesses umsetzt.[694]

Fraglich bleibt also nur, ob bei einer Schutzanordnung gegenüber einem auditierten Anlagenbetreiber, der Behörde aus der Tatsache der EMAS Auditierung des Adressaten ein Ermessen zukommt. Wie erwähnt, hat eine Behörde im Regelfall eine Schutzanordnung zu treffen, wenn sie von einem konkreten Verstoß gegen Betreiberpflichten erfährt.[695]

Hat ein EMAS Unternehmen einen solchen Verstoß verursacht, steht dessen fachliche Eignung den Umweltrechtsverstoß zu beenden nicht in Frage. Die fachliche Eignung des auditierten Betreibers das geltende Umweltrecht einzuhalten, ist der Behörde auf Grund der Auditierung auch bekannt. Der Wille des auditierten Betreibers umgehend den Verstoß beenden zu wollen, kann unterstellt werden, da ein EMAS konformes Verhalten diesen Willen verlangt. Berücksichtigt die Behörde all diese Fakten in ihrem Entscheidungsprozess, ist die Zulässigkeit einer Schutzanordnung gegenüber dem EMAS Unternehmen schon wegen der in Rede stehenden Verhältnismäßigkeit fraglich, denn der Verstoß gegen das Umweltrecht kann auch mit anderen geeigneten und zugleich milderen Mitteln beendet werden. Es erscheint, auch unter Berücksichtigung des allgemeinen Privilegierungsauftrages aus Art. 10 Abs. 2 EMAS-V sachgerecht, in solchen Konstellationen von der typischen Soll Entscheidung abzusehen und ein

---

692 Vgl. oben Kapitel 1 Abschnitt 5.2.1. Zur „Compliance“ Verpflichtung *Bartram*, in: Umweltaudit, Abschnitt C, Rn. 25.

693 Zur Verbindlichkeit der Selbstverpflichtung einerseits und den erforderlichen Kontrollmaßnahmen andererseits *Langerfeldt*, Privatisierung der Betreiberüberwachung, S. 242 f..

694 So auch *Schäfer*, a.a.O., S.242.

695 *Jarass*, BImSchG, § 17, Rn. 49.

behördliches Beurteilungsermessen anzunehmen.[696] Übt die Behörde dieses Ermessen richtig aus, wird sie keine Schutzanordnung gegenüber dem EMAS Unternehmen treffen, sondern statt dessen einen behördlichen Hinweis erteilen, der den auditierten Betreiber in die Lage versetzt, die eingetretene Umweltrechtsverletzung umgehend zu beenden. Sollte dieser Argumentation entgegengehalten werden, dass die Zulässigkeit einer Ermessensausübung bei Gefahrenanordnungen auf atypische Fälle begrenzt ist,[697] kann erwidert werden, dass die Tatsache des EMAS Audits die Annahme des atypischen Falls begründet.

4. Die Berücksichtigung des EMAS Audits bei der Umweltverträglichkeitsprüfung

Wie sich aus § 2 Abs. 1 Satz 1 UVPG ergibt, ist die Umweltverträglichkeitsprüfung lediglich unselbständiger Teil eines Verwaltungsverfahrens, welches der Zulassung eines Vorhabens dient.[698] Die Umweltverträglichkeitsprüfung ist ein wichtiges Instrument des vorsorgenden Umweltschutzes. Mit ihrer Hilfe sollen schädliche Umweltauswirkungen eines Vorhabens[699] vermieden, gemindert oder ausgeglichen werden, indem die Umweltauswirkungen vor der Realisierung des Vorhabens einer systematischen Prüfung mit bestimmten verfahrensmäßigen und inhaltlichen Mindestanforderungen unterzogen werden.[700]

Ob im Einzelfall eine Umweltverträglichkeitsprüfung durchzuführen ist, hängt im Wesentlichen von den erwarteten Umweltauswirkungen eines Vorhabens ab. Dieser Prämisse folgend, hat der Gesetzgeber typische Vorhaben, die UVP pflichtig sind oder sein können, in der Anlage 1 zum UVPG aufgeführt.[701] Bei einigen Vorhaben in der Liste der Anlage 1 ist die Durchführung einer Umweltverträglichkeitsprüfung obligatorisch. In der Liste finden sich allerdings auch Vorhaben, deren konkrete Umweltauswirkungen (noch) nicht sicher bewertet werden können. In diesen Fällen hat die Genehmigungsbehörde in einem Vorprüfungsverfahren gesondert festzustellen, ob eine Umweltverträglichkeitsprüfung durchgeführt werden muss oder unterbleiben kann.[702]

696 Zur Herleitung des Beurteilungsermessens *Kopp/Ramsauer,* VwVfG, § 40, Rn. 71.
697 *Jarass*, BImSchG, § 17 Rn. 50.
698 *Sellner/Reidt/Ohms*, a.a.O., 2. Teil, Rn. 38.
699 Zum Vorhabenbegriff des UVPG vgl. *Gallas/Sangenstedt,* in: Landmann/Rohmer, Bd. 3, UVPG, § 3, Rn. 22.
700 *Hoppe/Beckmann,* Umweltrecht, § 8, Rn. 59.
701 *Gallas/Sangenstedt,* in: Landmann/Rohmer, a.a.O., § 3, Rn. 10.
702 Näher zur allgemeinen Vorprüfung des Einzelfalls (so genanntes „Screening“ Verfahren) *Sellner/Reidt/Ohms,* a.a.O., 2. Teil, Rn. 32 ff.

4.1 Die Herleitung einer EMAS Privilegierung

Nach § 6 Abs. 1 Satz 1 UVPG hat der Träger des Vorhabens die zur Durchführung einer Umweltverträglichkeitsprüfung entscheidungserheblichen Unterlagen der zuständigen Behörde vorzulegen.[703] Diese Regelung eröffnet die Möglichkeit, an die oben herausgearbeiteten Ergebnisse zur EMAS Privilegierung nach § 4 Abs. 1 Satz 2 der 9. BImSchV anzuknüpfen, ohne das eine eigenständige Privilegierungsnorm gegeben ist. Die analoge Anwendung der das Genehmigungsantragsverfahren betreffenden EMAS Privilegierung kann damit begründet werden, dass umweltrelevante Angaben, die Gegenstand der Antragsunterlagen nach den §§ 4 ff. der 9. BImSchV sind, gleichfalls in der Umweltverträglichkeitsprüfung von Bedeutung sind, wie ein Vergleich der materiellen Anforderungen der §§ 4 ff. der 9. BImSchV mit denen des § 6 Abs. 3 und § 6 Abs. 4 UVPG zeigt.[704] Mithin haben EMAS Tatsachen auch in die Umweltverträglichkeitsprüfung einzufließen. Darüber hinaus wäre eine Nichtberücksichtigung von Tatsachen, die im Trägerverfahren der Umweltverträglichkeitsprüfung[705] Berücksichtigung gefunden haben, widersprüchlich und nicht mit dem übergeordneten Ziel der Verfahrensbeschleunigung vereinbar.[706]

4.2 Die Berücksichtigung von EMAS bei der Prüfung der UVP Unterlagen

Die Umweltverträglichkeitsprüfung erfolgt auf der Grundlage der „Zusammenfassenden Darstellung der Umweltauswirkungen", die die zuständige Genehmigungsbehörde erstellt.[707] Zur Herstellung dieses Papiers hat die Behörde gemäß § 11 Satz 2 UVPG auch eigene Ermittlungen anzustellen und deren Ergebnisse einzubeziehen. Bei diesen Ermittlungen kann nichts anderes gelten, als bei den Ermittlungen im Rahmen des Genehmigungsverfahrens.

Die Behörde hat ihr bekannte EMAS Tatsachen des auditierten Vorhabensträgers in ihre Bewertungsentscheidung der Umweltverträglichkeit des Vorhabens einfließen zu lassen. Fraglich ist jedoch auch im Rahmen dieser Entscheidungsfindung, welche konkreten EMAS Leistungen berücksichtigungsfähig sind. Auch hier gilt, wie im Fall des Genehmigungsverfahrens, dass nur objektiv verwertbare Informationen eines EMAS Audits von der Behörde als Tatsachen berücksichtigt werden können.

Die Kriterien für die behördliche Vorprüfung des Einzelfalls sind in Anlage 2 zum UVPG enthalten. Der Vorhabenträger hat der Behörde Daten zum Vorhaben zu liefern. Dazu gehören Angaben zur Größe seines Vorhabens, gegebenen-

703 Zu den vorzulegenden Unterlagen *Hoppe/Beckmann*, Umweltrecht, § 8, Rn. 72.
704 So auch *Jarass*, BImSchG, § 10, Rn. 32.
705 Vgl. *Gallas/Sangenstedt,* in: Landmann/Rohmer, a.a.O., § 3, Rn. 25.
706 Zum Ziel der Verfahrensbeschleunigung *Gallas*, in: Landmann/Rohmer, a.a.O., Vorb. UVPG, Rn. 35..
707 Vgl. § 12 i.V.m. § 11 Satz 1 UVPG.

falls bereits erkannte Umweltrisiken, sowie Daten zur ökologischen Bedeutung des vorgesehenen Standorts der Anlage. Auf der Grundlage dieser Angaben hat die Behörde die Umweltauswirkungen des Vorhabens zu bewerten.

Als objektiv verwertbar kommen EMAS Daten in Frage, die eine Feststellung des Status Quo der Umweltsituation ermöglichen. Der Umwelterklärung kann etwa die planungsrechtliche Situation des Standorts entnommen werden.[708] Auch könnten Daten zu ökologischen Schutzgebieten im Einwirkungsbereich der (zu ändernden) Anlage im EMAS Audit erfasst worden sein, die in der Darstellung der Umweltsituation dann Berücksichtigung finden können.[709]

5. Die Berücksichtigung des EMAS Audits bei der Emissionsgenehmigung

Seit dem 1. Januar 2004 unterliegt die Freisetzung bestimmter Treibhausgase aus emissionshandelspflichtigen Anlagen dem Genehmigungsvorbehalt[710] des § 4 Abs. 1 TEHG.[711]

Die Erteilung einer „Treibhausgasemissionsgenehmigung" hat nach § 4 Abs. 2 TEHG zur Voraussetzung, dass der Verantwortliche nach dem TEHG in der Lage ist, die durch ihn zu verantwortenden Treibhausgasemissionen zu ermitteln und darüber in geeigneter Form zu berichten. § 3 Abs.7 TEHG schreibt vor, dass der Betreiber einer genehmigungsbedürftigen Anlage zugleich auch deren „Verantwortlicher" im Sinne des TEHG ist.[712] Durch ihre Aufnahme im Anhang 1 des TEHG wurden eine Vielzahl genehmigungsbedürftiger Anlagen, so etwa alle bedeutenden Anlagen der Energiewirtschaft, emissionshandelspflichtig.[713] Die speziellen Anforderungen des TEHG, die Treibhausgasemissionen emissionshandelspflichtiger Anlagen richtig zu erfassen und die Fähigkeit des verantwortlichen Betreibers zu einer gesetzeskonformen Emissionsberichterstattung wurden in § 5 Abs. 1 Satz 2 BImSchG als immissionsschutzrechtliche Betreiberpflichten verankert.[714]

---

708 Zum beschreibenden Inhalt einer Umwelterklärung *Wolfarth/Signon*, in: Umweltaudit, Abschnitt D, Rn. 19.

709 Zur Verwertbarkeit der in anderen Verfahren gewonnenen Erkenntnisse im Rahmen einer UVP Prüfung *Sellner/Reidt/Ohms*, a.a.O., Teil 2, Rn. 42.

710 Näher zum Emissionsgenehmigungsvorbehalt des TEHG *Körner*, in: Körner/Vierhaus, TEHG Kommentar, § 4 TEHG, Rn. 17 ff.

711 Gesetz über den Handel mit Berechtigungen zur Emission von Treibhausgasen (Treibhausgas-Emissionshandelsgesetz – TEHG) vom 8.07.2004, BGBl. I S. 1578, zuletzt geändert durch Art. 9 des Gesetzes vom 11.8.2010, BGBl. I 1163.

712 Zur Identität von Betreiber und Verantwortlichem *Vierhaus*, in Körner/Vierhaus, a.a.O., § 3 TEHG, Rn. 33.

713 Dazu *Adam/Hentschke/Kopp-Assenmacher*, Handbuch des Emissionshandelsrechts, S. 11 f..

714 Zur „Verzahnung" von Emissionshandelrecht und Bundes-Immissionsschutzrecht *Adam/Hentschke/Kopp-Assenmacher,* a.a.O., S. 15.

5.1 Die Erteilung der Treibhausgasemissionsgenehmigung

Für genehmigungsbedürftige Anlagen, die vor dem 15. Juli 2004 genehmigt wurden, wurde die Emissionsgenehmigung durch § 4 Abs. 7 TEHG noch fingiert.[715] Für emissionshandelspflichtige Neuanlagen ist das Emissionsgenehmigungserfordernis nun Gegenstand des immissionsschutzrechtlichen Genehmigungsverfahrens (§ 4 Abs. 6 Satz 1 TEHG).[716] Das immissionsschutzrechtliche Genehmigungsverfahren wurde um die Anforderungen des § 4, Absätze 2 bis 5 TEHG erweitert.[717]

Sofern für eine emissionshandelspflichtige Bestandsanlage eine Änderungsgenehmigung nach § 16 Abs. 1 BImSchG in Rede steht, hat die Behörde infolge der Erweiterungen ihres Prüfungsumfangs auch zu prüfen, ob die wesentliche Anlagenänderung eine Anpassung der bestehenden Emissionsgenehmigung erforderlich macht.[718] Fraglich ist, ob die Behörden bei dieser Prüfung eine EMAS Auditierung des Betreibers zu berücksichtigen haben.

5.2 Die Begründung einer EMAS Privilegierung im TEHG Genehmigungsverfahren

Im Emissionshandelsrecht findet sich eine ausdrückliche Privilegierungsnorm zu Gunsten EMAS auditierter Anlagen nur in Anhang 3 zum TEHG. Dort heißt es, dass die sachverständige Stelle bei der Prüfung des Emissionsberichtes nach TEHG zu berücksichtigen hat, ob die Anlage im Rahmen des Gemeinschaftssystems für das Umweltmanagement und die Betriebsprüfung (EMAS) registriert ist.[719] Daraus könnte geschlossen werden, dass der Gesetzgeber die EMAS Privilegierung mit dieser Vorschrift abschließend geregelt hat, d.h. keinen weiteren Raum zur EMAS Privilegierung im Emissionshandelsrecht annahm. Andererseits beinhaltet das TEHG in Bezug auf die Erteilung der Emissionsgenehmigung kein eigenständiges Verfahrensrecht, sondern stellt lediglich zusätzliche Anforderungen, die die jeweils zuständige Landesgenehmigungsbehörde im immissionsschutzrechtlichen Genehmigungsverfahren prüft.[720] Eine eigenständige TEHG Genehmigungsbehörde wurde nicht geschaffen.[721]

Daraus und aus der Erweiterung der Betreiberpflichten des § 5 BImSchG um die Grundanforderungen des TEHG ist zu folgern, dass im Emissionsgenehmi-

715 Siehe *Adam/Hentschke/Kopp-Assenmacher,* a.a.O., S. 19 f..
716 *Theuer,* in: Frenz, Emissionshandelsrecht, § 4 TEHG, Rn. 37.
717 Näher dazu *Körner*, in: Körner/Vierhaus, a.a.O., § 4 TEHG, Rn. 13 ff.
718 *Theuer*, in: Frenz, a.a.O., § 4 TEHG, Rn. 38.
719 Vgl. dazu Anhang 3 zum TEHG, Kriterien für die Prüfung nach § 5 Abs. 3 Satz 1 (Emissionsbericht).
720 Wegen der letztlich doch normierten Länderzuständigkeit für die Emissionsgenehmigung bleibt die Anordnung des elektronischen Antragsverfahrens in § 4 Abs. 4 TEHG ohne praktische Relevanz; *Theuer*, in: Frenz, a.a.O., § 4 TEHG, Rn. 27.
721 *Körner*, in: Körner/Vierhaus, TEHG, § 4, Rn. 2.

gungsverfahren die Verfahrensvorschriften der 9. BImSchV ebenfalls Anwendung zu finden haben, mithin hat die zuständige Behörde die EMAS Privilegierungsnorm des § 4 Abs. 1 Satz 2 der 9. BImSchV im Zusammenhang mit ihrer Prüfung der TEHG Anforderungen anzuwenden.

5.2.1 Prüfungsgegenstand bei der Erteilung der Emissionsgenehmigung

Die Emissionsgenehmigung ist zu erteilen, wenn die Genehmigungsbehörde zur Auffassung gelangt, dass der Betreiber der emissionshandelspflichtigen Anlage in der Lage ist, die Anforderungen des § 5 und des § 6 TEHG zu erfüllen. Damit ist der Prüfungsrahmen der Behörde klar umrissen. Bei der Entscheidung handelt es sich lediglich um eine „Kontrollerlaubnis".[722]

§ 5 TEHG verpflichtet den Betreiber einer emissionshandelspflichtigen Anlage die von seiner Anlage ausgehenden Treibhausgasemissionen zu ermitteln, einen Emissionsbericht zu verfassen, diesen durch einen Umweltgutachter testieren zu lassen und dann der Genehmigungsbehörde vorzulegen. Die Ermittlung der Treibhausgasemissionen geschieht auf der Grundlage eines „Monitoringkonzeptes",[723] das mit der Behörde abzustimmen und von dieser zu genehmigen ist. Bei jeder Anlagenänderung, die das Emissionsverhalten verändert, ist das Monitoringkonzept anzupassen. [724] Die Genehmigungsbehörde leitet den Emissionsbericht des Betreibers zur Prüfung an die „Deutsche Emissionshandelsstelle (DEHSt)" weiter[725]

Nach § 6 Abs. 1 TEHG hat der Betreiber pro Jahr das Äquivalent an Emissionsberechtigungen bei der DEHSt abzugeben, das den Treibhausgasemissionen seiner Anlage innerhalb des Jahres entspricht. Die Anzahl der abzugebenden Emissionsberechtigungen wird durch den testierten Emissionsbericht nachgewiesen.[726]

5.2.2 Die mögliche Verwertung von EMAS Erkenntnissen

Auf Grund der Regelung in § 4 Abs. 7 TEHG war zu Beginn des Emissionshandels für Bestandsanlagen kein Emissionsgenehmigungsverfahren durchzuführen. Emissionsgenehmigungen sind dagegen bei emissionshandelspflichtigen Anlagen erforderlich, die nach dem 15.4.2004 immissionsschutzrechtlich genehmigt

722 Die Kontrollerlaubnis oder Sachgenehmigung ist Folge einer gebundenen Entscheidung; näher dazu *Hoppe/Beckmann*, a.a.O., § 25, Rn. 75.

723 Dazu *Theuer*, in: Frenz, a.a.O., TEHG, § 5, Rn. 18 ff.

724 Zur Methodik der Treibhausgas Emissionsberechnungen unter Berücksichtigung der EU „Monitoring Guidelines" *Vierhaus/von Schweinitz*, in: Körner/Vierhaus, a.a.O., § 5 TEHG, Rn. 35 ff..

725 Vgl. § 5 Abs. 4 TEHG. Zum rechtlichen Status der DEHSt *Rebentisch*, Benchmarks als Zuteilungsmaßstab im Emissionshandelsrecht, in: Hendler u.a. (Hrsg.), Jahrbuch des Umwelt- und Technikrechts 2007, S. 187 ff., (189).

726 Zum Nachweis *Theuer*, in: Frenz, a.a.O., TEHG, § 5, Rn. 31 ff..

wurden. Die Emissionsgenehmigung wird dem Betreiber im Rahmen des immissionsschutzrechtlichen Genehmigungsverfahrens erteilt.[727]

Emissionsgenehmigungen müssen geändert werden, wenn die Anlage geändert wird. Bei einer wesentlichen Änderung einer emissionshandelspflichtigen Anlage wird die Anpassung des Monitoringkonzeptes erforderlich. Fraglich ist, ob bei der Änderung der Emissionsgenehmigung EMAS Tatsachen Berücksichtigung finden können und müssen.

EMAS Emissionsdaten sind, sofern sie zur Treibhausgasemissionsermittlung überhaupt in Betracht kommen, keinesfalls genauer, als die im Rahmen des TEHG Monitorings zu ermittelten Emissionsdaten und können diese mangels Gleichwertigkeit nicht ersetzen. Substitutionen im TEHG Emissionsbericht scheiden daher aus.

Allerdings können andere Tatsachen aus dem EMAS Audit die behördlichen Prüfungen mit ihrer Indizwirkung unterstützen. So darf die (Emissionsgenehmigungs-) Behörde die Genehmigung nur erteilen, wenn sie von der Zuverlässigkeit des Anlagenbetreibers bei der Erhebung von Emissionsdaten überzeugt ist. Das EMAS Audit liefert den Beweis, dass ein EMAS Unternehmen in der Lage ist, ein- und ausgehende Brennstoffströme genau zu erfassen. Die vergleichbare Anforderung stellt das „Monitoring" nach dem TEHG, also die Treibhausgasemissionserfassung. Folglich kann bei einem auditierten Betreiber die Behörde die Frage der Zuverlässigkeit durch Rückschluss beantworten, d.h. die Erfüllung dieses Tatbestandsmerkmals der §§ 5 und 6 TEHG kann beim auditierten Betreiber ohne weiteres unterstellt werden. Da dann weitere Darlegungen des EMAS Unternehmens zu diesem Tatbestandsmerkmal unterbleiben können, ist das Ziel der Privilegierung des EMAS Unternehmens erreicht.

727 *Körner* vertritt die Auffassung, dass die Inhalte der Emissionsgenehmigung als Nebenbestimmungen gem. § 21 Abs. 1 Nr. 9 der 9. BImSchV in die immissionsschutzrechtliche Genehmigung Eingang finden können; *Körner*, in: Körner/Vierhaus, TEHG, § 4, Rn. 28.

Kapitel 5 Handlungsempfehlungen und Erwartungen an eine weitere Privilegierung von EMAS Unternehmen

Bis hierher galt die Untersuchung existierenden EMAS Privilegierungsvorschriften und ihrer Anwendung. Im Folgenden werden vor dem Hintergrund des gemeinschaftsrechtlichen EMAS Privilegierungsauftrages Vorschläge zu einer weiterführenden Privilegierung der EMAS Unternehmen skizziert, wobei es sich bei den Vorschlägen um Handlungsempfehlungen an die Verwaltung handelt, die auf eine Privilegierung der EMAS Unternehmen durch Ausnutzung vorhandener Spielräume im Ordnungsrecht abzielen.

1. Der Auftrag zu einer umfassenden EMAS Privilegierung

Art. 11 Abs. 1 EMAS-V erteilt den Mitgliedsstaaten der EU nicht nur den allgemeinen Auftrag, die Beteiligung von Organisationen (Unternehmen) zu fördern, sondern schließt auch den Auftrag ein, Maßnahmen zu prüfen, wie dieses Ziel erreicht werden kann. Der Maßnahmenkatalog des Art. 11 Abs. 1 und Abs. 2 EMAS-V beinhaltet einige Vorschläge („insbesondere"), ist jedoch nicht abschließend. Fraglich erscheint demnach, was staatliche Stellen weiter unternehmen können und müssen, um das Interesse von Unternehmen an einer EMAS Teilnahme zu stärken.

Eine einfache Möglichkeit Unternehmen zu einer EMAS Teilnahme zu motivieren, besteht darin, jede zulässige Möglichkeit einer Bevorzugung der EMAS Unternehmen durch privilegierendes Verwaltungshandeln zu nutzen. In diesem Sinn ist der Auftrag aus Art. 11 EMAS-V wie folgt zu verstehen: Die Verwaltungsbehörden der Mitgliedstaaten haben alle Maßnahmen zur Steigerung der EMAS Attraktivität zu ergreifen, sobald sie auf nationaler Ebene erkannt werden und das Ergebnis der Privilegierung mit ihrer geltenden Rechtsordnung vereinbar ist. Damit ist Art. 11 EMAS-V als *Generalklausel* zur Förderung von EMAS zu verstehen, die immer dann den Behörden die Überprüfung der Möglichkeit zur Privilegierung von EMAS Unternehmen verlangt, wenn eine speziellere EMAS Privilegierungsvorschrift nicht in Frage kommt.

2. Konkrete Handlungsempfehlungen

Es ist ein auch mit dieser Untersuchung belegtes Faktum, dass eine Behörde, die Anlagen zu überwachen hat, ihre Überwachungsaufgabe einfacher erledigen kann, wenn die Anlage zu einem EMAS Unternehmen gehört, denn das EMAS Unternehmen hat mit der Durchführung des EMAS Audits und der damit einhergehenden Umsetzung des EMAS Regelwerks seine Fähigkeit erwiesen, die bestehenden umweltrechtlichen Anforderungen erfüllen zu können. Darüber hinaus hat das EMAS Unternehmen sich verpflichtet, die Anforderungen des Umweltrechts nicht nur zu erkennen, sondern sie auch tatsächlich zu erfüllen. Diese Ausgangssituation spricht dafür, dass eine Überwachungsbehörde gegenüber einem EMAS Unternehmen ein anderes Rollenverständnis einnehmen kann. Die folgenden Handlungsempfehlungen bauen auf dieser Prämisse auf.

2.1 Abgestimmte Umweltinspektionen

Genehmigungsbedürftige Anlagen unterliegen gemäß § 52 Abs. 1 BImSchG der kontinuierlichen Überwachung durch die zuständigen Überwachungsbehörden. Die Überwachung dient dem Zweck, dass die Normen des Bundes-Immissionsschutzgesetzes und die der darauf gestützten Rechtsverordnungen eingehalten werden.[728] Ihre Überwachungspflichten erfüllen die Überwachungsbehörden unter anderem durch wiederkehrende „Umweltinspektionen". Die Umweltinspektionen gelten der Prüfung der Einhaltung der festgelegten Umweltanforderungen und dienen der Überwachung der Umweltauswirkungen der Anlagen.

Die Durchführung einer Umweltinspektion steht im Ermessen der Überwachungsbehörde.[729] Nur bei der Annahme von Gefahren sieht § 52 Abs. 1 Satz 3 BImSchG Ausnahmen vor.[730]

Zur Umweltinspektion entsendet die zuständige Überwachungsbehörde Vertreter, die die zu überwachende Anlage in Augenschein nehmen.[731] Es werden Begehungen durchgeführt und die Erkenntnisse (Übereinstimmungen und Abweichungen von den gesetzlichen Anforderungen an den Betrieb der Anlage) aus den Begehungen sind in Protokollen festzuhalten.[732] Ein EMAS Unternehmen ist nicht nur in die Lage, eine verstärkte Eigenüberwachung durchzuführen, sondern es ist auch zu verstärkter Eigenüberwachung und Kontrolle berechtigt.[733] Einige EMAS Privilegierungsvorschriften dienen ausdrücklich der Stärkung der

728 *Jarass*, BImSchG, § 52, Rn. 3.

729 *Jarass*, BImSchG, § 52, Rn. 7.

730 Es handelt sich dabei um Beispiele drohender Gefahr: Schutz der Nachbarschaft nicht gewährleistet; Stand der Technik nicht eingehalten; Betriebssicherheit nicht ausreichend; umweltrechtliche Anforderungen nicht umgesetzt; vgl. *Jarass*, BImSchG, § 52, Rn. 8.

731 Zur Mitwirkungspflicht des Betreibers bei der behördlichen Besichtigung einer Anlage *Langerfeldt*, Privatisierung der Betreiberüberwachung, S. 55 f.

732 Vgl. dazu die Empfehlung 2001/331/EG des Europäischen Parlamentes und des Rates vom 4.4.2001 zur Festlegung von Mindestkriterien für Umweltinspektionen in den Mitgliedstaaten, ABl. EU L 118 vom 27.4.2001.

733 *Dolde/Vetter*, a.a.O., S. 948.

Eigenüberwachung,[734] jedoch fehlt bislang eine Privilegierung, die auf eine Reduzierung der Überwachung aus § 52 BImSchG abzielt.[735]

Fraglich ist, wie EMAS Unternehmen in diesem Punkt privilegiert werden könnten. Klar ist im Hinblick auf die Grenzen, die bei jeder Rücknahme staatlicher Überwachung zu beachten sind,[736] dass ein Verzicht auf die Pflichtüberwachung nach § 52 Abs. 1 Satz 3 BImSchG nicht erfolgen darf.[737] Jedoch ist eine Privilegierung im Bereich der Ermessensüberwachung möglich und vor dem Hintergrund des Auftrages aus Art. 10 Abs. 1 EMAS-V auch erforderlich.

So kann Doppelaufwand dadurch entstehen, dass Ermessensinspektionen unabgestimmt mit dem EMAS Unternehmen durchgeführt werden. Werden dagegen Umweltbetriebsprüfungen und Umweltinspektionen zusammengelegt, kann Aufwand reduziert werden. Durch gemeinsame Inspektionen kann erreicht werden, dass ein gründlicher Informationsaustausch zwischen den staatlichen Inspektoren, den Betriebsbeauftragten und den Umweltbetriebsprüfern erfolgt. Erkannte Probleme können gemeinsam einer Lösung zugeführt werden. Aus den gemeinsamen Umweltinspektionen folgt dann eine gemeinsame Bewertung des umweltrechtlichen Status Quo der überwachten Anlage, die wiederum Gegenstand der kontinuierlich anzupassenden EMAS Dokumentation wird.

EMAS Unternehmen können also privilegiert werden, indem die Behörden ihre Ermessensüberwachung nach § 52 Abs. 1 BImSchG mit den EMAS Unternehmen abstimmen. Die dazu erforderliche Ermessensreduzierung findet ihre Begründung in den Zielbestimmungen der Art. 10 und 11 EMAS-V.

2.2 Die Privilegierung des EMAS Unternehmens durch entlastende Umweltinformationen

Im Fall umweltgefährdender Vorkommnisse wird der erste Verdacht, Verursacher der Umweltgefahr oder eines Umweltschadens zu sein, häufig gegen den Betreiber einer Anlage, die in der Nachbarschaft eines solchen Vorkommnisses gelegen ist, gerichtet.[738] Dabei kann der Verdacht auf mangelhaften Informationen über die tatsächlichen Gegebenheiten in der Anlage genauso beruhen wie auf mangelnder Kenntnis der tatsächlichen Umweltrisiken, die von dem Anlagenbetrieb ausgehen können.

Mit der freiwilligen EMAS Auditierung verpflichtet sich der auditierte Betreiber über die Umweltauswirkungen seiner Tätigkeit umfassend die Öffentlichkeit zu

734 Z.B. bei der Ermittlung von Emissionen; vgl. § 4 und § 5 EMASPrivilegV.

735 *Knopp*, a.a.O., (NVwZ 2001) S. 1102. Siehe auch *Hansmann/Röckinghausen*, Landmann/Rohmer, Bd. 1, BImSchG, § 52, Rn. 16b.

736 Siehe oben Kapitel 2, Abschnitt 3.5.

737 *Koch/Laskowski,* Verfassungsrechtliche Grenzen einer Privatisierung der Anlagenüberwachung, ZUR 1997, S. 182 ff., (187).

738 Zu Beweisschwierigkeiten des Anlagenbetreibers *Sautter*, Beweiserleichterungen und Auskunftsansprüche im Umweltschadensrecht, S. 128.

informieren und mit ihr in einen offenen Dialog in Fragen des Anlagenbetriebs zu treten.[739] Nur auf Grund einer solchen Verpflichtung können unzutreffende Verdächtigungen nicht ausgeschlossen werden. In dieser Konstellation kann der zuständigen Überwachungsbehörde eine besondere Rolle zukommen. Sie hat die Möglichkeit, sich an die Seite eines in Verdacht stehenden EMAS Unternehmen zu stellen. Die Überwachungsbehörde ist durch ihren Kenntnisstand zum auditierten Anlagenbetrieb in der Lage, objektive Auskünfte bzw. Bewertungen mit objektivem Eindruck gegenüber der Öffentlichkeit abzugeben. Sie kann etwa unter Zuhilfenahme vorliegender Emissionsdaten[740] und anderen Tatsachen des EMAS Audits, dem Verdacht einer unzulässigen Luftverschmutzung entgegentreten.[741]

Fraglich ist, ob die Behörden zu jedem Verhalten - unter dem Aspekt der EMAS Privilegierung - verpflichtet wären. Die Rolle der Überwachungsbehörde im Zusammenhang mit umweltrelevanten Informationen wird im Umweltinformationsgesetz (UIG)[742] beschrieben. Mit dem Umweltinformationsgesetz wurde im Jahr 2004 die europäische Umweltinformationsrichtlinie[743] in deutsches Recht umgesetzt.[744]

Nach § 1 UIG dient das Umweltinformationsgesetz dem freien Zugang zu Umweltinformationen, die bei einer informationspflichtigen Stelle vorhanden sind, regelt zudem aber auch die Verbreitung dieser Informationen.[745] Auch die Immissionsschutzbehörden gehören zu den informationspflichtigen Stellen des Umweltinformationsgesetzes.[746] Nach § 10 UIG haben diese Stellen die Öffentlichkeit in angemessenem Umfang aktiv und systematisch über die Umwelt zu unterrichten. Die Unterrichtungspflicht reicht dabei so weit, wie eine informationspflichtige Stelle Informationen aus ihrer Überwachungstätigkeit erlangt hat.[747] In angemessenen Abständen sind die veröffentlichte Umweltinformationen zu aktualisieren (§ 10 Abs. 2 Satz 3 UIG). Zwar führt § 10 Abs. 2 UIG EMAS Dokumente als Informationsquelle nicht explizit auf, doch ist die Aufzählung einerseits nicht abschließend[748] und andererseits gelangen Behörden

---

739 Vgl. Anh. I B Nr. 3 EMAS-V.

740 Gegebenenfalls enthalten die EMAS Unterlagen auch (Emissions-) Ausbreitungsbetrachtungen.

741 Zur Erschütterung eines Indizienbeweises gegen einen Anlagenbetreiber. *Sautter*, a.a.O., S. 78.

742 Umweltinformationsgesetz vom 22.12.2004, BGBl. I S. 3704.

743 Richtlinie 2003/4/EG über den Zugang der Öffentlichkeit zu Umweltinformationen und zur Aufhebung der Richtlinie 90/313/EWG vom 28.1.2003, ABl. EG Nr. L 41, S. 26.

744 Zur Entstehungsgeschichte des UIG siehe *Reidt/Schiller,* Landmann/Rohmer, Bd. 3, UIG, Vorb. UIG, Rn. 59 ff. Länderregelungen stehen teilweise noch aus; Zu diesem Aspekt *Schomerus/Tolkmitt,* Die Umweltinformationsgesetze der Länder im Vergleich, NVwZ 2007, S. 1119 ff.

745 *Reidt/Schiller*, Landmann/Rohmer, a.a.O., § 1, Rn. 10.

746 *Reidt/Schiller,* Landmann/Rohmer, a.a.O., § 2, Rn. 4 f..

747 *Reidt/Schiller,* Landmann/Rohmer, a.a.O., § 10, Rn. 17.

748 *Reidt/Schiller,* Landmann/Rohmer, a.a.O., § 10, Rn. 6.

auch durch eine EMAS Auditierung zu Umweltinformationen. Damit sind EMAS Tatsachen ebenfalls zu den zu verbreitenden Umweltinformationen im Sinne des § 10 Abs. 2 Nr. 4 UIG zu zählen.

Aus der (oben erwähnten) Generalklausel zur Privilegierung eines EMAS Unternehmens ist abzuleiten, dass die immissionsschutzrechtliche Überwachungsbehörde § 10 UIG so anzuwenden hat, dass die Vorschrift privilegierende Wirkung entfaltet. Die Behörde hat daher ihr zur Verfügung stehende entlastende Umweltinformationen über ein EMAS Unternehmen im Falle dessen Verdächtigung der Öffentlichkeit mit dem Ziel der Entlastung des EMAS Unternehmens bekannt zu geben. Insoweit ist das behördliche Ermessen hinsichtlich der angemessenen Verbreitung von Umweltinformationen eingeschränkt. Allerdings wird diese Einschränkung des Ermessens durch die Zielbestimmung des Art. 11 EMAS-V sachlich gerechtfertigt.

2.3 Die mögliche EMAS Privilegierung im Umweltschadensrecht

Die öffentlich-rechtliche Haftung für Umweltschäden wurde erst im Jahr 2007 durch das Gesetz über die Vermeidung und Sanierung von Umweltschäden (Umweltschadensgesetz) geregelt.[749] Das Umweltschadensgesetz dient der Umsetzung der europäischen Umwelthaftungsrichtlinie vom 21.4.2004.[750]

Während die seit langem schon existenten zivilrechtlichen Ausgleichsmechanismen nur Schäden an solchen Umweltgütern erfassen, die eigentumsrechtlich zugeordnet sind, stellt das Umweltschadensgesetz keine individuellen Rechtspositionen wie das Eigentum Dritter unter besonderen Schutz,[751] sondern bezieht sich auf Kollektivschäden oder Schäden an umweltspezifischen Gemeingütern, namentlich „Arten und natürliche Lebensräume“,[752] „Gewässer“ sowie das Umweltgut „Boden“.[753]

Das Umweltschadensgesetz setzt dabei die Mindeststandards der öffentlich-rechtlichen Umwelthaftung. Die Regelungen sind, wie § 1 Satz 1 USchadG un-

---

749 Art. 1 des Gesetzes zur Umsetzung der Richtlinie des Europäischen Parlaments und des Rates über die Umwelthaftung zur Vermeidung und Sanierung von Umweltschäden vom 10.5.2007, BGBl. I S. 666, zuletzt geändert durch Art. 14 des Gesetzes vom 31.7.2009, BGBl. I 2585.

750 Richtlinie 2004/35/EG des Europäischen Parlamentes und des Rates vom 21.4.2004 über Umwelthaftung zur Vermeidung und Sanierung von Umweltschäden, ABl. EG Nr. L 143, S. 56.

751 Zum eigenen deutschen Verständnis der Umwelthaftung *Wagner*, Die gemeinschaftsrechtliche Umwelthaftung aus der Sicht des Zivilrechts, in: *Hendler* u.a. (Hrsg.), Umwelthaftung, S. 73 ff., (77).

752 Zu Schwierigkeiten der Bestimmung des Schutzkreises *Gellermann*, Umweltschaden und Biodiversität, NVwZ 2008, S. 828 ff., (830 f.).

753 *Scheidler*, Umweltschutz und Umweltverantwortung, NVwZ 2007, S. 1113 ff., (1113 f.).

terstreicht, subsidiär zu Rechtsvorschriften von Bund und Ländern, die eine Sanierung und die Vermeidung von Umweltschäden näher regeln.[754]

Subjekt der Umwelthaftung ist der „Verantwortliche". Verantwortlicher ist nach § 2 Nr. 3 USchadG jede natürliche oder juristische Person, die eine berufliche Tätigkeit ausübt und dadurch einen Umweltschaden oder eine unmittelbare Gefahr des Eintritts eines Umweltschadens verursacht. EMAS Unternehmen, die etwa Betreiber einer Anlage im Sinne des Immissionsschutzrechtes sind, können Verantwortliche im Sinne des Umweltschadengesetzes sein, mithin auch Subjekte der Umweltschadenshaftung.[755]

Mit den Regelungen des Umweltschadensgesetzes wurde die Verantwortung von Unternehmen im Bereich des Umweltschutzes erweitert. Zudem wurde, wegen des Fehlens von Haftungshöchstgrenzen, ein bedeutendes Haftungsrisiko[756] für Unternehmen geschaffen.[757] Fraglich ist, ob EMAS Unternehmen durch die Tatsache ihrer Auditierung auch im Bereich der Umweltschadenshaftung begünstigt werden können bzw. müssen.

2.3.1 Kausalitätsermittlung bei Umweltschäden

Verantwortlich für Umweltschäden[758] ist, wie erwähnt, derjenige, der unmittelbar einen Umweltschaden oder die unmittelbare Gefahr eines solchen Schadens verursacht hat.

Nach der herrschenden „Theorie der unmittelbaren Verursachung" ist als Verursacher einer Gefahr derjenige anzusehen, der durch sein Verhalten selbst die konkrete Gefahr unmittelbar herbeigeführt hat, der also in eigener Person eine Gefahrenschwelle überschritten hat.[759] Gefahr ist eine Sachlage, bei der bei einem ungehinderten Geschehensablauf ein Zustand oder Verhalten mit hinreichender Wahrscheinlichkeit in absehbarer Zeit zu einem Schaden führt.[760] Ein Umweltschaden oder eine Umweltschädigung ist nach der Definition in § 2 Nr. 2 USchadG eine direkt oder indirekt eintretende feststellbare nachteilige Veränderung einer natürlichen Ressource oder eine Beeinträchtigung derselben, wobei nach dem Umweltschadensgesetz nur Umweltschäden relevant sind, die die

---

754 Zur Subsidiarität siehe *Beckmann/Wittmann,* in: Landmann/Rohmer, Bd. 4, USchadG, § 1, Rn. 4 f.

755 *Becker*, Umweltschadensgesetz und Artikelgesetz zur Umsetzung der Umwelthaftungsrichtlinie, NVwZ 2007, S. 1105 ff., (1108).

756 Zu diesem Aspekt *Nell*, Zur Versicherbarkeit des Umwelthaftungsrisikos, in: Hendler u.a. (Hrsg.) Umwelthaftung, S. 243 ff., (253 ff.).

757 *Scheidler*, a.a.O., S. 1119.

758 Vgl. dazu die Definitionen zu Umwelt und Schaden in § 2 Nr. 1 und Nr. 2 USchadG. Dazu näher *Becker*, a.a.O., S.1108.

759 *Beckmann/Wittmann,* in: Landmann/Rohmer, Bd. 4, USchadG, § 2, Rn. 38.

760 *Tettinger/Erbguth/Mann*, Besonderes Verwaltungsrecht, § 14, Rn. 463.

Schwelle der Erheblichkeit überschritten haben; Bagatellschäden werden vom Umweltschadensgesetz dagegen nicht erfasst.[761]

Ein Verantwortlicher haftet nach dem Umweltschadensgesetz, wenn es der zuständigen Behörde gelingt, die Kausalität zwischen der Handlung des Verantwortlichen und des Umweltschadenseintritts nachzuweisen.[762] Dabei hat der Gesetzgeber darauf verzichtet, hinsichtlich des Kausalitätsnachweises eine vergleichbare Beweiserleichterung zu statuieren, wie sie in der zivilrechtlichen Umwelthaftung zugunsten eines privaten Geschädigten § 6 Abs. 1 UmwHG enthält.[763] Begründet wurde dies mit dem Verweis darauf, dass Behörden bei ihrer Aufgabenerfüllung auf hoheitliche Befugnisse zurückgreifen können die einem privaten Geschädigten nicht in gleichem Umfang zur Verfügung stehen.[764]

2.3.2 Vergleich zur Kausalitätsvermutung im Umwelthaftungsrecht

Nach § 6 Abs. 1 Satz 1 UmwHG, also im Rahmen der zivilrechtlichen Umwelthaftung, wird ein Ursachenzusammenhang (Kausalität) zwischen einem entstandenen Schaden und einer Anlage vermutet, wenn die Anlage zur Schadensverursachung geeignet ist.[765] Vermutungsbasis ist dabei eine konkrete Schadenseignung einer Anlage, d.h. der Geschädigte hat den Nachweis einer bestimmten Verursachungswahrscheinlichkeit zu erbringen.[766] Dazu bedarf es mehrerer Einzelnachweise, etwa das von der Anlage Umwelteinwirkungen ausgehen, dass ein Zusammenhang von Umwelteinwirkung und Schaden besteht und das ein bestimmter Schadstoff den Schaden herbeigeführt hat.[767]

Der hier mit einer Vermutung einhergehenden Beweismaßreduktion zu Gunsten des Geschädigten steht die Privilegierung des Anlagenbetreibers[768] durch § 6, Absätze 2 bis 4 UmwHG, gegenüber. Auf der Grundlage dieser Privilegierung ist es dem Anlagenbetreiber möglich, der Kausalitätsvermutung mit dem Nachweis des rechtmäßigen Normalbetriebs seiner Anlage entgegenzutreten und diese damit zu entkräften.[769] Den Entlastungsbeweis kann der Anlagenbetreiber führen indem er Nachweise zum störungsfreien Betrieb seiner Anlage erbringt und nachweist, dass er die besonderen Betriebspflichten eingehalten hat.[770]

Nach § 6 Abs. 4 UmwHG wird die Einhaltung besonderer Betriebspflichten zu Gunsten des Betreibers der Anlage vermutet, wenn zur Überwachung dieser

761 *Diederichsen*, Grundfragen zum neuen Umweltschadensgesetz, NJW 2007, S. 3377 ff., (3378).
762 *Beckmann/Wittmann,* in: Landmann/Rohmer, Bd. 4, USchadG, § 2, Rn. 37.
763 *Beckmann/Wittmann,* in: Landmann/Rohmer, a.a.O., § 3, Rn. 17.
764 Vgl. BT-Drs. 16/3806, S. 22
765 *Hager*, in: Landmann/Rohmer, Bd. 3, UmwHG, § 6, Rn. 15.
766 *Hager*, in: Landmann/Rohmer, a.a.O., § 6, Rn. 16.
767 *Hager*, in: Landmann/Rohmer, a.a.O., § 6, Rn. 17 ff..
768 Zum Anlagenbetreiber als Verpflichtetem *Sautter*, a.a.O., S. 106.
769 *Hager*, in: Landmann/Rohmer, a.a.O., § 6, Rn. 39.
770 *Hager*, in: Landmann/Rohmer, a.a.O., § 6, Rn. 42 f.

Pflichten Kontrollen vorgeschrieben sind und diese Kontrollen keinen Anhalt für die Verletzung einer Betriebspflicht ergeben haben.[771] Diese Vermutungsregel kommt insbesondere EMAS Unternehmen zu gute. Ein EMAS Unternehmen hat sich mit seiner umweltsichernden Betriebsorganisation in die Lage versetzt, kompetente Eigenkontrollen durchführen zu können. Die EMAS Privilegierungstatbestände belegen das Vertrauen des Staates in die Fähigkeit zur Eigenüberwachung und Kontrolle. Für den Nachweis einer besonderen Kontrolldichte und damit der Erfüllung der besonderen Betriebspflichten kann das EMAS Unternehmen auf seine EMAS Dokumentationen zurückgreifen. Ein EMAS Unternehmen wird den Nachweis des rechtmäßigen Normalbetriebs daher einfacher erbringen können.[772]

2.3.3 Berücksichtigung von EMAS bei Kausalitätsermittlungen nach dem USchadG

Das EMAS Audit begünstigt die Stellung eines Anlagenbetreibers in der Umwelthaftung, wobei der Privilegierungserfolg auf der Wechselwirkung der gesetzlichen Vermutung mit den EMAS Leistungen des auditierten Anlagenbetreibers beruht und eines Hinzutretens einer expliziten EMAS Privilegierungsnorm daher nicht bedarf.

Vorliegend ist nun Gegenstand der Betrachtung die mögliche Privilegierung des EMAS Unternehmens in der Umweltschadenshaftung. Die Tatsache einer in dieser Rechtsmaterie nicht existenten Beweiserleichterung zu Gunsten der Kausalitätsbeweisführung, in diesem Fall der Behörden, wirft zunächst die Frage auf, ob dann eine Privilegierung von EMAS Unternehmen im Umweltschadensrecht überhaupt erforderlich ist. Für eine Privilegierung spricht, dass das Umweltschadensrecht der zuständigen Behörde das Einschreiten gegen einen Anlagenbetreiber schon beim Vorliegen von Indizien für einen Ursachenzusammenhang erlaubt.[773]

Eine Privilegierung des EMAS Unternehmens könnte also darin bestehen, dem auditierten Anlagenbetreiber die Führung eines gegen den Indizienbeweis gerichteten Entlastungsbeweises zu erleichtern. Der Anlagenbetreiber kann bei Anwendung der Normen des Umweltschadensrechts in eine dem Umwelthaftungsrecht vergleichbare Situation der Beweisnot geraten. Daher besteht auch im Umweltschadensrecht Raum für eine Privilegierung von EMAS Unternehmen.[774] Beispielsweise könnte die Privilegierung dadurch erfolgen, dass die Be-

771 *Hager*, in: Landmann/Rohmer, a.a.O., § 6, Rn. 56)

772 So auch *Hager*, in: Landmann/Rohmer, a.a.O., § 6, Rn. 57b.

773 *Beckmann/Wittmann,* in: Landmann/Rohmer, Bd. 4, USchadG, § 3, Rn. 23. Zu den reduzierten Erkenntnisanforderungen als Voraussetzung behördlichen Tätigwerdens siehe auch *Dombert*, § 10a USchadG: Abschied vom polizeirechtlichen Entschließungsermessen?, ZUR 2008, S. 406 ff., (409).

774 In die gleiche Richtung zielen die Erwägungen von *Schrader/Hellenbroich*, Verbandsklage nach dem Umweltschadensgesetz, ZUR 2007, S. 289 ff., (293), dort allerdings argumentativ zu Gunsten klageberechtigter Umweltverbände.

hörde verpflichtet wird, die (entlastende) Aussage eines Betriebsbeauftragten des Anlagenbetreibers, der die Art und Weise seiner umweltsichernden Tätigkeiten mit EMAS Unterlagen belegen kann, als überwiegend wahrscheinlich zu bewerten.[775] Die Behörde hätte in Folge dieser Privilegierung also erhöhte Anforderungen bei der Führung ihres Indizienbeweises gegen den auditierten Betreiber zu erfüllen.

Darüber hinaus könnte die Tatsache der EMAS Auditierung als widerlegliche Vermutung, etwa in den Fällen des § 3 Abs. 4 USchadG dienen, dass das EMAS Unternehmen als Verursacher eines Umweltschadens bei den behördlichen Ermittlungen (zunächst) außer Betracht bleibt.[776] § 3 Abs. 4 USchadG betrifft Umweltschäden, die durch eine nicht klar abgegrenzte Verschmutzung hervorgerufen worden sind. Die Behörden könnten sich in diesen Schadensfällen bei ihrer Kausalitätsermittlung auf die nicht auditierten Verdächtigten konzentrieren, was auch ihrem Vollzug zu Nutze käme.[777]

Ist also die Privilegierung des EMAS Unternehmens im Umweltschadensrecht sinn – und auch wirkungsvoll, so bleibt noch die Frage zu beantworten, ob die aufgezeigten Privilegierungswirkungen auch ohne das Vorhandensein einer spezielle Privilegierungsvorschrift erzielt werden können/dürfen.

Soweit Behörden EMAS Tatsachen als Sachgründe im Rahmen ihrer Ermessenentscheidungen berücksichtigen, bedarf es dazu keiner besonderen rechtlichen Ermächtigung. Ohne das Vorhandensein einer speziellen EMAS Privilegierungsvorschrift besteht allerdings Unsicherheit, ob eine Behörde die EMAS Tatsachen umfassend zum Gegenstand ihrer Ermittlungen macht und damit angemessen in ihren Entscheidungen berücksichtigen wird. Allein der Verweis auf das in der EMAS Verordnung niedergelegte Ziel der Vermeidung von Doppelaufwand (Art. 10 Abs. 1 EMAS-V) dürfte nicht ausreichend sein, ein anderes Ergebnis zu stützen. Deshalb wäre der Erlass einer entsprechende Verwaltungsvorschrift zur Sicherstellung des hier skizzierten Privilegierungserfolgs wünschenswert vorzugswürdig.

---

775 Vgl. *Sautter*, a,a,O., S. 64.

776 Zur Wirkungsweise von Vermutungen bei der Beweisführung *Sautter*, a.a.O., S. 59 f..

777 Zu Vollzugsproblemen *Beckmann/Wittmann*, in: Landmann/Rohmer, a.a.O., § 3, Rn. 24.

Kapitel 6: Thesen und Ausblick

Die Thesen am Ende dieser Arbeit geben die Ergebnisse der Untersuchung in gestraffter Form wieder. Im Anschluss an die Thesen folgt ein Ausblick auf die Zukunft des EMAS Audits, insbesondere vor dem Hintergrund der erfolgten Neufassung des EMAS Regelwerks Anfang 2010.

1. Thesen

1. Die EMAS Verordnung verpflichtet die Mitgliedstaaten der Europäischen Union, die freiwillige Teilnahme am EMAS Audit zu fördern. Das bedeutet, dass die Mitgliedstaaten konkrete Maßnahmen zu ergreifen haben, die objektiv geeignet sein müssen, die Teilnahmebereitschaft an EMAS zu steigern.
2. Mit dem EMAS Audit wird ein Umweltmanagement eines Unternehmens eingehend auf seine EMAS Tauglichkeit hin überprüft. Der unabhängige externe Umweltgutachter bestätigt die Einhaltung des geltenden Umweltrechts durch das EMAS Unternehmen und zugleich den vom EMAS Unternehmen freiwillig geleisteten Aufwand auf dem Gebiet des betrieblichen Umweltschutzes. Der Umfang dieser Vorleistungen begründet und berechtigt die Erwartung der EMAS Teilnehmer auf staatliche Gegenleistungen.
3. Gewährt der Staat seine Gegenleistungen (Privilegierungen) zur Einführung eines betrieblichen Umweltmanagementsystems auch Unternehmen, die andere Umweltmanagementsysteme als EMAS umsetzen, so konterkariert dies das Ziel der Förderung des EMAS Audits.
4. EMAS Privilegierungen sollen der Attraktivität des EMAS Audits dienen und müssen mit der gegebenen nationalen Rechtsordnung in Einklang stehen. Die EMAS Unternehmen verbleiben unter dem Überwachungsregime der staatlichen Behörden und bleiben grundsätzlich dem nationalen Umweltrecht unterworfen.
5. EMAS Unternehmen können jedoch von einer Deregulierung des materiellen Umweltrechts profitieren. Damit werden Anforderungen des materiellen Umweltrechts zu Gunsten der EMAS Unternehmen verringert, ohne das der Staat seine Verantwortung für den Umweltschutz den EMAS Unternehmen überlässt. Jede Deregulierungsmaßnahme setzt funktionale Äquivalenz zwischen staatlicher und privater Erfüllung der in Frage stehenden umweltrechtlichen Anforderung voraus. Nur so kann der staatlichen Gewährleistungsverantwortung für den Umweltschutz Rechnung getragen werden.

6. Während eine Deregulierung eine Veränderung des materiellen Rechts voraussetzt, kann eine EMAS Unternehmen begünstigende Substitution von Umweltpflichten durch Verwaltungsvorschriften, die das Vollzugsverhalten der Behörden mit dem Ziel der Privilegierung von EMAS Unternehmen steuern, erreicht werden.
7. Der Gesetzgeber hat die Umsetzung des Auftrages zur EMAS Privilegierung weitestgehend seinen Behörden überantwortet. Diese müssen EMAS Leistungen in ihren Entscheidungen ausreichend berücksichtigen. Der Eintritt eines EMAS Privilegierungserfolges hängt damit im Wesentlichen von einem richtigen Handeln der Verwaltung ab.
8. Das Verwaltungshandeln wird durch das Verwaltungsverfahrensrecht bestimmt. Die Verwaltung hat EMAS Tatsachen im Wesentlichen in den Stationen der Tatsachenermittlung und der Beweiswürdigung zu berücksichtigen. Validierten EMAS Dokumenten kommt im Verwaltungsverfahren eine Beweisfunktion zu. EMAS Tatsachen dürfen nicht zum Gegenstand weiterer behördlicher Ermittlungen gemacht werden. Beweisschwierigkeiten eines EMAS auditierten Verfahrensbeteiligten hat eine Behörde mit der Einräumung von Beweiserleichterungen zu begegnen.
9. Soweit einer Behörde EMAS Tatsachen bekannt sind, wirkt die eindeutige Intention des Gesetzgebers EMAS Unternehmen begünstigen zu wollen, ermessenslenkend. Grundsätzlich erlauben die EMAS Privilegierungsvorschriften jedoch nicht die Annahme eines intendierten Ermessens, da es im Einzelfall eine Überprüfung von EMAS Tatsachen erforderlich bleibt.
10. Das Potential zur Privilegierung von EMAS Unternehmen liegt (de lege lata) in der obligatorischen Berücksichtigung von EMAS Tatsachen im Verwaltungsverfahren. Neue ermessenslenkende Verwaltungsvorschriften mit konkreten Handlungsinhalten würden die Privilegierung der EMAS Unternehmen weiter voranbringen und wären geeignet die Attraktivität von EMAS zu steigern. Aber auch ohne neue Verwaltungsvorschriften sind die Behörden schon jetzt in der Lage, ihre Ermittlungstätigkeiten auf verwertbare EMAS Tatsachen auszurichten, um diese in ihrem Entscheidungsprozess verstärkt zu berücksichtigen. Die Zielbestimmungen der EMAS Verordnung verlangen eine Nutzung aller Potentiale zur nationalen EMAS Privilegierung. Allerdings müssen die EMAS Unternehmen auch die Inhaltstiefe ihrer Dokumentationen sicherstellen.

2. Ausblick

Die gehegten Erwartungen in der Wirtschaft hinsichtlich möglicher staatlicher Gegenleistungen für eine Teilnahme am EMAS Audit erwiesen sich vielfach als zu hoch, insbesondere was den Aspekt des angenommenen wirtschaftlichen

Werts der erwarteten staatlichen Gegenleistungen betraf.[778] Auch muss festgestellt werden, dass manche Erwartungen aus Kreisen der Wirtschaft schon aus Gründen nicht disponibler rechtlicher Anforderungen nicht erfüllbar waren.[779]

Der Staat handelt bei der EMAS Privilegierung in einem Spannungsfeld: Einerseits verfolgt er den gemeinschaftsrechtlichen Auftrag die EMAS Teilnehmerzahlen zu steigern; dies kann er nur mit einer Aufwertung der Attraktivität des EMAS Audits erreichen oder aber durch die (bislang nicht gewünschte) Einführung eines obligatorischen EMAS Audits.[780]

Andererseits kann der Staat nicht auf die Erfüllung wesentlicher Umweltrechtsvorschriften verzichten, noch darf er sich aus seiner Verantwortung für die Allgemeinheit zurückziehen, also etwa die Anlagenüberwachung den EMAS Unternehmen gänzlich überantworten.[781] Dabei kommt es nicht darauf an, ob der Staat seiner Überwachungsaufgabe überhaupt noch gerecht wird,[782] denn eine staatliche Aufgabe wird nicht dadurch obsolet, dass sie durch Private billiger oder besser erfüllt werden könnte.

2.1 Chancen durch EMAS III

Die Europäische Kommission hat im Sommer 2008 als Bestandteil des Aktionsplans für nachhaltige Konsum- und Produktionsmuster sowie nachhaltige Industriepolitik (SCP/SIP) den erwarteten[783] Vorschlag zur EMAS Novelle, EMAS III, vorgelegt.[784] Der Vorschlag wurde in Deutschland positiv aufgenommen und lediglich in Teilaspekten kritisiert.[785]

---

778 Diese Erkenntnis begründet nunmehr die Stagnation der EMAS Teilnahme in Deutschland. Die Neuregistrierungen in 2007 konnten gerade einmal die Abgänge kompensieren. Entsprechende statistische Angaben zu beziehen im Internet unter www.emas-register.de.

779 Zu den Grenzen staatlicher Gegenleistungen *Knopp*, a.a.O., (NVwZ 2001), S. 1100.

780 Die Einführung eines obligatorischen Audits wurde schon im Rahmen von EMAS I diskutiert. Zur Ablehnung siehe *Lütkes/Ewer*, a.a.O., (NVwZ 1999), S. 21.

781 Die von der Wirtschaft geforderte (materielle) Privatisierung der Überwachung ist verfassungsrechtlich unzulässig. Instruktiv dazu *Moormann*, a.a.O. (ZUR 1997), S. 189.

782 So bezweifelt etwa *Langerfeldt*, Privatisierung der Betreiberüberwachung, S. 742 ff., dass der Staat seinen Überwachungsverpflichtungen in Folge von Unterausstattungen bei den Umweltbehörden, vor allem im personellen Bereich, noch nachkommen kann.

783 Die Revisionsklausel des Art. 15 Abs. 1 EMAS-V verpflichtet die Kommission, alle fünf Jahre die EMAS Verordnung zu überprüfen und Änderungsvorschläge zu machen.

784 Proposal for a Regulation of the European Parliament and the Council on the voluntary participation by organisations in a Community eco-management and audit scheme (EMAS) presented by the Commission, COM (2008) 0402 (nicht im Amtsblatt der EU veröffentlicht).

785 Vgl. Stellungnahme des Umweltgutachterausschusses vom 3.12.2008, S. 1 (im Internet zu beziehen unter www.uga.de.).

Das Europäische Parlament hat in erster Lesung im April 2009 eine geänderte Fassung verabschiedet,[786] die einige bestehende Kritikpunkte ausräumte: In Artikel 1 wurde das Ziel der kontinuierlichen Verbesserung der Umweltleistung (wieder) aufgenommen und in Artikel 2 Abs. 22 wurde der „Standortbegriff", als kleinste in Betracht zu ziehende Einheit, dem Katalog der Definitionen wieder hinzugefügt.

Die neue EMAS Verordnung wurde am 22. Dezember 2009 im Amtsblatt der EU veröffentlicht und trat am 11. Januar 2010 in Kraft.[787]

Die neue EMAS Verordnung ist wesentlich umfangreicher als die Vorgängerin und besteht aus 52 Artikeln.

Entscheidend für die vorliegende und maßgeblich an der EMAS II Verordnung orientierte Untersuchung ist, dass den aus der EMAS II Verordnung abgeleiteten Ergebnissen ihre Grundlage durch die EMAS Novellierung nicht entzogen wurde.

Der Verordnungstext selbst zeigt zunächst, dass die Steigerung der EMAS Teilnehmerzahlen eine gewichtige Stellung einnimmt. Zur Verbesserung der Attraktivität von EMAS III sollen wie erwartet die Mitgliedstaaten regulatorische Voraussetzungen zur EMAS Privilegierung schaffen.

Im Zusammenhang mit der Privilegierung von EMAS Unternehmen sind zunächst die vorangestellten Erwägungsgründe der Ziffern 8 und 13 von Interesse: Der achte Erwägungsgrund spricht unmittelbar das Thema der erforderlichen Privilegierung der EMAS Unternehmen an: Die freiwillige EMAS Teilnahme soll durch die Einräumung von Vorteilen hinsichtlich behördlicher Kontrollen gefördert werden. Gemeint sind damit Privilegierungen durch Substitutionsvorschriften. Im dreizehnten Erwägungsgrund wird das Mittel zur nationalen Umsetzung des Privilegierungsauftrages genannt: Auf der Basis des (neuen) EMAS Systems haben die Mitgliedstaaten deregulierende Maßnahmen in Erwägung zu ziehen, um so EMAS Unternehmen zu begünstigen. Diese Erwägungsgründe stehen im Kontext mit den Artikeln der Verordnung, die dem Thema der EMAS Privilegierung gewidmet sind:

Zunächst ist hier Artikel 38 EMAS III zu nennen.[788] Nach Absatz 1 Satz 1dieser Vorschrift haben die Mitgliedstaaten bei der Ausarbeitung neuer Rechtsvorschriften zu prüfen, wie die Tatsache einer EMAS Auditierung berücksichtigt werden kann (Buchst. a) und darüber hinaus, wie EMAS als Instrument für die

786 European Parliament legislative resolution of 2 April 2009 on the proposal for a regulation of the European Parliament and the Council on the voluntary participation by organisations in a Community eco-management and audit scheme (EMAS), 2008/0154 (COD). Eine amtliche deutsche Fassung lag bislang noch nicht vor.

787 Zu diesem Zeitpunkt war die vorliegende Untersuchung bereits abgeschlossen, jedoch noch nicht im Druck.

788 Es handelt sich bei der Vorschrift um den geänderten und ergänzten Artikel 39 (EMAS und andere Umweltpolitiken und –instrumente der Gemeinschaft) des Kommissionsvorschlags vom 16.7.2008.

Durchführung und Durchsetzung bestehender Rechtsvorschriften genutzt werden kann (Buchst. b).

Weiterhin finden sich in Artikel 38 Abs. 1 Satz 2 EMAS III konkrete Hinweise, wie der nationale Gesetzgeber die beabsichtigte Privilegierung anzugehen hat, namentlich durch *regulatorische Entlastung* (Buchst. a) und *bessere Rechtsetzung* (Buchst. b), was im Ergebnis bedeutet, dass der nationale Gesetzgeber nunmehr eindeutig verpflichtet wurde, seine Rechtsordnung nach Privilegierungsmöglichkeiten zu „durchforsten". Die aus EMAS II bekannte finale Regelungsstruktur wurde ansonsten beibehalten.

Nach Art. 44 EMAS III wird zusätzlich die EU Kommission verpflichtet, diese Ziele auch im Rahmen ihrer europäischen Rechtssetzungstätigkeiten zu beachten.

Neben der schon aus EMAS II bekannten Privilegierung der EMAS Unternehmen durch staatliche Deregulierungs- und Substitutionsvorschriften setzt die neue Verordnung zur Steigerung der EMAS Attraktivität nun auch auf die Schaffung finanzieller Anreize, etwa durch staatliche Förderungen und steuerliche Begünstigungen der EMAS Unternehmen.[789] sowie auch auf staatliche Werbemaßnahmen.[790]

Darüber hinaus soll die Attraktivität von EMAS auch gegenüber anderen Umweltmanagementsystemen, namentlich ISO 14001 gesteigert werden, indem eine Angleichung an diese stattfindet und eine Gültigkeit von EMAS über die Mitgliedstaaten der EU hinaus vorgesehen wird.[791]

Festzuhalten bleibt, dass EMAS III die erforderlichen Ansätze enthält, die eine Basis zu einer weiteren EMAS Privilegierung liefern. Insbesondere Art. 38 Abs. 1 EMAS III erweitert den bestehenden Privilegierungsauftrag um die wichtige Zielstellung, die EMAS Privilegierung bereits vor der Schaffung neuer gesetzlicher Vorschriften, also auf der Ebene der Gesetzesentwicklung zu berücksichtigen. Art. 38 Abs. 2 EMAS III nimmt den Gedanken der „regulatorischen Entlastung" des dreizehnten Erwägungsgrundes auf und verweist im Zusammenhang mit der angestrebten Entlastung der EMAS Unternehmen konkret auf Substitutionsmöglichkeiten.

2.2 Schlussfolgerungen

Aktuell ist, insbesondere wenn man auf die Ergebnisse aus dem Projekt Umweltgesetzbuch vor Augen führt, nicht mit einer Intensivierung der Aktivitäten zur EMAS Privilegierung in Deutschland zu rechnen. Die EMAS III Verordnung hat jedoch, wie gezeigt, einige richtige Ansätze zu Möglichkeiten und Pflichten einer weiteren nationalen EMAS Privilegierung gebracht. Die Verord-

789 Vgl. 23. Erwägungsgrund sowie Art. 36 b und Art. 38 Abs. 2 EMAS III.
790 Vgl. 15. Erwägungsgrund, 22. Erwägungsgrund sowie Art. 35 EMAS III.
791 Siehe hierzu Erwägungsgrund Nr. 9 sowie Anhang II EMAS III.

nung ist noch zu neu, als das bereits Erkenntnisse zu ihrer Wirkung auf Unternehmen und Gesetzgeber vorliegen.[792]

Der EMAS Gesetzgeber hat allerdings die Gefahr erkannt, dass rund zwanzig Jahre nach dem Erlass der ersten Verordnung die Attraktivität seines Regelwerks, insbesondere auch wegen des Wettbewerbsverhältnisses zu internationalen Umweltmanagementsystemen in Frage steht und wirkt dem mit der Novelle konsequent entgegen.[793] EMAS III zielt, was die Möglichkeiten der Verbesserung seiner Attraktivität betrifft, alsoin die richtige Richtung.[794] Fraglich bleibt, wie der nationale Gesetzgeber die neue Zielstellung zur Berücksichtigung der EMAS Privilegierung schon bei der Schaffung neuer Rechtsnormen, annimmt und umsetzt. Neue Gesetzesvorhaben müssen in Deutschland schon heute Angaben zur Gesetzesfolgenabschätzung enthalten. Daher ist in Übereinstimmung mit der Zielstellung von EMAS III die Einführung einer Rubrik „EMAS Privilegierungspotential ja/nein" bei der Erarbeitung neuer gesetzlicher Vorschriften in Deutschland zu fordern.

Eine intensivere Förderung der freiwilligen Teilnahme am EMAS Audit ist, wie diese Untersuchung verdeutlichte, auch auf der Basis der bestehenden Rechtslage rechtlich und tatsächlich möglich, wenn bestehende Potentiale, die vor allem im Bereich des Verwaltungshandelns bestehen, hinreichend genutzt werden. Die Hebung dieses Potentials würde durch die entsprechende Steuerung der Verwaltung durch den Erlass weiterer EMAS begünstigender Verwaltungsvorschriften auf Bundesebene vereinfacht.

Auch eine eindeutigere Positionierung des Staates zu Gunsten des EMAS Systems, etwa dadurch das die eingeräumten staatlichen Privilegien ausschließlich EMAS Unternehmen gewährt werden, wäre geeignet, die Attraktivität von EMAS (wieder) aufzuwerten und zugleich einem Ausweichen oder Abwandern von Unternehmen in weniger anspruchsvolle Umweltmanagementsysteme entgegenzutreten.

Nicht zuletzt besteht aber auch auf Seiten der Unternehmen Handlungsbedarf, um weitere EMAS Privilegierungen in der Zukunft erhalten zu können. Es ist

---

792 Wichtig erschien zunächst wohl nur, dass vorhandene Registrierungen nach EMAS II weiterhin gültig bleiben; vgl. dazu EMAS Info der UGA Geschäftsstelle 1/2010, zu beziehen im Internet unter www.emas.de..

793 Vgl. dazu Art. 45 EMAS III (Beziehung zu anderen Umweltmanagementsystemen). Die Vorschrift erlaubt die Anerkennung von Teilleistungen aus anderen Umweltmanagementsystemen im EMAS System. Eine weitere Maßnahme gegen die Abwanderung in weltweite Umweltmanagementsysteme stellt die Regelung in Art. 1 EMAS III dar, die eine Teilnahme von Organisationen eröffnet, die nicht in EU Mitgliedstaaten ansässig sind. Zu Anforderungen an deren Registrierung siehe Art. 3 Abs. 2 und Art. 4 Abs. 5 EMAS III, zu deren Begutachtung die Art. 23, 26,27 EMAS III.

794 So auch Ergebnis der Stellungnahme der Gewerkschaftsvertreter im Umweltgutachterausschuss vom 23.09.2008, im Internet zu beziehen unter www.oeko-works.de, die sich im Übrigen sehr kritisch mit dem Thema einer weiteren Rücknahme staatlicher Kontrolle auseinandersetzt.

unerlässlich, dass EMAS Unternehmen ihre Dokumentationen - insbesondere die Umwelterklärung – mit verwertbaren Inhalten versehen.[795] Darüber hinaus fällt staatlichen Stellen eine umfassendere Begünstigung von EMAS Unternehmen leichter, wenn sie der Leistungsfähigkeit des betrieblichen Umweltschutzes eines EMAS Unternehmens vertrauen können. Das wird insbesondere dann der Fall sein, wenn EMAS Unternehmen - trotz temporärer Schwierigkeiten im wirtschaftlichen Umfeld – ihren Einsatz finanzieller und personeller Mittel im Bereich des betrieblichen Umweltschutzes keiner Kürzung unterwerfen.

795 EMAS III gibt hierzu Hilfestellung, da nunmehr präzise Anforderungen an den Inhalt der Umwelterklärung gestellt werden. Vgl. Anh. IV B EMAS III-V.

Literaturverzeichnis

Adam/Hentschke/Kopp-Assenmacher, Handbuch des Emissionshandelsrechts, Berlin 2006

Adams/Johannsen, Das „gerichtsfeste" Produktionsunternehmen, BB 1996, S. 1017 ff.

Antes/Clausen/Fichter, Die guten Managementpraktiken in der EU Audit Verordnung, DB 1995, S. 685 ff.

Becker, Das neue Umweltschadensgesetz und das Artikelgesetz zur Umsetzung der Richtlinie zur Vermeidung und Sanierung von Umweltschäden, NVwZ 2007, S. 1105 ff.

Behrens/Heck/Wirth, Anreiz und Belohnungsregelungen für EMAS Organisationen auf europäischer Ebene und Bewertung hinsichtlich der nationalen Umsetzbarkeit, Umweltbundesamt (Hrsg.), Forschungsbericht, Berlin 2003.

Berg, Thomas, Beweismaß und Beweislast im öffentlichen Umweltrecht, Instrumente eines verantwortungsvollen Umgangs mit technologiebedingten Risiken, Baden-Baden 1995.

Berg, Wilfried, Zur Untersuchungsmaxime im Verwaltungsverfahren, Die Verwaltung 1976, S. 161 ff.

Böhm-Amtmann, EMAS-ISO, Substitution von Ordnungsrecht, GewA 1997, S. 353 ff.

dies., Umweltpakt Bayern. Miteinander die Umweltschützenm ZUR 1997, S. 178 ff.

Breuer, Zunehmende Vielgestaltigkeit der Instrumente im deutschen und europäischen Umweltrecht – Probleme der Stimmigkeit und des Zusammenwirkens, NVwZ 1997, S. 833 ff.

ders., Umsetzung von EG-Richtlinien im neuen Energiewirtschaftsrecht, NVwZ 2004, S. 520 ff.

Bundesministerium für Umweltschutz, Naturschutz und Reaktorsicherheit (Hrsg.), Umweltgesetzbuch, Entwurf der unabhängigen Sachverständigenkommission beim BMU, Berlin 1998 (zitiert: UGB-KomE).

Busse von Colbe/Coenenberg/Kajüter/Linnhoff (Hrsg.), Betriebswirtschaft für Führungskräfte, Stuttgart 2000.

Cancik, Die Pflicht zur Aufstellung von Aktionsplänen zur Lärmminderung und ihre Kopplung an „Auslösewerte", NVwZ 2008, S. 167 ff.

Diederichsen, Grundfragen zum neuen Umweltschadensgesetz, NJW 2007, S. 3377 ff.

Dolde (Hrsg.), Umweltrecht im Wandel, Bilanz und Perspektiven aus Anlaß des 25 jährigen Bestehens der Gesellschaft für Umweltrecht, Berlin 2001 (zitiert: *Autor*, in: Dolde).

Dolde/Vetter, Überwachung immissionsschutzrechtlich genehmigungsbedürftiger Anlagen – Möglichkeiten der Länder bei der Gesetzgebung und Vollzug im Hinblick auf die Umwelt Audit Verordnung, NVwZ 1995, S. 943 ff.

Dombert, § 10 USchG – Abschied vom polizeirechtlichen Entschließungsermessen, ZUR 2008, S. 406 ff.

Dorn, EMAS-Vergleich, Umweltmanagement und Umweltbetriebsprüfung, Berlin 2001.

Dornseiff, Der deutsche Wortschatz in Sachgruppen, 8. Auflage, Berlin 2004.

Ehlers, Aushöhlung der Staatlichkeit durch die Privatisierung von Staatsaufgaben? Genuine Staatsaufgaben und das Prinzip der demokratischen Legitimation staatlichen Handelns als Grenzen der Privatisierung von Aufgaben der vollziehenden Gewalt, Frankfurt/am Main, 2003.

Erichsen, Verfassungs- und verwaltungsrechtsgeschichtliche Grundlagen der Lehre vom fehlerhaften Verwaltungsakt und seiner Aufhebung im Prozeß, Frankfurt/am Main, 1971.

ders. (Hrsg.), Allgemeines Verwaltungsrecht, 7. Auflage, Berlin 1986, 13. Auflage, Berlin 2006.

Ewer/Lechelt/Theuer, Handbuch Umweltaudit, München 1998 (zitiert: Bearbeiter, in: Umweltaudit).

Falk, Die Prüftätigkeit des Umweltgutachters im Rahmen des EG Öko Audit Systems, UPR 1996, S. 58.

Falke, „Umwelt-Audit"-Verordnung, ZUR 1995, S. 4 ff.

Feldhaus, Bundesimmissionsschutzrecht, Kommentar, 141. Aktualisierung, Heidelberg 2007 (zitiert: *Bearbeiter*, in: Feldhaus).

ders., Umweltaudit und Entlastungschancen im Vollzug des Immisssionsschutzrechts, UPR 1997, S. 341 ff.

ders., Umweltschutzsichernde Betriebsorganisation, NVwZ 1991, S. 927 ff.

ders., Wettbewerb zwischen EMAS und ISO 14001, UPR 1998, S. 41 ff.

Finkelnburg/DombertKülpmann, Vorläufiger Rechtschutz im Verwaltungsverfahren, 5. Auflage, München 2008. (zitiert: *Autor,* in: Vorläufiger Rechtsschutz).

Frenz, Bundes-Bodenschutzgesetz, Kommentar, München 2000.

ders., Emissionshandelsrecht, Kommentar zum TEHG und ZuG

Friedrich, Umweltrechtliche Folgen einer Aufteilung bestehender Anlagen auf mehrere Betreiber, NVwZ 2002, S. 1174 ff.

Gellermann, Umweltschaden und Biodiversität, NVwZ 2008, S. 828 ff.

Glatzner, Erfahrungsbericht „ISO 14000 in Deutschland", BMU (Hrsg.), Bonn 2008

Große/Ehrig/Lehmann, Umweltschutz und Umweltmanagement in der gewerblichen Wirtschaft, EMAS und ISO 14001 in Praxis und Entwicklung. Ein Leitfaden, Renningen 2000.

Hansmann, Beschleunigung und Vereinfachung immissionsschutzrechtlicher Genehmigungsverfahren?, NVwZ 1997, S. 105 ff.

ders., Harmonisierung unterschiedlicher Normstrukturen im europäischen und deutschen Umweltrecht, NVwZ 2006, S. 51 ff.

Hendler, Marburger, Reinhardt, Schröder (Hrsg.), Umwelthaftung nach neuem EG-Recht, Berlin 2005. (zitiert: Hendler u.a., Umwelthaftung)

Hoppe/Beckmann/Kauch, Umweltrecht, 2. Auflage, München 2000.

Hölzer, Der Energiesektor zwischen Marktwirtschaft und öffentlicher Aufgabe, Köln 2000.

Huber, Weniger Staat im Umweltschutz, Verfassungs- und unionsrechtliche Determinanten, DVBl. 1999, S. 489 ff.

Jarass, Bundes-Immissionsschutzgesetz, Kommentar, 6. Auflage, München 2005.

ders., Neue (und alte) Probleme bei der Änderung immissionschutzrechtlicher Anlagen, NJW 1998, S. 1097 ff.

Jarass/Pieroth, Grundgesetz für die Bundesrepublik Deutschland, Kommentar, 5. Auflage, München 2000.

Kahl, Umweltrechtliche Instrumente im Umweltgesetzbuch, S. 12 ff., in: UBA (Hrsg.), Forum Umweltgesetzbuch, Heft 4.

Kleinknecht /Meyer, Strafprozessordnung, Kommentar, 44. Auflage, München 1999.

Klimeck, Beweiserleichterungen im Umwelthaftungsrecht, Frankfurt/am Main 1998.

Kloepfer, Betrieblicher Umweltschutz als Rechtsproblem, DB 1993, S. 1125 ff.

ders., Bedeutung des Umweltgesetzbuches aus Sichte der Rechtswissenschaft, Tagungsbeitrag zur UGB Tagung des BMU am 16.2.2007, Berlin 2007.

ders., Umweltrecht, Lehrbuch, 3. Auflage, München 2004.

Kloepfer/Bröcker, Umweltaudit und Umweltrechtskonformität, UPR 2000, S. 335 ff.

Kloepfer/Vierhaus, Umweltstrafrecht, 2. Auflage, München 2002.

Knack, Verwaltungsverfahrensgesetz, Kommentar, 8. Auflage, Köln 2004 (zitiert: *Bearbeiter*, in: Knack).

Kniep, Umwelt- Audit. Ein betriebliches Führungsinstrument, GewA 1993, S. 193 ff.

Knopp, EMAS II – Überleben durch „Deregulierung" und „Substitution"?, NVwZ 2001, S. 1098 ff.

Koch/Laskowski, Verfassungsrechtliche Grenzen einer Privatisierung der Anlagenüberwachung, ZUR 1997, S. 182 ff.

Kormann, Umwelthaftung und Umweltmanagement, München 1994.

Körner/Vierhaus, TEHG, Kommentar zum Treibhausgas-Emissionshandelsgesetz, Zuteilungsgesetz 2007, München 2005 (zitiert: Bearbeiter, in: Körner/Vierhaus).

Kopp/Ramsauer, Verwaltungsverfahrensgesetz, Kommentar, 10. Auflage, München 2008

Kotulla, Umweltschutzgesetzgebungskompetenzen und „Föderalismusreform", NVwZ 2007, S. 489 ff.

Kutscheidt, Die wesentliche Änderung industrieller Anlagen, NVwZ 1997, S. 111 ff.

Landmann/Rohmer, Umweltrecht, Kommentar, 51. Ergänzungslieferung, München 2007 (zitiert: *Bearbeiter*, in: Landmann/Rohmer).

Langerfeldt, Das novellierte Environmental Management and Audit Scheme (EMAS II), NVwZ 2001, S. 538 ff.

ders., Die novellierte EG-Öko-Audit-Verordnung: Evolution oder Revolution? UPR 2001, S. 220.

ders., Die novellierte EG-Öko-Audit-Verordnung (EMAS II): Fortschritt oder Rückschritt?, UPR 2001, S. 426 ff.

ders., Das novellierte Umweltauditgesetz, NVwZ 2002, S. 1156 ff.

ders., Das novellierte Environmental Management and Audit Scheme (EMAS II) und sein Potential zur Privatisierung der umweltrechtlichen Betreiberüberwachung in Deutschland, Berlin 2007.

Lübbe-Wolff, Die EG Verordnung zum Umwelt Audit, DVBl. 1994, S. 361 ff.

dies., Öko-Audit und Deregulierung, ZUR 1996, S. 173 ff.

Lütkes/Ewer, Schwerpunkte der bevorstehenden Revision der Umweltauditverordnung (EWG) Nr. 1836/93, NVwZ S. 19 ff.

Martens/Moufang, Kritische Aspekte bei der praktischen Durchführung der Öko-Audit-Verordnung, NVwZ 1996, S. 246 ff.

Matusche-Beckmann, Das Organisationsverschulden, Tübingen 2001.

Möller, Öko-Audit und Substitution, dargestellt anhand des Umweltpakts Bayern, Berlin 2001.

Moormann, Staatliche Überwachung und Öko-Audit, ZUR 1997, S. 188 ff.

Nierhaus, Beweismaß und Beweislast, Untersuchungsgrundsatz und Beteiligtenmitwirkung im Verwaltungsprozeß, Köln 1989.

Papier, Aktuelle Fragen der bundesstaatlichen Ordnung, NJW 2007, S. 2145 ff.

Peschau, Die Beweislast im Verwaltungsverfahren. Zur Verteilung des Aufklärungsrisikos im Verwaltungsprozeß, Berlin 1983.

Pohl, Umweltaudits in der betrieblichen Praxis, BB 1998, S. 381 ff.

Rebentisch, Benchmarks als Zuteilungsmaßstab im Emissionshandelsrecht, in: Hendler u.a. (Hrsg.), Jahrbuch des Umwelt- und Technikrechts, Berlin 2007.

Rengeling (Hrsg.), Handbuch zum europäischen und deutschen Umweltrecht, München 2003 (zitiert: *Bearbeiter*, in: Rengeling).

Ronellenfitsch, Schranken einer Privatisierung der staatlichen Unfalluntersuchung im Bereich der Eisenbahn, NVwZ 1998, S. 1021 ff.

Sautter, Beweiserleichterungen und Auskunftsansprüche im Umweltschadensrecht, Berlin 1996.

Schäfer, Öko-Audit als Instrument des Umweltschutzes und Mittel zur Deregulierung, Frankfurt/am Main 2003.

Scheidler, Umweltschutz durch Umweltverantwortung, Das neue Umweltschadensgesetz, NVwZ 2007, S. 1113 ff.

Scheuß, Die Zulassung und Beaufsichtigung der Umweltgutachter, UPR 2000, S. 104 ff.

Schmidt-Salzer, Öko-Audit und sonstige Managementsysteme in organisationsrechtlicher, haftungsrechtlicher und versicherungstechnischer Sicht, WiB 1996, S. 1 ff.

Schneider, Öko-Audit und Deregulierung im Immissionsschutzrecht. Möglichkeiten und Grenzen unter Beachtung des Prinzips der funktionalen Äquivalenz, Köln 1999.

Schoch, Gewährleistungsverwaltung: Stärkung der Privatrechtsgesellschaft?, NVwZ 2008, S. 241 ff.

ders., Privatisierung von Verwaltungsaufgaben, DVBl. 1994, S. 962 ff.

Schomerus/Tolkmitt, Die Umweltinformationsgesetze der Länder im Vergleich, NVwZ 2007, S. 1119 ff.

Schottelius, Öko-Audit in Europa: Erfahrungen und Perspektiven, UPR 1998, S. 104 ff.

Schrader/Hellenbroich, Verbandsklage nach dem Umweltschadensgesetz, ZUR 2007, S. 289 ff.

Sellner/Reidt/Ohms, Immissionsschutzrecht und Industrieanlagen, 3. Auflage, München 2006.

Sellner/Schnutenhaus, Umweltmanagement und Betriebsprüfung (Umwelt-Audit), NVwZ 1993, S. 928 ff.

Stober, Deregulierung im Wirtschaftsverwaltungsrecht, DÖV 1995, S. 125 ff.

Streck, Der EMAS-Umweltgutachter und die Deregulierung des deutschen Umweltrechts, Frankfurt/Main, 2001

Tettinger/Erbguth/Mann, Besonderes Verwaltungsrecht I, 9. Auflage. Heidelberg 2007.

Thomas/Putzo, Zivilprozessordnung, Kommentar, 27. Auflage, München 2005 (zitiert: *Bearbeiter*, in: Thomas/Putzo).

Ule/Laubinger, Verwaltungsverfahrensrecht, 3. Auflage, Köln 1986, 4. Auflage, Köln 1995.

Vetter, Das Umweltauditgesetz, DVBl. 1996, S. 1223 ff.

Wagner, Die gemeinschaftsrechtliche Umwelthaftung aus der Sicht des Zivilrechts, in: Hendler u.a. (Hrsg.), Umwelthaftung nach neuem EG-Recht, S. 73 ff.

Wagner/Budde, Erfahrungen mit dem Umwelt-Audit-System in Deutschland, ZUR 1997, S. 254 ff.

Winter, Das Umweltgesetzbuch – Überblick und Bewertung, ZUR 2008, S. 337 ff.

Wolff/Bachof/Stober/Kluth, Verwaltungsrecht I, 12. Auflage, München 2007.

Zippelius/Würtenberger, Deutsches Staatsrecht, 32. Auflage, München 2008.Anhang A

Anhang A

Gliederung Umweltmanagementhandbuch

I Einleitung in das UMH
- 0 Fragen beantworten
- 1 Umweltmanagementsystem
- 2 Umweltmanagementhandbuch
- 3 Aufbau- und Ablauforganisation
- 4 Umweltpolitik
  - 4.1 Grundlagen
  - 4.2 Umweltpolitik
  - 4.3 Umweltschutz-Leitlinien
- 5 Umweltprogramm
- 6 Umweltziele
- 7 Versicherungen
- 8 Rechtsgrundlagen/Umweltrecht und Normen

II Unternehmensbeschreibung
0 Fragen beantworten
1 Kurzbeschreibung
2 Organigramm/Unternehmensstruktur

III Aufbauorganisation
0 Fragen beantworten
1 Organisation des Umweltschutzes
- 1.1 Umweltverantwortlichkeit des Gesamtvorstandes
- 1.2 Verantwortliches Vorstandsmitglied nach § 52 a BImSchG und § 53 KrW/AbfG (Fachvorstand Umweltschutz)

2 Vorstandsreferat Umweltschutz
- 2.1 Umweltmanagement
  - 2.1.1 Genehmigungsfragen
  - 2.1.2 Richtlinien und Berichte
- 2.2 Immissionsschutzbeauftragter
- 2.3 Gefahrgutbeauftragter
- 2.4 Störfallbeauftragter
- 2.5 Abfallbeauftragter
- 2.6 Gewässerschutzbeauftragte
- 2.7 Strahlenschutzbevollmächtigter

3 Umweltverantwortlichkeit aller Mitarbeiter
- 3.1 Bereichsleiter
- 3.2 Abteilungs- und Fachgebietsleiter

3.3 Strahlenschutzbeauftragte
3.4 Bereichsansprechpartner Umweltschutz
3.5 Fachkräfte für Arbeitssicherheit und Umweltschutz
4 Arbeitskreise zum Umweltmanagementsystem

IV Ablauforganisation
Immissionsschutz
0 Fragen beantworten
1 Gesetzliche Grundlagen
1.1 Bundes-Immissionsschutzgesetz
1.2 Lärmschutz
1.3. Treibhausgas-Emissionshandel
2 Immissionen
3 Entstehung und Verminderung der wichtigsten Emissionen
4 Betrieb von Anlagen
4.1 Genehmigungsbedürftige Anlagen
4.2 Nicht genehmigungsbedürftige Anlagen
5 Messung und Überwachung
5.1 Genehmigungsbedürftige Anlagen
5.2 Nicht genehmigungsbedürftige Anlagen
5.3 Messungen bei Kraftwerken und Heizwerken
5.4 Funktionsprüfung, Kalibrierung und Wartung der Messeinrichtungen
5.5 Auswertung kontinuierlicher Emissionsmessungen
6 Berichterstattung
6.1 Messberichte
6.2 Jährliche Berichte über Emissionen
6.3 Emissionserklärungen und -berichte
7 Abweichungen vom bestimmungsgemäßen Betrieb
7.1 Störung des Mess- und Auswertesystems
7.2 Nichteinhaltung der Emissionsgrenzwerte
7.3 Ausfall von Abgasreinigungsanlagen
7.4. Sonderklassierungen
1. Anhang Immissionsschutz
2. Anhang Immissionsschutz

Gewässerschutz
0 Fragen beantworten
1 Rechtsgrundlagen
2 Wasserversorgung
2.1 Oberflächenwasser
2.2 Grundwasser
2.3 Stadt-/Trinkwasser
3 Wassereinleitung
3.1 Direkteinleitung

3.2 Indirekteinleitung
3.3 Mittelbare Einleitung
3.4 Abwasserbehandlungsanlagen
3.5 Betrieb und Wartung von Abscheideranlagen
3.6 Abwasserabgabe
4 Anlagen zum Umgang mit wassergefährdenden Stoffen
4.1 Betreiberpflichten
4.2 Fachbetrieb nach §19 l WHG
5 Abweichungen vom bestimmungsgemäßen Betrieb
Abfallwirtschaft
0 Fragen beantworten
1 Grundlagen
2 Entsorgung von Abfällen
2.1 Abfall zur Verwertung oder Beseitigung
2.2 Abfallmanagement und Entsorgungsdokumentation
2.3 Transportgenehmigungen

Umgang mit Gefahrstoffen
0 Fragen beantworten
1 Grundlagen
2 Vorschriften
3 Ermittlungspflicht / Gefährdungsbeurteilung
3.1 Sicherheitsdatenblätter und weitergehende Informationen
3.2 Prüfung von Stoffen und Arbeitsverfahren / Beurteilung der verbleibenden Gefährdungen
4 Beschaffen von Stoffen
4.1 Nachbestellen bereits verwendeter Stoffe (Altstoffregelung)
4.2 Erstmaliges Beschaffen von Stoffen (Neustoffregelung)
5 Betriebsanweisungen / Unterweisungen
6 Gefahrstoffmessungen
7 Gefahrstoffkataster

Beförderung gefährlicher Güter
0 Fragen beantworten
1 Einleitung
2 Gesetz über die Beförderung gefährlicher Güter (Gefahrgutbeförderungsgesetz GGBefG)
3 Internationale und nationale Vorschriften/Organisationen
4 Gefahrgutverordnung Straße/Eisenbahn (GGVSE)
4.1. Verkehrsträger Straße
4.2 Verkehrsträger Eisenbahn
5 Kennzeichnungs- und Verpackungsvorschriften
6 Gefahrgutbeauftragtenverordnung (GbV)
6.1 Gefahrgutbeauftragter (§§ 1 ff GbV)
6.2 Beauftragte Person (§ 1a Nr. 5 GbV)

6.3 Sonstige verantwortliche Personen (§ 1a Nr. 6 GbV)
6.4 Wesentliche Pflichten der verantwortlichen Personen im Sinne der GGVSE:
6.5 Schulungen

Anlagensicherheit
0 Fragen beantworten
1 Grundlagen
2 Ziele und Inhalte des Bundes-Immissionsschutzgesetzes (BImSchG)
3 Ziele und Inhalte des Geräte- und Produktsicherheitsgesetzes (GPSG)
4 Pflichtensystematik bezüglich der Anlagensicherheit
4.1 Pflichten des Betreibers gemäß BImSchG
4.2 Pflichten im Zusammenhang mit der Störfall-Verordnung (12. BImSchV)
4.3 Pflichten des Anlagenbetreibers gemäß des Geräte- und Produktsicherheitsgesetzes und Betriebssicherheitsverordnung
Anhang Anlagensicherheit

Naturschutz
0 Fragen beantworten
1 Grundlagen
2 Verwendung von Auftaumitteln
3 Verwendung von Pflanzenschutzmitteln und Unkrautvernichtungsmitteln
4 Baumschutz

Strahlenschutz
0 Fragen beantworten
1 Organisation des Strahlenschutzes im Unternehmen
2 Geltungsbereich
3 Bestellung zum Strahlenschutzbeauftragten
4 Genehmigungs- und Anzeigepflicht
4.1 Stationäre Anlagen für Mess- und Analyseprozesse
4.2 Medizinische Anlagen
4.3 Ionisations-Brandmeldeanlagen
5 Dichtheitsprüfungen/Prüffristen
6 Kennzeichnungspflicht und Brandbekämpfung
6.1 Kennzeichnungspflicht
6.2 Brandbekämpfung
7 Durchführung von Durchstrahlungsarbeiten zur Werkstoffprüfung in Betriebsanlagen
Anhang Strahlenschutz

Boden- und Grundwasserschutz
0 Fragen beantworten
1 Rechtsgrundlagen
2 Altlasten
3 Verhalten beim Auffinden von Altlasten

4 Meldeschema bei akuten Bodenverunreinigungen

Materialwirtschaft / Beschaffung
0 Fragen beantworten
1 Materialwirtschaft
2 Einkauf
    2.1 Umweltrelevante Informationen für den Einkauf
    2.2 Beschaffungsvorgänge - Beteiligte
    2.3 Beurteilungskriterien für bestimmte Produktgruppen
    2.3.1 Investitionsgüter
        2.3.2 Büromaterialien
        2.3.3 Dienstleistungen
    2.4 Beschaffungsvorgänge - Zuständigkeiten
    2.5 Bewertung von Lieferanten
        2.5.1 Lieferantenzulassung, -freigabe bzw. -sperre
    2.6 Auswahl und Zulassung von Dienstleistern
3 Lagerung
    3.1 Organisation
    3.2 Grundsätzliches
    3.3 Umweltbelange im Bewag/Gasag-Logistik-Center
    3.4 Dezentrale Lagerung
    3.5 Abfallwirtschaft

V Planung, Bau und Änderung von Anlagen
0 Fragen beantworten
1 Genehmigungsverfahren
    1.1 Genehmigungverfahren nach BImSchG für die Errichtung einer Anlage
        1.2.1 Umweltverträglichkeitsprüfung (UVP)
        1.2.2 Genehmigungsverfahren nach der Bauordnung Berlin (BauO Bln)
        1.2.3 Sonstige Genehmigungen, Erlaubnisse und Entscheidungen
    1.3 Zeitablauf der Genehmigungsverfahren ab Vorliegen der vollständigen Antragsunterlagen
    1.4 Sondergenehmigung
2 Mitgeltende Unterlagen
3 Zuständigkeiten
    3.1 Zuständigkeiten der Behörden des Landes Berlin
    3.2 Zuständigkeiten bei Investitionsvorhaben im Unternehmen für die Belange des Umweltschutzes
        3.2.1 Das Vorstandsreferat Umweltschutz
    3.3 Kontakte zu den Genehmigungsbehörden
    3.4 Beantragung von Genehmigungen
4 Genehmigungsablauf für Bautätigkeiten der Bewag
    4.1 Zusammenarbeit der Abteilungen der Bewag bei umweltrelevanten Investitionsvorhaben

4.2 Ablauf eines Genehmigungsverfahrens mit UVP für BImSchG-Anlagen
5 Organigramm zur Sicherstellung der öffentlich rechtlichen Pflichten

VI Kommunikation
0 Fragen beantworten
1 Externe Kommunikation
1.1 Öffentlichkeitsarbeit
1.2 Verhalten von Bewag-Mitarbeitern bei behördlichen Maßnahmen
2 Interne Kommunikation
2.1 Informationsnetzwerk Umweltschutz
2.2 Lenkung von Dokumenten
2.3 Zuständigkeitsmatrix: Lenkung von Dokumenten

VII Personalqualifikation
0 Fragen beantworten
1 Sach- und Fachkunde im Umweltschutz/Weiterbildungskonzept und –programm
2 Aus- und Weiterbildung
2.1 Schulung des Betriebspersonals
2.2 Schulung der Betriebsbeauftragten
2.3 Dokumentation und Überwachung der Schulungsmaßnahmen
3 Benennung von Sach- und Fachkundigen
3.1 Anforderungen an die Qualifikation der Betriebsbeauftragten
3.2 Erhalt der Fach- bzw. Sachkunde
4 Zuständigkeitsmatrizen Aus- und Weiterbildung
4.1 Interne Aus- und Weiterbildung
4.2 Externe Aus- und Weiterbildung

VIII Fortschreibung
0 Fragen beantworten
1 Input-Output-Analyse
1.1 Datenerfassung
1.2 Bewertung der Umweltauswirkungen
2 Umweltprogramm
Rechtsgrundlagen
Gesetzessammlung
1. Allgemeines Umweltrecht
2. Baurecht
3. Umwelt- und Qualitätsmanagement
4. Immissionsschutz
5. Anlagensicherheit
6. Abfallrecht
7. Gewässerschutz
8. Strahlenschutz
9. Gefahrstoffrecht

10. Gefahrgutrecht
11. Naturschutz
12. Bodenschutz

Anhang B

1. EMAS Privilegierungsvorschriften des Bundes

EMAS-Privilegierungs-Verordnung, vom 24.6.2002, BGBl. I S. 2247, zuletzt geändert durch Artikel 2 der Verordnung vom 21.12.2006, BGBl. I S. 3392.

Neunte Verordnung zur Durchführung des Bundes-Immissionsschutzgesetzes (Verordnung über das Genehmigungsverfahren - 9. BImSchV) in der Fassung der Bekanntmachung vom 29.5.1992, BGBl. I S. 1001, zuletzt geändert durch Artikel 4 des Gesetzes vom 23.10.2007, BGBl. I S. 2470; § 4 Abs. 1 Nr. 2; § 13 Abs. 1 a.

Zwanzigste Verordnung zur Durchführung des Bundes Immissionsschutzgesetzes (Verordnung zur Begrenzung der Emissionen flüchtiger organischer Verbindungen beim Umfüllen und Lagern von Ottokraftstoffen) vom 27.5.1998, BGBl. I S. 1174, zuletzt geändert durch Verordnung vom 4.5.2009, BGBl. I S. 1043; § 11 Abs. 2.

Dreißigste Verordnung zur Durchführung des Bundes-Immissionsschutzgesetzes (Verordnung über Anlagen zur biologischen Behandlung von Abfällen - 30. BImSchV) vom 20.2.2001, BGBl. I S. 317, zuletzt geändert durch Artikel 3 der Verordnung vom 27.4.2009, BGBl. I S. 900; § 4 Abs. 5.

Treibhausgas-Emissionshandelsgesetz vom 8.7.2004, BGBl. I S. 1578, zuletzt geändert durch Artikel 9 des Gesetzes vom 11.8.2010, BGBl. I S. 1163, Anhang 3 (Kriterien für die Prüfung nach § 5 Abs. 3 Satz 1), A 5.

Kreislaufwirtschafts- und Abfallgesetz vom 27.9.1994, BGBl. I S. 2705, zuletzt geändert durch Artikel 8 des Gesetzes vom 11.8.2010, BGBl. I S. 1163; § 44 Abs. 2; §16 Abs. 2 Nr. 3; § 55 a.

Verordnung über die Nachweisführung bei der Entsorgung von Abfällen (Nachweisverordnung - NachwV) vom 20.10.2006, BGBl. I S. 2298, zuletzt geändert durch Artikel 4 des Gesetzes vom 19.7.2007, BGBl. I S. 1462; § 7 Abs. 1 Nr. 3.

Verordnung über Entsorgungsfachbetriebe (Entsorgungsfachbetriebeverordnung - EfbV) vom 10.9.1996, BGBl. I S. 1421, zuletzt geändert durch Art. 5 der Verordnung vom 24.6.2002, BGBl. I S. 2247; § 13 Abs. 4 Nr. 1.

Verordnung zum Schutz des Klimas vor Veränderungen durch den Eintrag bestimmter fluorierter Treibhausgase (Chemikalien-Klimaschutzverordnung) vom 2.7.2008, BGBl. I S. 1139; § 6 Abs. 2.

Verordnung über Anforderungen an eine nachhaltige Herstellung von flüssiger Biomasse zur Stromerzeugung (Biomassestrom-Nachhaltigkeitsverordnung - BioSt-NachV) vom 23.7.2009,

BGBl. I S. 2174, zuletzt geändert durch Artikel 2 des Gesetzes vom 31.7.2010, BGBl. I S. 1061; § 51 Nr. 2.

Gesetz über die umweltgerechte Gestaltung energiebetriebener Produkte (Energiebetriebene-Produkte-Gesetz - EBPG) vom 27.2.2008, BGBl. I S. 258; § 4 Abs. 5.

2. EMAS Privilegierungsvorschriften im Wasserrecht des Bundes und der Länder

Bund: Gesetz zur Ordnung des Wasserhaushalts (Wasserhaushaltsgesetz - WHG) vom 31.7.2009. BGBl. I S. 2585, zuletzt geändert durch Artikel 12 des Gesetzes vom 11.8.2010, BGBl. I S. 1163; § 24.
Verordnung über Anlagen zum Umgang mit wassergefährdenden Stoffen vom 31.3.2010, BGBl. I S. 377; Verweis auf landesrechtliche Vorschriften in § 1.

Baden-Württemberg: Wassergesetz für Baden-Württemberg vom 20.1.2005, GBl. S. 219, zuletzt geändert durch Artikel 3 des Gesetzes vom 17.12.2009, GBl. S. 802; § 82 Abs. 2; § 83 Abs. 6; § 95 a;§ 100 Abs. 1.

Bayern: Verwaltungsvorschrift zum Vollzug der Verordnung über Anlagen zum Umgang mit wassergefährdenden Stoffen und über Fachbetriebe (VVAwS) vom 18.1.2006 (GVBl. 2006, S. 63, zuletzt geändert durch Verordnung vom 3.12.2009, GVBl. 2009, S. 621), Bekanntmachung des Bayerischen Staatsministeriums für Umwelt, Gesundheit und Verbraucherschutz vom 13.10.2008, Az.: 52f-U4560-2008/10-14, AllMBl Nr. 13/2008, S. 656; Ziffer 2.9, Ziffer 13.2.2..

Berlin: Verordnung über Anlagen zum Umgang mit wassergefährdenden Stoffen und über Fachbetriebe (VAwS), vom 23.11.2006, GVOBl. 2006, S. 1102; § 3 Abs. 3.

Brandenburg: Verordnung über Anlagen zum Umgang mit wassergefährdenden Stoffen und über Fachbetriebe (VAwS) vom 19.10.1995, GVBl. II, S.634, zuletzt geändert durch Artikel 1 der Verordnung vom 17.12.2009, GVBl. II, S. 1; § 3 Nr. 6.

Bremen: Verordnung über Anlagen zum Umgang mit wassergefährdenden Stoffen (Anlagenverordnung – VAwS) in der Fassung der Bekanntmachung vom 23.12.2005, Brem.GBl. S. 1; § 23 Abs. 4.

Hamburg: Verordnung über Anlagen zum Umgang mit wassergefährdenden Stoffen und über Fachbetriebe (Anlagenverordnung –VAwS-) vom 19.5.1998, HmbGVBl. S. 71, zuletzt geändert durch das Gesetz zur Deregulierung des Landesrechts vom 1.9.2005, HmbGVBl. S. 377; § 3 Nr. 6; § 23 Abs. 5.

Hinweise zum Vollzug der Verordnung über Anlagen zum Umgang mit wassergefährdenden Stoffen und Fachbetriebe (Vollzugshinweise VAwS) vom 7.8.2002, Amtlicher Anzeiger S. 3073; Ziffer 11.1; Ziffer 11.2..

Hessen: Verwaltungsvorschrift zu § 44 des Hessischen Wassergesetzes (HWG) und zur Indirekteinleiterverordnung vom 24.8.2006, StAnz. 37/2006 S. 2102, zuletzt geändert am 9.12.2008, StAnz. 2009, S. 69 ; Ziffer 2.4.2; Ziffer 6.2.3; Anlage 2.4.2.

Niedersachsen: Niedersächsisches Wassergesetz vom 25.7.2007, GVBl. Nr. 23 vom 31.7.2007, S. 345; § 41 Abs. 3; § 63.

Nordrhein-Westfalen: Wassergesetz für das Land Nordrhein-Westfalen vom 25.6.1995, GVBl. NRW, S. 926, zuletzt geändert durch Art. 3 UmweltÄndG vom 16. 3. 2010, GVBl. NRW S. 185; § 116 a.

Rheinland-Pfalz: Landesverordnung über die Eigenüberwachung von Abwasseranlagen (EÜVOA), vom 27.8.1999, GVBl 1999, S. 211; § 6 Abs. 2.
Landesverordnung über Anlagen zum Umgang mit wassergefährdenden Stoffen und über Fachbetriebe (Anlagenverordnung - VAwS), vom 1.2.1996, GVBl 1996, S. 121; § 3 Abs. 6; § 11 Abs. 7; § 23 Abs. 4 Nr. 2.

Saarland: Saarländisches Wassergesetz vom 28.6.1960 in der Fassung der Bekanntmachung vom 30.7.2004, Amtsbl. S. 1994, zuletzt geändert durch Gesetz vom 12.9.2007, Amtsbl. S. 2026; § 83 Abs. 1; § 109.

Verordnung über Anlagen zum Umgang mit wassergefährdenden Stoffen und über Fachbetriebe (VAwS), vom 1.6.2005, Amtsbl. I 2005, S. 830, zuletzt geändert durch die Verordnung vom 10.12.2009, Amtsbl. I 2010, S. 2; § 3 Nr. 6; § 10 Abs. 6; § 20 Abs. 3.

Sachsen: Sächsisches Wassergesetz in der Fassung der Bekanntmachung vom 18.10.2004, SächsGVBl. 2004, S. 482; § 128a.

Sachsen-Anhalt: Wassergesetz für das Land Sachsen-Anhalt in der Fassung der Bekanntmachung vom 12.4.2006, GVBl. LSA 2006, S. 248; § 41 Abs. 3; § 46a.
Verordnung über Anlagen zum Umgang mit wassergefährdenden Stoffen (VAwS), vom 28.3.2006, GVBl. LSA 2006, S.183; § 3 Nr. 6; § 10 Abs. 1; § 19 Abs. 4.

Schleswig-Holstein: Wassergesetz des Landes Schleswig-Holstein (Landeswassergesetz), Neufassung vom 11.2.2008, GVBl. 2008, S. 91; § 85c.

Landesverordnung über die Selbstüberwachung von Abwasseranlagen und Abwassereinleitungen (Selbstüberwachungsverordnung - SüVO -) , vom 24.1. 2007, GVOBl. 2007, S. 92; § 2 Abs. 5; § 6.

Thüringen: Thüringer Wassergesetz (ThürWG) in der Fassung der Bekanntmachung vom 18. 8. 2009, GVBl 2009, S. 648; § 84 Abs. 6.
Verordnung über Anlagen zum Umgang mit wassergefährdenden Stoffen und über Fachbetriebe (Thüringer Anlagenverordnung – ThürVAwS) vom 25.7.1995, GVBl. S. 261, zuletzt geändert am 20.3.2009, GVBl. S. 226; § 3 Nr. 6.

Verordnung über die Eigenkontrolle von Abwasseranlagen (Thüringer Abwassereigenkontrollverordnung -ThürAbwEKVO-), vom 23.8.2004, GVBl. 2004, S. 721; § 7 Abs. 2.

3. EMAS Privilegierungen im Abfallrecht des Bundes und der Länder

Bund: Gesetz zur Förderung der Kreislaufwirtschaft und Sicherung der umweltverträglichen Beseitigung von Abfällen (KrW-/AbfG) vom 27.9.1994, BGBl. I S. 2705, zuletzt geändert durch Art. 8 des Gesetzes. 11.8.2010, BGBl. I S. 1162; § 44 Abs. 2; § 55a.

Verordnung über die Nachweisführung bei der Entsorgung von Abfällen (Nachweisverordnung - NachwV) vom 20.10 2006 (BGBl. I S. 2298), zuletzt geändert durch Artikel 4 des Gesetzes vom 19. 7.2007 (BGBl. I S. 1462), § 7 Abs. 1 Nr. 3.

Baden-Württemberg: Gesetz zur Neuordnung des Abfallrechts für Baden-Württemberg (Landesabfallgesetz - LAbfG) Vom 14.10.2008, GBl. Nr. 14, S. 370, zuletzt geändert durch Artikel 4 des Gesetzes vom 17.12.2009,GBl. Nr. 23, S. 802, § 21 Abs. 2 Nr. 2

Bremen: Bremisches Gesetz über Hafenauffangeinrichtungen für Schiffsabfälle und Ladungsrückstände vom 19.11. 2002, GBl. S. 565, zuletzt geändert am 10.6.2008, GBl. S. 149, Anlage 1 zu § 5.

Saarland: Saarländisches Abfallwirtschaftsgesetz (SAWG) vom 26.11.1997, Amtsbl. S. 1352, 1356; § 31 Abs. 1.

For the avoidance of doubt, input of the whole or any part of this publication into any generative artificial intelligence model, chatbot, program, software or technology is expressly prohibited without the prior written consent of the publisher.